本书是上海市哲学社会科学规划项目"乡村振兴战略下上海农村公共文化服务供需匹配及政策优化研究"（项目编号：2019BGL005）的最终研究成果。

本书由上海视觉艺术学院资助出版。

上海农村公共文化服务研究

文君——著

广西师范大学出版社
·桂林·

　　《上海农村公共文化服务研究》一书，无疑是当前关于中国乡村发展与文化服务的重要研究之一。在这本书中，作者深入探讨了乡村振兴背景下，上海地区农村公共文化服务供需不平衡的现状，并提出了一系列政策优化建议，为推动乡村文化建设与发展提供了有力的理论支持和实践指导。

　　自中国乡村振兴战略提出以来，各地区在政策制定与实施过程中都面临着供需不平衡的挑战，尤其是在公共文化服务领域。随着中国乡村振兴战略的深入推进，农村公共文化服务的供需匹配问题日益受到关注。上海作为全国经济发达地区之一，在乡村振兴进程中扮演着重要角色，其农村公共文化服务体系的建设和优化对于提升农民群众的文化生活质量、促进社会文明进步具有重要意义。本书通过对上海农村公共文化服务的供需情况的深入分析，揭示了存在的问题和瓶颈，并以数据和实证研究为基础，提出了系统的政策建议，以实现供需的有效匹配，推动农村文化事业的全面发展。

　　在全面解析问题根源的基础上，本书还通过比较分析、案例研究等方法，探讨了不同政策方案对农村公共文化服务供给的激励作用，为相关决策部门提供了多维度、系统化的决策依据。特别是在当前经济社会转型背景下，如何通过政策优化来增强公共文化服务的可持续性和普惠性，是一个亟待解决的问题，也是本书研究的重要内容之一。

　　除了政策层面的探讨，本书还充分关注了农村居民的文化需求和参与度问题。通过深入的实地调研和问卷调查，作者系统分析了农村居民对文化服务的认知与期待，为实现公共文化服务供需匹配提供了从民生角度出发的理论支持。这种以人为本的研究视角，不仅丰富了理论研究的深度，也更加贴近实际，有助于未来相关政策的实施和效果评估。

总体而言，《上海农村公共文化服务研究》一书，是对当前乡村文化发展面临的重要问题进行深入分析和探讨的集大成之作。它不仅在理论上提出了创新性的政策建议，也通过实证研究和案例分析为政策的制定与实施提供了宝贵的经验和指导。相信本书的出版对于推动上海乃至全国农村公共文化服务的发展，具有重要的学术与实践意义。

我们希望，本书能够成为关注和参与上海农村公共文化服务发展的各界人士的参考工具书，为决策者制定更科学、更有效的政策提供依据，同时也为广大研究者在这一领域的深入探索提供新的思路和方法。在全面建成社会主义现代化强国的进程中，农村公共文化服务的健全与完善是不可或缺的重要组成部分，我们期待通过本书的努力，为推动上海乃至全国农村公共文化事业的发展贡献我们的智慧和力量。

上海市文创办专职副主任
上海市创意产业协会会长

2024 年 8 月 6 日

目 录

第一章

引 论

第一节

乡村振兴战略下发展农村公共文化服务的时代背景及意义

一、上海农村公共文化服务发展的时代背景分析

党的十九大报告所确立的"乡村振兴战略",为我们描绘了一幅"产业兴旺、生态宜居、乡风文明、治理有效、生活富裕"的乡村振兴图景,为中国特色社会主义新时代的乡村发展指明了方向。实施乡村振兴战略,不仅有利于促进农业农村更好更快地发展,也有利于解决当下城乡发展不平衡不充分的问题。乡村振兴战略涵盖了政治、经济、社会、生态、文化诸多方面。① 如何进一步优化农村公共文化服务供需匹配,补齐农村文化建设的短板,对于坚定文化自信、增强文化自觉、建设乡风文明的现代化新农村,具有重要的现实意义。随着国家乡村振兴战略规划的提出,坚持农业农村优先发展的问题被摆到了前所未有的高度。上海市委、市政府充分认识到乡村振兴对上海这样一个大都市的重要意义,积极行动,出台了《上海市乡村振兴战略规划(2018—2022)》和《上海市乡村振兴战略实施方案(2018—2022)》,提出乡村振兴的重大抓手是"三园"

---

① 陈运贵:《关于乡村文化振兴的理论检视与现实思考——基于乡村振兴战略的研究视角》,《皖西学院学报》2018 年第 3 期,第 30—34 页。

工程（美丽家园、绿色田园、幸福乐园），提出大都市郊区乡村振兴的实现必须是"美在生态、富在产业、根在文化"。[①] 可见，加快农村公共文化建设有助于上海推进城乡公共文化服务均等化，促进社会和谐发展。从现实情况来看，上海在城市快速发展的同时，农村并没有因为城市的快速发展就相应获得良好的发展机遇而兴旺发达，反而是快速衰落，甚至相比国内其他地方较为落后（这里所说的落后不是单纯从绝对收入来看，因为从年均收入来说，上海农民在全国是最高的）。上海城市化高度发展，对上海农村产生了较其他地方更为强大的虹吸效应，绝大多数的农村人口涌入城镇，或者通过动拆迁、集中居住和城市中购房转变为城市村民，村庄以及农村人口数量逐年减少，城乡收入差距依然非常大。城乡至今依然未能实现统筹发展，总体上也未能实现"产业兴旺、生态宜居、乡风文明、治理有效、生活富裕"的蓝图。[②]

从实践层面来看，经过改革开放几十年的发展，我国已从费孝通先生提出的"乡土中国"命题，转变为"城乡中国"的新命题。[③]"城乡中国"这一命题在诸多方面与以往有很大的差异。首先，是城乡文化需求的多样性与复杂性。随着农村经济社会的快速发展，精神需求在人们日常生活中的重要性也日益突出。根据国际经验，当人均 GDP 分别在 1 000 美元、1 600 美元和 3 000 美元时，人们的文化需求将大幅上升，文化消费支出将大约分别占个人消费支出的 18%、20% 和 23%。[④] 近年来，上海市人均 GDP 已经突破 11 万元，已迈向休闲旅游高需求的阶段。其次，是闲暇时间的增多。随着农民收入的增长，农业生产普遍使用机械化耕作。

---

① 曹红亮、马佳：《关于上海实施乡村振兴战略的思考》，《江西农业学报》2020 年第 5 期，第 140—144 页。
② 同上。
③ 温铁军、张孝德主编：《乡村振兴十人谈——乡村振兴战略深度解读》，江西教育出版社 2020 年版，第 102 页。
④ 焦斌龙：《文化资源的产权属性演变及对文化体制改革的启示》，载《文化产业评论》第二卷，上海人民出版社 2004 年版，第 245 页。

在上海很多农村区域，农忙只需要 3～4 个月，其余都是农闲时间，而如何度过闲暇时间，成为决定农村村民生活质量的关键，因此，系统完善的公共文化服务体系和健康有序的乡村文化生态特别重要。再次，是乡村人口结构的变化。进入"城乡中国"时代，随着乡村振兴战略的不断推进，农村人居环境的改善，农村中除了原有的农村村民以外，还有五类人群将逐渐向乡村回流：一是告老还乡者。二是改革开放后到城市打工的 2.5 亿农民工。三是新下乡知识青年。随着城市就业难度的加剧和乡村发展机会的增加，出现了大学生回乡创业的新趋势。① 特别是"互联网+"给乡村产业发展带来新机遇的背景下，乡村将为知识青年提供大有作为的"希望田野"。四是一批城市人将回到乡村养老或从事乡村产业的经营。五是 6 000 万华侨同胞将会寻根回乡。在未来一段时间内，他们将成为推动中国逆城市化现象的动力，即不断升温的"新回乡运动"。② 除此之外，上海市民下乡越来越频繁，乡村成为城市市民新的旅游度假目的地。伴随着逆城市化现象的出现，乡村被赋予新的价值。最后，技术环境的变化。即以互联网为核心的现代科技在文化领域和农村地区的推广普及。据统计，党的十八大以来，我国互联网行业实现了一系列突破性进展，取得了一系列标志性成果。产业发展稳步增长，用户规模持续扩大，网民规模达 10.67 亿③，5G 移动电话用户数超 6.5 亿。

从上述变化可以看出，随着农村人口结构的变动，经济收入、闲暇时间的增加，以及技术环境的变化，农村公共文化服务的供给需要将城市新需求和农村新供给有效结合，以满足人民日益增长的美好生活需要，而互联网等现代科技已经成为公共文化服务转型升级的重要突破口。农

---

① 张孝德：《从城市到乡村的"新回乡运动"》，《中国乡村发现》2016 年第 4 期，第 36—40 页。
② 张孝德：《关注"新回乡运动"，走城乡双向流动城镇化之路》，《小城镇建设》2017 年第 3 期，第 11—13 页。
③ 2023 中国互联网大会举行，网民规模达 10.67 亿（gzdaily.cn）。

村中的这些返乡大军都具有创新意识和实践精神：一方面，乡村需要满足他们的文化需求；另一方面，如果有相应的政策体系和激励机制，他们将会成为乡村发展的新乡贤，将会成为乡村文明复兴的中坚力量。总之，在乡村振兴战略背景下，构建完善的农村现代公共文化服务体系，不仅需要考虑现实情境的变化，还须在制度机制方面大胆创新，以满足农村社会经济发展和农民美好生活的现实需要。

二、上海农村完善公共文化服务的学术价值与实践意义

1. 理论意义

（1）有利于国家治理体系的完善与优化。农村公共文化服务是国家公共服务体系的重要组成部分，对其进行深入研究，有助于提高文化治理在乡村治理体系中的地位和作用，对于完善国家治理体系有着重要的意义，从供给侧和需求侧进行分析，能够优化财政资源的供给绩效。

（2）有利于丰富和完善公共文化服务的相关理论。"公共服务理论"从公民对公共服务的评价和期望出发，围绕公民实际需求来进行公共产品和公共服务的供给。本书通过对上海农村公共文化服务建设的供需匹配进行详细分析，以检验公共服务理论的实践向度，如公民的文化权益在该理论实施后效度如何？农民的满意度又如何？

（3）有利于丰富农村公共文化服务绩效测评方法。本书运用定量与定性相结合的研究方法，运用 DEA、Logit 等理论模型，对农村公共文化服务的供给绩效、文化政策和文化生活满意度进行评价，有助于丰富和发展农村公共文化服务的绩效及满意度测评的方法。

（4）有利于丰富公共文化服务供给机制研究。学术界关于教育、卫生、科技等公共服务的供给机制研究，已形成较为丰富的成果和理论，但对农村公共文化服务建设供给机制的研究相对不足。为此，本书可为该领域提供经验借鉴。

2. 实践意义

（1）针对上海农村公共文化服务体系建设提出相关建议。聚焦上海农村公共文化服务的绩效、满意度评价的相关研究仍处于空白。作为城市化水平最高、经济基础较好的上海，乡村文化在上海农村经济社会转型发展的过程中，该如何助力乡村振兴？对上海地区农村公共文化服务建设的各项政策进行研究并提出相关建议，有助于提高城市农民满意度。

（2）为我国城乡一体化建设提供有益借鉴。上海的城市化率已达90%以上，远远超过全国的平均数。那么，如何在人口结构复杂、高度城市化的上海，建设农村公共文化服务体系，这对于其他城市的文化建设具有重要的参考意义。

（3）为文化领域的满意度和绩效研究拓宽思路。以往文化领域的满意度和绩效研究，往往只针对文化惠民工程的投入与产出进行评价。而农村公共文化服务与城市文化建设有着很大的区别，即美丽乡村示范村建设、乡村振兴示范村建设，以及国家公共文化示范区建设等相关政策，对于农村公共文化服务的满意度与绩效都会产生很大的影响。本书在绩效研究中，把相关的政策支持均纳入农村公共文化服务绩效的投入中，研究证明这些政策支持对于农村公共文化服务建设具有积极的作用。为此，该方法可为其他研究拓宽思路。

第二节

国内外关于农村公共文化服务发展的相关讨论

本书立足乡村振兴战略，运用马克思主义农村发展理论、公共产品理论、公共服务理论，在文献梳理的过程中，将理论结合实践、国内外研究并举，尽可能提炼现有研究的理论共识、学术视野，提出本书可能拓展的方向。

一、国内外关于农村公共文化发展的相关讨论

1．国内相关讨论

国内关于"公共文化服务"概念的正式提出是在 2005 年党的十六届五中全会上，对该领域的研究，近年来有较大的进展。但由于城乡二元体制的影响，农村公共文化服务一直被边缘化。其理论基础不厚实、政策实践缺乏激励机制。现有的研究侧重于公共文化服务的供给主体、机制和模式等方面，研究的视角不够全面。

（1）农村公共文化服务的供给机制研究

在供给方面，大多数学者认为应以政府供给为主，并鼓励相关社会资本的积极参与，形成多元主体供给的保障机制。从财政责任角度来看，马海涛和程岚认为，需要合理划分财权和事权，科学设计公共财政框架下的公共文化服务体系建设经费的投入机制。[1] 吴高和韦楠华认为，目前我国公共文化投入仍旧存在许多问题，具体表现为：投入总量不足、投入结构失衡、投入主体单一、投入管理不足、投入评价缺失。[2] 马艳霞认为，关于公共文化服务供给模式已有研究存在实践可操作性差以及微观、个案、定量研究少的问题。[3] 夏国锋和吴理财认为，政府作为公共文化的责任主体，并不意味着大包大揽，提出多元化投入的重要性。[4] 吴理财认为，行政部门效率不高、地方政府间竞争以及考核机制落后，导致现行

---

① 马海涛、程岚：《完善财政政策，促进公共文化服务体系建设》，《中国财政》2009 年第 23 期，第 41—43 页。
② 吴高、韦楠华：《公共文化财政投入现状、问题及对策研究》，《图书与情报》2018 年第 2 期，第 54—108 页。
③ 马艳霞：《公共文化服务供给模式研究综述》，《图书情报工作》2013 年第 23 期，第 137—143 页。
④ 夏国锋、吴理财：《公共文化服务体系研究述评》，《理论与改革》2011 年第 1 期，第 156—160 页。

公共文化服务机制运行不畅。① 马洪范、王瑞涵认为，农村公共文化服务体系建设，政府有着义不容辞的责任，并提出要构建农村公共文化服务经费保障机制。② 张建欣认为，现有的公共文化供给模式已不能满足人民群众日益增长的文化需求，政府应该利用财政政策和相关配套政策来建立一个满足人民文化需求的公共文化服务体系。③ 刘德吉在研究中发现，以财政分权、以 GDP 为基础的官员考核模式及其引致的政府间竞争，诱使地方政府将大量财政资金投向增长效应明显的经济建设领域，明显挤压了民生类公共服务领域的财政支出。④ 邹林和方章东认为，要确保农村公共文化基础设施建设不断巩固提高、持续发展就必须在政策法规、组织领导、资金投入和制度管理等方面探索建立一套完善的多重保障机制，才能适应经济和社会的发展，满足农民群众日益增长的精神文化需求。⑤ 傅才武、陈庚、彭雷霆认为，需要通过"补齐增量，开放业务，评价激励"的政策设计思路，来实施"分类保障、分级分担、量化标准"的现代公共文化服务体系建设财政保障。⑥ 滕翠华和许可认为，在文化领域进行供给侧结构性改革是解决城乡文化发展问题的新思维和实践路径。⑦

（2）农村公共文化服务高质量发展研究

耿达和卫雅琪认为，处理好国家公共文化服务体系与乡村文化自组

---

① 吴理财：《公共文化服务的运作逻辑及后果》，《江淮论坛》2011 年第 4 期，第 143—149 页。

② 马洪范、王瑞涵：《完善农村公共文化服务体系建设的财政研究》，《中国财政》2010 年第 11 期，第 54—55 页。

③ 张建欣：《促进我国公共文化服务体系发展的财政政策研究》，《当代经济》2010 年第 15 期，第 110—111 页。

④ 刘德吉：《民生类公共服务财政支出规模的影响因素研究——基于中国省级面板数据的分析》，《华东理工大学学报（社会科学版）》2011 年第 6 期，第 66—74、86 页。

⑤ 邹林、方章东：《完善农村公共文化基础设施建设保障机制》，《内蒙古农业大学学报（社会科学版）》2011 年第 4 期，第 54—56 页。

⑥ 傅才武、陈庚、彭雷霆：《现代公共文化服务体系建设中的财政保障标准研究》，《福建论坛（人文社会科学版）》2015 年第 4 期，第 44—51 页。

⑦ 滕翠华、许可：《供给侧改革视域下城乡文化一体化发展问题研究》，《天津行政学院学报》2016 年第 6 期，第 37—42 页。

织之间的关系是乡村文化振兴的抓手。[1]冯献等基于受众视角，建立了一套移动互联下的乡村公共文化服务可及性评价指标体系，从可达性、可接受性、可获得性、可适应性、可利用性五个维度进行评价。[2]罗娟从智慧化建设角度探讨提升农村公共文化服务可及性的路径。[3]彭雷霆和张璐认为，"十四五"时期要促进公共文化服务高质量发展，须转变发展理念，建立以高质量发展为导向的公共文化服务评价机制，着力于过程质量和结果质量的优化提升。[4]金栋昌、王宇富和徐梦真认为，公共文化服务高质量发展的实践要义，应从"空间—人—资源"三位一体的总体逻辑中邃密空间再造、供需匹配与资源融合逻辑。[5]王涛和王丹认为，示范区创建城市具有良好的文化基础，表现出显著的同群效应，发挥了良好的示范带头作用。[6]周锦、张银芬、郭新茹认为，加快推进公共文化服务数字化发展是促进城乡村民文化消费水平的重要手段。[7]马菊花认为，公共文化服务从低质量到高质量发展的历史沿革，与我国的财税政策支持密不可分，须构建政府和社会共同参与公共文化服务的格局，并提供相应的财税支持、补贴、鼓励政策。[8]蔡璐和伍艺认为，需要构建一种以网络为基础、机制为保障、人财为关键、资源为核心、服务为目标的农村公共

---

① 耿达、卫雅琪：《国家公共文化服务体系与乡村文化自组织双向嵌入研究》，《图书馆建设》2022年第12期，第1—15页。

② 冯献、李瑾、崔凯：《移动互联视域下乡村公共文化服务可及性框架与评价——以10个数字乡村试点县为例》，《图书馆》2022年第10期，第84—90页。

③ 罗娟：《过程型逻辑：数字乡村建设背景下农村公共文化服务可及性的实现机制》，《农村经济》2022年第10期，第82—90页。

④ 彭雷霆、张璐：《公共文化服务高质量发展评价研究》，《宏观质量研究》2023年第2期，第90—101页。

⑤ 金栋昌、王宇富、徐梦真：《中国式现代化进程中推动公共文化服务高质量发展的理论逻辑与实践进路》，《图书馆论坛》2023年第5期，第10—22页。

⑥ 王涛、王丹：《示范区创建对公共文化服务均等化的示范引领作用》，《图书馆论坛》2023年第4期，第79—88页。

⑦ 周锦、张银芬、郭新茹：《公共文化服务数字化赋能文化消费水平提升——基于城乡视角的对比分析》，《农村经济》2023年第7期，第133—144页。

⑧ 马菊花：《共同富裕视角下我国公共文化服务的财税政策研究》，《税务与经济》2023年第2期，第32—40页。

文化信息服务网络平台。[①] 何晓龙认为,城乡互动融合发展的"市民农民化"实践新形态,使农民家庭制度从传统"一家一制"转型为"一家两制"的生活方式,农村公共文化服务需求相应嵌入城乡新公共文化空间,展现家庭代际公共文化服务需求分殊的特点,形塑不同村庄整体公共文化服务需求偏好。[②]

（3）农村公共文化服务的实施绩效、优化路径研究

解学芳采用非参数检验方法对公共文化产品供给绩效满意度不同人口变量的差异特征进行分析,研究结果显示,性别、收入、受教育程度对公共文化产品供给的满意度有所差别,进而影响了公共文化产品总体的供给绩效。[③] 吴浩然、吴祁宗运用 DEA 窗口模型,对 2005—2014 年全国公共文化服务支出效率进行了评估,研究发现,我国公共文化服务支出效率的总体水平较高,但呈下降趋势,且存在明显的地区差异。[④] 姚林香和欧阳建勇基于 DEA-Tobit 两步法的分析框架从社会、经济、文化等视角对影响财政政策绩效的主要因素进行实证分析。研究结果显示:我国农村公共文化服务财政政策绩效有待提升,资金使用存在浪费情况,投入产出绩效不稳定。[⑤] 刘飞、杨盼琳、王欣亮认为,财政分权与公共文化服务供给效率间存在倒"U"型关系,财政分权会通过地方政府行为影响公共文化服务供给效率。[⑥]

———————————

[①] 蔡璐、伍艺:《农村公共文化信息服务网络平台的构建》,《农业现代化研究》2009 年第 2 期,第 203—206 页。

[②] 何晓龙:《家庭制度转型与农村公共文化服务供给机制创新》,《南京农业大学学报（社会科学版）》2023 年第 7 期,第 94—106 页。

[③] 解学芳:《公共文化产品供给绩效与文化消费生态研究 —— 以上海为例》,《统计与信息论坛》2011 年第 7 期,第 104—111 页。

[④] 吴浩然、吴祁宗:《地方财政公共文化服务支出的效率评价 —— 基于三阶段 DEA 窗口模型》,《数学的实践与认识》2017 年第 3 期,第 74—83 页。

[⑤] 姚林香、欧阳建勇:《我国农村公共文化服务财政政策绩效的实证分析 —— 基于 DEA-Tobit 理论模型》,《财政研究》2018 年第 4 期,第 86—97 页。

[⑥] 刘飞、杨盼琳、王欣亮:《财政分权、地方政府行为偏向与公共服务效率损失 —— 来自文化服务供给的证据》,《东南大学学报（哲学社会科学版）》2020 年第 6 期,第 115—125、154 页。

之后，相关学者针对公共文化服务建设存在的问题，提出优化对策研究。李少惠和邢磊认为，社会组织从群众的需求出发，以多主体、多维度的方式满足群众多元文化需求，调动了农村群众参与的积极性，显著提升了基层公共文化服务的效能。[①]张良认为，政府是农村公共文化服务体系的核心，问题关键在于正确处理好国家、市场和社会的关系。[②]储梦凡认为，后乡土社会使得现代农村公共文化供给出现了新特性，新的要求随之产生。[③]江朦朦和张静采用 Bootsrap-DEA 方法和 Malmquist 指数方法对 2000—2013 年间全国 30 个省级政府的文化财政支出提出了稳增长机制。[④]

（4）农村公共文化服务的正外部性研究

王军魁认为，因文化产品的外部性因素，文化改革发展中应处理好政府与市场的关系，并充分发挥政府在公益性文化事业发展中的主导作用。[⑤]曹文和邹婷认为，公共文化的发展和传播对提升国民素质、增强综合国力、弘扬民族文化、传播人类科技和文化知识、提高大众的民主意识等起着不可替代的积极作用，由此产生的国家软实力的增强可以为提高公民的社会福利水平提供更广阔的空间，每个公民都可以充分享受，具有明显的社会效益。[⑥]李新安认为，自由主义的民族政治理论只有进一步地探讨如何有效地处理民族国家的一元文化要求与多

---

① 李少惠、邢磊：《社会组织嵌入：农村基层公共文化服务效能提升路径研究》，《图书馆学研究》2021 年第 10 期，第 32—38 页。

② 张良：《政府主导、社会参与、市场配置：农村公共文化服务体系建设的理想模式》，《理论与现代化》2012 年第 4 期，第 25—30 页。

③ 储梦凡：《后乡土社会农村公共文化供给：问题与对策——以安徽省 Y 县为例》，《山西农业大学学报（社会科学版）》2016 年第 4 期，第 262—267 页。

④ 江朦朦、张静：《中国基本公共文化服务的财政支出效率测度》，《江汉论坛》2017 年第 3 期，第 102—107 页。

⑤ 王军魁：《文化改革发展中的政府与市场边界》，《重庆社会科学》2011 年第 12 期，第 13—18 页。

⑥ 曹文、邹婷：《我国公共文化供给的政府缺位与改革》，《山东艺术学院学报》2011 年第 2 期，第 90—93 页。

元文化的社会现实之间的矛盾，保障少数民族公民权利和公民文化权利和睦相处才能真正解决国家内部的民族问题，认为文化权利是公民权利的社会基础。[1] 李红认为，公共文化服务是一种典型的具有正外部性的产品，在"互联网+"的时代，公共文化产品正外部性的溢出效应增加，边际成本递减。[2]

2. 国外相关讨论

（1）农村公共文化服务实践研究

从国外的农村公共文化服务实践来看，美国、英国等主要采用社会调节型的做法，政府通过公共政策和监督对农村公共文化供给进行调控，由社会力量提供公共文化的产品供给；日本、韩国等主要由政府主导公共文化产品供给；法国、德国等则主要采取政府和社会力量共同发挥作用的多元化、混合型的做法。从这些国家的经验来看，虽差异较大，但主要都是依据本国国情，选择集权、分权或者适当分权的方式，由法律和制度保障公共服务的供给。[3]

（2）农村公共文化服务的供给机制研究

供给机制是公共文化服务建设和发展的重要基础，佩特里克（Petrick）和格拉姆措（Gramzow）以波兰为例，认为地方政府要联合社会资本提供公共物品，以推动经济的发展，满足社会的公共需求。[4] 登哈特（Denhardt）夫妇认为，伴随公共行政范式的改革，政府与民间关系的变

---

① 李新安：《文化权利：公民权利的社会基础》，《上海行政学院学报》2010 年第 1 期，第 98—104 页。

② 李红：《"互联网+"下城市公共文化服务的正外部性及实现》，《湖南科技学院学报》2017 年第 12 期，第 83—86 页。

③ 宋元武、徐双敏：《国外农村公共文化服务供给实践与经验借鉴》，《学习与实践》2016 年第 11 期，第 55—61 页。

④ Martin Petrick, Andreas Gramzow, "Harnessing Communities, Markets and the State for Public Goods Provision: Evidence from Post-Socialist Rural Poland", *World Development*, 2012, 40(11): 2342-2354.

化，需要从一元供给向相互合作转变。[①] 新公共服务理论认为，效率、民主、公共参与三者应紧密联结在一起。政府应鼓励社会组织参与公共服务，同时出台相关制度，为社会组织提供必要性的经费保障。[②] 政府与社会组织是相互依赖的协作关系，才能满足社会的公共需求，但在实践中双方会有博弈，需要不断地调试双方的合作。[③]

（3）农村公共文化服务的正外部性和绩效研究

随着文化在经济社会发展中战略地位的显著上升，各国公共文化支出在公共支出中占的比例日益增高。有学者认为，对公共文化服务的持续投入能够对地方经济增长起到很好的效益。[④] 在具体财政政策实施影响下，学者对斯里兰卡20世纪50—80年代的研究表明，年收入和社会福利支出对健康的影响呈正向效应。[⑤] 有学者强调，政府对公共文化产品的供给应强调其正外部性，以带动社会各主体能力的提升。[⑥]

关于农村公共文化服务建设的绩效研究，比较有代表性的是伯纳丁（Bernardin）和贝蒂（Beatty），他们认为绩效是对特定的职责与结果的记录，结合成本效益分析方法，对公共文化服务开展效用研究。[⑦] 戴斯

---

① Robert Denhardt, Janet Denhardt, *The New Public Service: Serving, not Steering*, Armonk, NY: M.E.Sharpe, 2003, p.173.

② ［美］莱斯特·萨拉蒙：《公共服务中的伙伴：现代福利国家中政府与非营利组织的关系》，田凯译，商务印书馆2008年版，第34—72页。

③ ［美］罗伯特·阿格拉诺夫、迈克尔·麦圭尔：《协作性公共管理：地方政府新战略》，李玲玲译，北京大学出版社2007年版，第14页。

④ Herbert J.Kiesling, "Pedagogical Uses of the Public Goods Concept in Economics", *Journal of Economic Education*, 1990, 21(2):137–147.

⑤ S.Anand, M.Ravallion, "Human Development in Poor Countries: On the Role of Private Incomes and Public Services", *Journal of Economic Perspectives*, 1993, 7(1): 133–150.

⑥ World Bank, "Citizens, Politicians and Providers: The Latin American Experience With Service Delivery Reform", Draft report, Washington, D.C., 2006.

⑦ H. John Bernardin, Richard W. Beatty, *Performance Appraisal: Assessing Human Behavior at Work*, Boston: Kent Publishing Company, 1984.

（Dess）和罗宾逊（Robinson）认为，公共部门的绩效应采取可操作的测量方法，对公共文化服务政策与基础设施进行效用研究。[①]也有学者对公共文化投入的效用进行了比对分析，提出有利于公共文化服务发展的优化政策。[②]此外，还有部分学者对公共文化服务的相关政策做了满意度分析研究，例如莫特纳（Mottner）与福特（Ford）[③]的研究认为，公共文化服务的相关机制与政策对受众满意度会产生很大影响。国外学者运用各种理论模型对公共服务及政策进行绩效评价，为我国农村公共文化服务的绩效评价研究奠定了基础。

二、国内外关于农村公共文化发展的经验总结

从已有的文献来看，国内外学者围绕乡村振兴战略、公共文化服务的供给机制、正外部性、高质量发展等方面进行了相关研究。但由于历史、国情和公共管理哲学的差异，国外的公共文化服务管理在积极运用当代政策理论的同时，更倾向于走市场化的供给方式。国内学者的研究，更倾向于由城乡二元机制所带来的供给差异、供给效度。

相较而言，我国农村公共文化服务一直没有受到应有的重视，加之政策制度不完善等原因，导致农村公共文化服务资金经常被挪为他用；另外，地方决策者甚少考量民生类公共服务的供给水平，从而加剧了公共财政的结构扭曲程度和效率损失，大大影响了基层政府的农村公共文

---

①Gregory G. Dess and Richard B. Robinson, Jr., "Measuring Organizational Performance in the Absence of Objective Measures: The Case of the Privately-Held Firm and Conglomerate Business Unit", *Strategic Management Journal*, 1984, 5(3): 265-273.
②Svanhild Aabø, "Are public libraries worth their price?: A contingent valuation study of Norwegian public libraries", *New Library World*, 2005, 106(11/12): 487-495.
③Sandra Mottner, John B. Ford, "Measuring nonprofit marketing strategy performance: the case of museum stores", *Journal of Business Research*, 2005, 58(6): 829-840.

化服务供给能力。[①]

国外学者对农村公共文化服务的研究较少，对不发达地区的文化供给仅仅做了简单描述。国外对公共文化服务的研究源于塞缪尔森（Samuelson）提出的公共产品概念。经过多年的发展演进，形成了较为完善的公共政策体系和文化投入机制。在参与模式上，多元主体共同参与公共文化建设已成为社会主流。而国内对公共服务的供给机制相对复杂，区域之间经济社会发展不平衡、第三方机构发展不健全等问题，且各个地方政府对文化的重视程度不一、信息公开透明度不够，给研究带来很大的困难。但公共文化服务在今天又是至关重要的，它关系到这一领域的实施效能和满意度测评。从相关的研究来看，国内学者对近年来提出的乡村振兴战略抱有极大的热忱，但把乡村振兴和农村公共文化服务建设结合起来的研究相对较少。总体上看，现有研究在以下几个方面达成共识：

一是乡村振兴战略的提出，再次把乡村问题提到了少有的历史与时代高度，需要用新理念、新思维认识乡村文化对于乡村振兴的作用。

二是农村公共文化服务建设具有精神家园地位的重要价值。对其持续投入能够对地方经济增长和社会发展起到很好的效益。长期来看，我国农村公共文化服务的供给一直滞后于地方经济发展，由于政策实践缺乏激励机制，在农村公共文化服务的具体投入过程中，存在重"送"轻"种"的现象。因此，公共文化服务制度优化是乡村振兴战略下亟待解决的问题。

三是公共文化的政府供给（人、财、物）是提高农村公共文化服务绩效和满意度的重要手段，且在理论和实践层面都取得了一定的进展。在此基础上，很多学者开始对农村公共文化服务的绩效评价进行研究，形成了一些具有特色的框架模型和研究方法。

[①] 李永友、张帆：《垂直财政不平衡的形成机制与激励效应》，《管理世界》2019 年第 7 期，第 43—59 页。张梁梁、金亮：《中国式分权、社会资本与农村公共服务满意度》，《审计与经济研究》2023 年第 1 期，第 116—127 页。

四是公共文化服务的绩效评估，是测量公共财政投入与产出是否有效的基本方式，有助于提高公共文化服务综合水平。且需要从注重经济和效性的评估指标，转向注重社会效益及公民满意度原则的评价指标。

综上所述，就农村公共文化服务供给而言，研究的目的是探讨如何发挥各种优势资源实现高效率的农村公共文化供给，从而满足农民的文化需求。综合前人的研究，结合本书的研究视角，笔者认为，上海农村公共文化服务的供需匹配及政策优化研究需要从以下几个方面进行完善：

第一，完善农村公共文化服务绩效满意度评价方式。绩效评估的目的是推动公共部门承担责任，新公共服务是以公民为中心，以公民满意度为服务绩效的终极标准。在该理念下，评价公共文化部门绩效优劣不仅仅关注投入与产出的关系，而且考察公民对公共文化服务的满意度，即公民实际得到的服务与期望得到的服务之间的匹配程度。

第二，农村公共文化投入的范围和结构有优化调整的必要。一方面，在影响公共文化投入的诸多因素（如公共文化需求、文化政策目标、公共财政规模、公共机构绩效）发生变化时，公共文化投入的范围和结构需要做出相应的调整变化。另一方面，需要对农民文化生活的结构、内容、传播方式和发展趋势做调查研究，使供需匹配度进一步提升。

第三，农村公共文化服务的政策体系如何优化，现有的研究尚未给出一个全面成体系的启示。本书在现有理论研究和实证研究的基础上，通过对具体案例的田野调查，进一步提出上海农村公共文化服务建设的优化政策。如通过财政支持、融合发展、制度创新、技术突破、产业支持等完善农村公共文化服务体系。

本书首先在绩效目标中明确公共文化服务的具体服务对象。其次，针对服务对象的文化需求结构，进行分析、综合、归类，据此绩效指标在设计上体现出更多的外向特征和满意度调查。这不仅可以增加公共文化服务供给方的工作透明度，还有利于提高服务供给的有效性和便捷性，促进与受众对象的沟通，实现科学高效供给。①

第三节

农村公共文化服务的基本问题与本书的分析框架

一、本书的主要内容

本书以乡村振兴战略下上海农村公共文化服务供需匹配及政策优化为研究对象。主要研究内容如下：

第一，上海农村公共文化服务的政策满意度绩效评价。基于问卷调查的分析数据，采用 DEA 数据包络分析法和随机效用理论、二重指数分布、Logit 模型及有序多分类 Logit 模型，运用两种不同模型进行比对、相互佐证的方法，对上海农村文化服务政策和文化生活满意度及其影响因素进行回归分析。

第二，运用多重响应分析法和基于性别、年龄、收入、受教育程度等因素的交叉分类法两种数据转换方式，针对上海农村公共文化服务供需匹配现状进行描述性分析，在此基础上，对需求优先序形成结果进行讨论与成因剖析。

第三，从社区营造、党建引领、新乡贤参与农村公共文化服务建设的机制等视角，对相关案例进行深度剖析，探求背后的运行机制。

第四，上海农村公共文化服务供需匹配及政策优化建议。运用描述性统计分析、实证分析、比较分析的结果，从可能存在的改进方面提出了相应对策建议。

---

① 孙浩：《农村公共文化物品有效供给研究》，武汉大学博士论文，2011 年。

二、本书的基本研究思路和分析方法

1. 研究思路

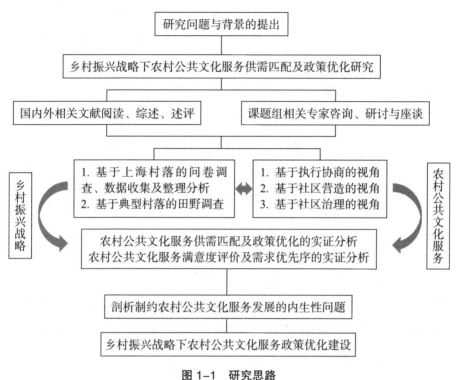

图1-1 研究思路

2. 分析方法

（1）文献研究法。梳理与本论文相关的研究成果以及具体的操作案例是本书的研究起点。共包括以下几个方面的理论文献：一是对与本论文相关的文献进行分析；二是对上海现代公共文化服务体系的研究，以了解其地方性政策文本和发展现状；三是针对本论文研究的视角搜索文献。通过层层讨论，多维度分析形成文献综述，为本书的研究奠定坚实的理论基础。

（2）问卷调查和描述性统计分析方法。本书所使用的相关数据，获取方式为带领学生自主下乡调研，以问卷调查为主，访谈调查为辅。采用随机抽样的方法。在问卷调查中，为保证问卷的有效性和可信度，在正式下乡调研之前，笔者赴不同的村落，把纸质版问卷分发给村民及负责农村公共文化服务的工作人员，先后进行了 5 次预调研，通过预调研发现问卷所存在的不足，并不断调整问卷的问题，确保问卷符合上海农村公共文化服务的发展现状。此外，笔者还结合上海农村人口（即以老年人口为主，受教育程度较低）的现状，采用纸质版的问卷开展调研，以访谈者在旁边朗读问卷的方式，协助受访者完成问卷。

本次调研针对上海的 8 个有农村村落的区县展开（崇明岛除外），分别是闵行区、奉贤区、青浦区、嘉定区、金山区、松江区、宝山区、浦东新区。该问卷调查对这 8 个研究区域采取了随机抽样、入户调查的方式，在每个区随机选择至少 2 个村落进行调查，共计 23 个镇、31 个村（大团镇龙潭村和车站村后合并为车站村，故总计为 31 个村），每个村落选取至少 20 户农户进行问卷调查。共计发出问卷 681 份，收回有效问卷 617 份，有效率达 90.6%，调查的对象包括学生、农民、外地务工者、基层文化工作人员、企业职工、公务员等不同职业群体，男性占比 45.06%，女性占比 54.94%，年龄以 18 岁—75 岁为主，受教育程度以小学、初中居多，高职、大专、大学占问卷总量 1/3 的比例，具体数据详见第四章、第五章的数据说明，调研村落样本（见表 1–1）。

表 1–1　调研村落样本的选取及问卷发放表

调研区县	调研乡镇	调研村落	发放问卷数	有效问卷数
宝山区	罗泾镇	塘湾村	20	18
	月浦镇	月狮村	20	20
奉贤区	庄行镇	潘垫村	25	25
	青村镇	吴房村	20	20
嘉定区	马陆镇	大裕村	22	22
	华亭镇	毛桥村	20	20
	外冈镇	葛隆村	25	25

（续表）

调研区县	调研乡镇	调研村落	发放问卷数	有效问卷数
金山区	朱泾镇	待泾村	21	21
	枫泾镇	新义村	21	18
		中洪村	20	20
	山阳镇	嘴渔村	20	20
	廊下镇	山塘村	21	16
闵行区	吴泾镇	和平村	20	20
	马桥镇	同心村	20	20
浦东新区	周浦镇	棋杆村	22	21
	大团镇	龙潭村	20	10
		车站村	21	10
	航头镇	福善村	20	12
青浦区	金泽镇	蔡浜村	20	20
		岑卜村	25	24
		莲湖村	20	20
	朱家角镇	张马村	20	18
		林家村	25	25
	练塘镇	徐练村	25	25
松江区	泖港镇	黄桥村	20	16
		腰泾村	20	18
	石湖荡镇	东夏村	20	19
		新源村	20	17
	新浜镇	南杨村	25	25
		胡家埭村	21	20
	叶榭镇	马桥村	21	12
		兴达村	21	20
合计	23	32	681	617

（3）田野调查方法。通过对上海典型村落做深度的田野调查，把握

农村基本公共文化服务的发展状况，为政策优化提供现实佐证，并为其他区域的公共文化服务建设提供借鉴。

本书的田野调查进程如下：

① 参加各类关于农村公共文化服务建设、乡村振兴的会议与论坛，其目的是了解国内外学者关于乡村振兴、公共文化服务发展的前沿动态。如：参加未来乡村生活节的开幕论坛"聚焦章堰，城乡共创"。

② 采访上海各区县负责公共文化的主要工作人员，其目的是了解该区域的公共文化发展政策。采访的相关人员有上海市非物质文化遗产中心负责人；嘉定、松江、奉贤、青浦等区域文旅局公共文化的负责人；嘉定、青浦、闵行、奉贤、松江等区域文化馆和图书馆的负责人。

③ 采访金山区农业农村部乡村振兴局的负责人，了解该区域乡村振兴的落实情况，以及乡村治理的方式与方法。

④ 采访农村新乡贤，了解他们参与农村公共文化服务建设的意愿度、满意度，以及建议和想法，如崇明岛建设村林芝书屋、嘉定区新丰村百姓书屋的负责人等。

⑤ 采访各农村文化体育事业中心的负责人，他们是农村公共文化服务配送的主要实施主体，对他们的采访，有助于了解农村公共文化服务发展的动态以及区域文化品牌、区域文化特色等。这一部分的调研主要集中在嘉定区的几个乡镇。

⑥ 采访扎根上海农村创业的新乡贤，如八十八亩田的创始人、美厨玩家的创始人，通过采访，了解乡村创业的政策支持以及难点痛点。

⑦ 采访崇明富安美术馆和青浦薄荷香文苑的发起人，以及参与艺术乡建的艺术家，了解文化艺术赋能乡村振兴的可能性。

⑧ 采访金山芳香小镇的负责人、吴房村第三方运营的负责人，通过采访了解企业入驻乡村的政策支持，企业如何赋能乡村振兴。

⑨ 采访各村的村支书，了解各村中农村公共文化服务的执行情况，以及对政策的满意度、对公共文化的参与度、意愿度等，新形势下农村

社区治理的难点、方式方法等。走访的村落有嘉定区的葛隆村、北管村、大裕村、新丰村、周泾村、灯塔村、草庵村、联三村、华旺社区；奉贤区的吴房村；松江区的兴达村、腰泾村；金山区的待泾村、山塘村、嘴渔村；青浦区的莲湖村、林家村；崇明岛的建设村；浦东新区的棋杆村等村落的村支书或相关负责人。

（4）案例分析法。案例分析法是本书的一个重要研究方法，案例研究是理论部分的拓展和延伸。本书所选取的三个案例主要从社区营造、党建引领以及新乡贤参与公共文化建设的视角出发，探讨各种视角参与公共文化建设的具体做法，从而为本书的主题——乡村振兴战略下农村公共文化建设路径优化提供现实的依据与支持。此外，还讨论了各种视角介入农村公共文化建设可能存在的不足，为其他区域的农村公共文化建设提供借鉴。

三、本书的分析框架

基于上述认识，本书涵括八个章节，分别是：

第一章　引论

第二章　乡村振兴战略对农村公共文化服务的新要求

第三章　上海现代公共文化服务体系的发展历程、成效与问题

第四章　上海农村公共文化服务政策绩效与满意度的实证分析

第五章　上海农村公共文化服务需求优先序的实证分析

第六章　上海农村公共文化服务建设案例分析

第七章　上海农村公共文化服务建设政策优化建议

第八章　结论与展望

第一章主要阐释本书的写作背景、写作的意义、国内外对农村公共文化服务的相关讨论、本书的写作方法、基本思路与技术路线、本书写作的主要内容。

第二章首先阐述乡村振兴战略、公共文化服务的概念、发展及变迁；

其次将相关理论依次进行了解释，主要有马克思主义农村发展理论、公共产品理论、公共服务理论；最后分析了乡村振兴战略对农村公共文化服务提出的新要求。

第三章首先阐述上海现代公共文化服务体系的发展历程；其次阐述上海农村公共文化服务建设的主要内容；最后阐述上海农村公共文化服务建设存在的问题。

第四章首先是基于 DEA 数据包络分析法的上海农村公共文化服务政策的绩效评价；其次是基于执行协商的视角对上海农村公共文化服务政策的满意度评价；最后是上海农村公共文化服务政策——文化生活满意度与绩效评价总结。

第五章首先描述了上海农村公共文化服务设施供给现状与需求优先序的主要内容；其次是对上海农村公共文化服务建设需求优先序的实证分析；最后是上海农村公共文化服务需求优先序结果讨论与成因剖析。

第六章首先是基于社区营造的视角，对乡村文化复兴有效路径的案例分析；其次基于党建引领农村公共文化建设的视角，对莲湖村案例的分析；最后是对农村公共文化服务发展的中坚力量文化新乡贤案例的分析。

第七章是对上海农村公共文化服务建设的政策优化建议。第一是财政支持：保障农村公共文化服务人、财、物的供给；第二是融合发展：发挥农村公共文化服务的治理功能；第三是制度创新：完善农村公共文化服务体系的体制机制；第四是技术突破：创建农村公共文化服务云平台；第五是产业互助：农村公共文化服务可持续发展的保证。

第八章主要是对本书主要内容与研究观点进行总结，并提出展望。

上述章节，力图反映相关领域的最新成果，体现一定的理论深度和现实针对性，并努力以清晰的逻辑关系，全面展示乡村振兴战略下农村公共文化服务供需匹配的现实情况，在此基础上提出有针对性的政策与建议。

第二章

乡村振兴战略对农村公共文化服务的新要求

第一节

农村公共文化服务及发展变迁

一、基本概念与相关理论

1. 基本概念

（1）乡村振兴战略

2018 年年初,《中共中央 国务院关于实施乡村振兴战略的意见》明确提出乡村振兴战略的总体要求,可见对其的高度重视。作为国家战略,它关系到国家发展的总布局,也是国家发展的核心和关键问题。乡村振兴战略关系到我国能否从根本上解决城乡发展不平衡、不充分等问题。

乡村振兴战略提出了要以产业兴旺、生态宜居、乡风文明、治理有效、生活富裕为总要求,以产业振兴、人才振兴、文化振兴、生态振兴和组织振兴为路径。乡村发展必须依赖于有地方特色的产业支撑,形成可持续发展的现代农业生产和经营体系;生态宜居是指在乡村振兴战略的实施过程中,科学合理地利用生态资源和人文环境,实现人与自然的和谐发展,传承传统文化,弘扬社会主义核心价值观,促使乡村社会互帮互助、乡邻友好、乡风文明;乡村治理就是在法治、德治和村民自治三者相结合的基础上,让村民树立法治意识,做遵纪守法的好公民。用乡规民约与优秀的传统美德去规范村民的行为举止，如：通过开展各项文化活动，发挥中国历史悠久的"文治教化"传统之优势，使广大人民群众不仅可以享受各种文化成果，还能起到社会治理的作用；让老百姓都能过上好日子，实现生活富裕的目标，是党和国家提出乡村振兴战略的出发点和归宿。而本书的研究，即农村公共文化服务建设不仅能够满足全体公民的基本书化需求，还肩负着社会治理的作用，同时结合时代特点、现代农业的特点，发展文旅产业以带动村民致富，这些都是乡村振兴战略的内在要求。

近年来，随着乡村振兴战略的推进，农村公共文化服务建设取得了长足的进步，与此同时，很多学者对此进行了大量的研究，为农村公共文化服务的进一步发展奠定了良好的基础。

（2）农村公共文化服务

农村公共文化服务是我国公共服务体系中的重要组成部分，主要有两层含义，一是政府对于公共文化服务的供给，二是各地区农民长期生活习惯形成区域特色的公共文化。具有公共性、均等性、多样性、政治性、生产性、精神性、外部性等基本属性，具体如表2-1：

表2-1　农村公共文化服务的基本属性

序号	属性	主要特征
1	公共性	农村公共文化服务的各类项目基本属于具有非竞争性、非排他性和效用不可分割性的纯公共产品，少部分服务属于具有部分属性的准公共产品。
2	均等性	公共文化服务的"公共性"要求其产品和服务的供给必须以公平、正义为原则，即体现为"均等性"。
3	多样性	① 不同民族和区域的农村在价值观念、风俗习惯、需求偏好等方面表现出显著的差异性，使农村地区的文化形态具有多样性的特征。② 多样性还表现在以文化惠民工程为核心的公共文化设施、文化产品和文化活动体系，涉及广播电视电影（室）、公共图书馆、群众文化、戏剧观看、文化信息资源服务等多个方面。
4	政治性	公共文化服务作为国家提供的文化产品，传播国家的主流价值，以增强人们的政治认同，维护既有的政治秩序。
5	生产性	文化在被消费的过程中，会被重新赋予新的价值与意义。消费即文化的生产。

（续表）

序号	属性	主要特征
6	精神性	公共文化服务需要借助于一定的物质载体或者物质形态，潜移默化地影响着人们的行为，这与其他公共服务有很大的区别。
7	外部性	社会成员在消费一些文化产品及服务时，会通过社会互动等方式给他人造成好的或坏的影响。

农村公共文化服务的公共性、均等性。决定了政府在其建设与发展中承担着主要的责任，可以确保依法建立均等化的公共文化服务体系。农村公共文化服务是满足农村村民基本的文化生活为目标，着眼于提高全体公民的文化素质和文化水平，既给公民提供最基本的文化精神享受，也是维持社会生存与发展所必需的文化基础与条件。

农村公共文化服务的多样性。由于政府供给存在一定的局限性，如低效率性，难以及时满足公民多样性、差异性的公共文化需求，应该鼓励社会力量参与公共文化服务的建设，以满足农村居民多样化的文化需求。

农村公共文化服务的政治性和精神性。在内容选择上，应始终坚持正确的价值导向，坚持文化发展的"二为"方针，坚持社会主义核心价值观；坚持歌颂真、善、美，揭露假、恶、丑，以文化服务净化人的灵魂，陶冶人的情操，激励人民群众为建设美好生活而努力奋斗。

农村公共文化服务的生产性和外部性。即公共文化服务是积累精神资本、促进人力资本发展的重要途径，是提高民族素质、激发民族创造活力的重要手段。特别是公共文化服务直接为公众服务，具有全民性和健康文化价值的导向性，其存在和发展对于满足人民群众日益增长的精神文化需求，对于提高民族素质，促进经济发展和社会全面进步，具有重要作用。

2. 农村公共服务的相关理论

（1）马克思主义农村发展理论

农村的发展问题是全社会需要面对的共同话题，也是马克思主义理论体系中十分重要的问题。马克思主义农村发展理论主要体现在对"三农"问题的阐述上，不仅关注人的发展，更关注城乡一体化。[①]马克思主义农村发展理论高度重视农村的发展，也十分注重农民的利益与权利。并指出，农民是农村与社会前进的主要动力，同时也是无产阶级反对资产阶级斗争的同盟军。因此，要极大地去满足农民对精神文化、物质文化以及政治文化的需求。[②]除此之外，还应该对农民群体加强思想道德教育，满足他们的精神文化需求。通过文化教育引导农民不断摈弃和转变愚昧落后、保守的观念，自发地接受新事物的出现，并且主动学习，提高自身素质，从而提升在劳动生产过程中的效率和质量，实现全方位发展。在《共产党宣言》中，他们认为在最先进的国家应当采取"对所有儿童实行公共的和免费的教育"，"把教育同物质生产结合起来"。[③]为了让农民能够坚定个人的政治立场，马克思和恩格斯认为需要增强对无产阶级的思想教育，这样做有利于社会的稳定。无产阶级革命导师列宁也倡导积极的文化政策，即通过全民教育提高农民的文化素质，还包括教会农民农业科技知识，学会科学种田，以提高农业技术，并教育农民学会做文明商人。[④]

1949 年以来，以毛泽东、邓小平、江泽民、胡锦涛、习近平为首的党和国家领导人，坚持以马克思主义农村发展理论为指导，结合中国实际，对如何解决农村发展问题进行了不断的探索，丰富了马克思主义农村发展理论，在实践中也取得了巨大成就。自乡村振兴战略提出以来，对于如何培育新时代的农民，党和国家做了积极的探索。如：加强公共文化服务建设也是乡村振兴的重要法宝之一，这些都得益于马克思主义农村发展理论的指导，即"不加强精神文明建设，物质文明的建设也要受

---

① 张梅：《新时代乡村文化建设现状及优化路径研究》，西安科技大学硕士论文，2020 年。
② 参《马克思恩格斯文集》第 3 卷，人民出版社 2009 年版，第 331 页。
③ 参《马克思恩格斯选集》第 1 卷，人民出版社 2012 年版，第 422 页。
④ 参《列宁全集》第 36 卷，人民出版社 1985 年版，第 198 页。

破坏，走弯路"①。为此，需要加大农村文化投入，弥补历史欠账，推动城乡之间公共文化资源的合理配置、公共文化设施的科学布局以及公共文化产品的平等供给，让广大农民也能享受到与城市村民同样的文化服务。

（2）新公共服务理论

新公共服务理论是由登哈特②夫妇提出的，该理论在批判新公共管理理论的基础上形成，将公民置于整个治理体系的中心，强调政府的职能不是掌舵而是服务。新公共服务理论推崇公共服务精神、重视公民在国家中的身份与权益，重视政府与公民之间的沟通、合作与共治；政府或公务员的首要作用是帮助公民表达并实现公共需求与利益，而不是控制或凌驾于公民的权利之上。根据新公共服务理论，政府在公共服务中的角色是政策制定，而不仅仅是直接提供公共服务。政府和社会都要注重诚信，需要从国家治理的角度进行改革，而不是单纯的企业管理理念。新公共服务理论吸收和继承了民主治理的理论，同时将新公共管理理论中的效率融入民主、社区和公共利益理论，从而形成一种更广泛的理论体系。③

新公共服务理论提出了一系列创新性的理念，与我国服务型政府在维度上有着极高的内在一致性，即都把民主、公民权利、公共利益等价值观放在首位，成为建构服务型政府的一块理论基石。长期以来，由于我国城乡发展的"二元结构"，造成了农村公共文化服务资源匮乏，使得农村的文化民生得不到充分保障。农村公共文化服务作为政府公共服务的重要组成部分，政府应该弥补历史欠账，实现公共文化服务的均等化，确保农民文化权益的实现，尽快形成完备的农村公共文化服务体系，这也是服务型政府的应有责任。

---

① 《邓小平文选》第3卷，人民出版社1993年版，第144页。
② 指 Janet V. Denhardt 与 Robert B. Denhard。
③ 辛静：《新公共服务理论评析——兼论对中国服务型政府建设的启示》，吉林大学博士论文，2008年。

（3）公共产品理论

公共产品是用于满足社会公共需要的物品或劳务，具有非排他性和非竞争性，在实际生活中，容易产生"免费搭车"现象。因而，公共产品的生产费用一般采取税收方式强制性地分摊。根据公共产品的性质，可将公共产品分为纯公共产品和准公共产品。纯公共产品是指完全具备非排他性和非竞争性的公共产品。准公共产品是指只具备非排他性和非竞争性两个特点中的一个特点，另一个不具备，或者不完全具备。公共文化服务具有鲜明的公共产品的属性，具有非排他性和外部收益性等特征（见表2-2）。

表2-2　公共文化的公共产品属性

序号	属性	作用
1	公共文化服务是一种基本的公共产品，涉及人民群众的基本文化生活需要。	公共文化以满足社会成员的基本文化生活需要为目标，着眼于提高全体公众的文化素质和文化水平，既给公民提供最基本的精神文化享受，也是维持社会生存与发展所必需的文化基础与条件。
2	公共文化服务具有正的外部性。	公共文化服务是积累精神资本、促进人力资本发展的重要途径，是提高民族素质、激发民族创造活力的重要手段。公共文化产品所蕴含的历史、伦理、审美等精神内涵，对公民思想道德和科学文化素质具有重要影响，其存在与发展对于满足人民群众日益增长的精神文化需求，对于提高民族素质，促进经济发展和社会全面进步，具有重要作用。

二、农村公共文化服务的发展变迁

随着城镇化发展，农村文化变迁显著。当前我国农村文化生态遭到较为严重的外部冲击，传统文化保留与公共文化供给的内生动力不足，需要在发扬农村优秀传统文化的基础上，推动农村现代公共文化服务体系建设。[①]农村公共文化产品供给规模近年来迅速增长，但供给总量的增加并未有效提升农民对公共文化生活的满意度，需要增加农村优质公共

---

① 陈波：《二十年来中国农村文化变迁：表征、影响与思考——来自全国25省（市、区）118村的调查》，《科技与社会》2015年第8期，第45—57页。

文化产品与服务的供给，并通过对农民的引导、习惯培育等方式推动农村公共文化需求端的优化升级。①农村公共文化服务供需失衡的主要原因在于信息技术的发展带来农民文化需求的多样化、个性化与分散化，公共文化标准化的配置与供给无法满足农民的文化需求，需要进行结构性的改革，提升公共文化的服务绩效。②对农村公共文化服务供给有正向影响的因素有农村经济发展水平、财政分权强度和农民受教育程度，而城乡二元结构有显著的负面影响。③

农村公共文化建设的实施路径要基于深化体制改革，提高基层政府对农村文化产业的重视程度，将农村公共文化发展纳入农村经济社会发展的总体规划；健全农村公共文化服务市场，支持地方特色文化发展，营造市场对公共文化产品供给的良好环境；创新文化队伍建设，工作重心下移，向基层、社区放权，让农民群众成为文化活动的主体，提炼符合农民群众精神需求的文化精品。④公共服务绩效应成为提升基层政府政治信任的重要因素，政府应致力于提供更广泛、更高质量的公共产品与服务，以提升农民对政府的信任。⑤目前我国政府提供的农村公共文化服务普遍存在供给不足、不同类型服务不均衡以及不可持续等问题。从我国国情来看，采用多元化的农村公共服务供给模式，科学划分中央和地方政府事权，统筹城乡公共文化一体化发展，有利于提升我国农村公共文化服务的供给能力。⑥

―――――――――

① 李锋：《农村公共文化产品供给侧改革与效能提升》，《农村经济》2018年第9期，第100—105页。
② 傅才武、刘倩：《农村公共文化服务供需失衡背后的体制溯源——以文化惠民工程为中心的调查》，《山东大学学报（哲学社会科学版）》2020年第1期，第47—59页。
③ 毛雁冰、龙新亚：《农村地区公共文化服务供给的影响因素——利用固定效应模型的实证检验》，《理论研究》2018年第4期，第77—83页。
④ 杨莹：《我国农村文化产业发展路径探析》，《农村经济》2017年第8期，第91—94页。
⑤ 卢春龙、张华：《公共文化服务与农村村民对基层政府的政治信任——来自"农村公共文化服务现状调查"的发现》，《政法论坛》2014年第4期，第20—28页。
⑥ 毛雁冰、龙新亚：《农村地区公共文化服务供给的影响因素——利用固定效应模型的实证检验》，《理论研究》2018年第4期，第77—83页。

三、农村公共文化服务相关政策与文化惠民项目

中华人民共和国成立以来，党和政府一直将发展公益性文化事业、开展基本文化服务、满足公共文化需求作为政府及文化事业单位的重要职能。但由于城乡二元体制等原因，农村地区的公共文化服务发展水平，远远低于城市。鉴于此，从 2005 年至今，党和政府多次强调农村公共文化服务的重要性，相关政策法规文件及其具体内容见表 2-3：

表 2-3　农村公共文化服务体系建设相关政策法规文件

年份	政策名称	具体内容
2005 年	《关于进一步加强农村文化建设的意见》	① 完善县、乡、村文化基础设施；② 解决看书难、看戏难、看电影难、收听收看广播电视难的问题；③ 农村文明程度和农民整体素质有所提高，"加强农村公共文化建设"。
2015 年	《关于加快构建现代公共文化服务体系的意见》	到 2020 年，基本建成"覆盖城乡、便捷高效、保基本、促公平的现代公共文化服务体系"的发展目标，并强调要"促进城乡基本公共文化服务均等化""打通公共文化服务'最后一公里'"。
2016 年	《公共文化服务保障法》	国家重点增加农村地区图书、报刊、戏曲、电影、广播电视节目、网络信息内容、节庆活动、体育健身活动等公共文化产品供给，促进城乡公共文化服务均等化。
2018 年	《中共中央　国务院关于实施乡村振兴战略的意见》	"繁荣兴盛农村文化，焕发乡风文明新气象"，强调必须坚持物质文明和精神文明一起抓，提升农民精神风貌，培育文明乡风、良好家风、淳朴民风，不断提高乡村社会文明程度。

从表 2-3 得知，从 2005 年到 2018 年，我国农村公共文化服务建设经历了从基础设施建设到内容保障，再到法律体系保障和整体提升的过程。2015 年之后"公共文化服务"被赋予新的内涵与任务，标志着公共文化服务体系进入了"现代性"构建的新阶段。2016 年之后，公共文化服务正式走上法制化的轨道。从 2005 年至今，国家为了实现农村公共文化发展的目标，除了设置服务机构、经费投入、人力资本投入外，国家还在农村地区开展了"农村电影放映工程、农家书屋建设工程、送戏下乡工

程、广播电视村村通工程、文化信息资源共享工程、乡镇综合文化站建设工程"等文化惠民项目，相应的执行部门是以中宣部（国家新闻出版署和国家电影局）、文化和旅游部、国家广播电视总局等为核心的多个中央部门，在执行上由基层政府负责统筹协调（见表2-4）。

表2-4　农村公共文化惠民工程项目决策与执行部门一览表

相关内容	具体项目	决策部门	执行部门
收听广播	广播电视村村通工程	国家发展改革委、财政部、广电总局	地方各级发展改革委和财政部门、广电部门
观看电视	广播电视村村通工程	国家发展改革委、财政部、广电总局	地方各级发展改革委和财政部门、广电部门
	文化信息资源共享工程	文化部、财政部	地方文化部门、各级财政部门
电影下乡	农村电影放映工程	中宣部国家电影局	地方各级宣传部门
	文化信息资源共享工程	文化部、财政部	地方各级财政部门与文化部门
戏曲下乡	送戏下乡工程	中宣部、文化部、财政部	地方各级财政部门与宣传、文化部门
读书看报	农家书屋建设工程	新闻出版总署、中央文明办、国家发展改革会、科技部、民政部、财政部、农业部、国家人口和计划生育委员会等	地方各级宣传、文化部门主导，财政、科技、发展改革委、农业等其他部门配合
	乡镇综合文化站建设工程	文化部、国家发展改革委	地方文化部门与发展改革委等部门
设施开放	三馆一站免费开放项目	文化部、财政部	地方各级财政部门与文化部门

政府开展的文化惠民工程，在一定程度上满足了农村村民的文化需求，也解决了"市场失灵"的问题。但公共财政提供的文化服务也存在诸如效率低下、文化产品与公众需求脱节等问题。为了弥补政府公共文化服务供给的不足，政府应调动社会各界参与公共文化建设，适当推进公共文化服务的市场化和社会化，在发挥公共财政主导作用的同时，形成多元化和社会化格局，形成"多中心治理"的社会供给模式。

第二节

乡村振兴战略对农村公共文化服务的新要求

现代农业经营体系构建行动计划这一抓手，是使乡村振兴产业兴旺发展的核心一环。靠传统的生产经营模式，上海要实现乡村振兴几乎是不可能的。而背靠上海这座市场化较为充分、理念较为先进、消费力强大的大都市，上海的乡村在新型农业经营主体发展的制度体系建设方面应该走在前列，在现代农业经营主体培育和地产农产品品牌创建上应该有自己独特的建树，公共文化应该发挥更大的作用。[①]

一、乡村振兴战略背景下文化建设的内涵

实施乡村振兴战略是党的十九大作出的重大部署，是新时代农村工作的重要抓手。农村社区是农民生产、生活和娱乐三位一体的场所，它是否具有凝聚力，直接决定着公共产品供给状况、社区的生产和生活秩序。[②]加强农村社区的公共文化设施的建设并开展文化活动，提高社区村民对公共事务的参与频率，可以大大提高社区的凝聚力。[③]农村文化的发展与传承是乡村振兴的重要方面，对解决农村社会矛盾有着积极的作用。习近平同志指出："在公共事业上，要加大对农村基础设施建设和社

---

① 曹红亮、马佳：《关于上海实施乡村振兴战略的思考》，《江西农业学报》2020年第5期，第140—144页。

② 王习明：《美丽乡村建设之国际经验——以二战以来美、法、日、韩和印度克拉拉邦为例》，《长白学刊》2014年第5期，第110—115页。

③ 王习明、彭晓伟：《缩小城乡差别的国际经验》，《国家行政学院学报》2007年第2期，第98—101页。

会事业发展的倾斜力度,切实改善农民生活环境,提高农民生活质量。"(2007年6月19日在上海闵行区调研时的讲话)农村公共文化服务作为公共服务的重要组成部分,对农村精神文明建设有着积极的推动作用。

中共中央和国务院提出的乡村振兴战略,以产业兴旺、生态宜居、乡风文明、治理有效、生活富裕为总要求,以产业振兴、人才振兴、文化振兴、生态振兴和组织振兴为路径,对农村公共文化服务建设提出了新要求,其文化建设的内涵见表2-5。

表2-5 乡村振兴战略背景下的文化建设内涵

乡村振兴战略		文化建设的内涵
总要求	产业兴旺	农业 + 文化 + 旅游:产业融合
	生态宜居	生态文化 + 历史风貌:绿水青山就是金山银山
	乡风文明	乡邻友好 + 乡村文化:复兴村落传统文化
	治理有效	法治 + 德治 + 自治:完善制度建设
	生活富裕	物质文明 + 精神文明:重塑农民文化自信

农村公共文化建设的作用体现在活跃农村生产和生活氛围、满足农民群众的精神生活需求、丰富农村文化市场、传递乡村振兴理念、弘扬劳动致富实践、提升农民公共服务意识等。《"十三五"时期贫困地区公共文化服务体系建设规划纲要》明确指出,公共文化建设在提高地区群众科学文化素质,促进经济社会全面发展方面要发挥重要作用。加快农村公共文化建设有助于我国推进城乡公共文化服务均等化,促进社会和谐发展。

二、乡村振兴战略对农村公共文化服务的新要求

1. 农村公共文化建设可以促进农村经济发展

党的十八大,特别是党的十九大以来,文化与经济融合发展进入加速期。随着知识经济以及文化的开放性发展,文化对经济增长的影响越

来越受到人们的关注，农村公共文化服务的建设有利于促进农村产业结构升级、提高农村劳动者素质、推动农村的经济增长。[①] 农村公共文化建设不仅需要满足农民的精神文化需求，还要围绕乡村振兴和农民致富展开。基层政府通过积极引导和资源倾斜，吸引和撬动社会资金投入农村。农村产业的发展，机械化、自动化和智慧化的农业技术和设备不断出现，改变了农业运作模式，提高了农业生产效率，农业产业化和一、二、三产业融合发展的程度不断提高。在这样的农村产业发展大趋势下，农村公共文化建设为促进农村产业的引进和发展，可以在农村投资营商环境与人才的培养上发挥作用。

文化与经济的相互交融是文化精神与生产过程的融合。农村公共文化建设可以通过向社区农民提供产业发展规划介绍、产业知识和技能培训、模范农民实践经验分享等内容，形成积极向上的致富氛围，培养农户具备产业发展所需的技能。在具体内容传播上可以采用农民喜闻乐见的文化产品和文化形式，与农民传统生活习惯融合，潜移默化地完善农民的技能结构，提升农民对产业发展的支持度。另外，农村公共文化服务可以成为创造机会与财富的平台，提供就业信息与创业辅导，增加对农村年轻人的吸引力，提高社区的经济平台价值。由此可见，农村公共文化建设可以在农村产业发展相关的服务内容、服务形式和服务范围上对农村村民的经济纽带效应提供帮助。

2. 农村公共文化建设对生态宜居环境的推动效应

建设生态宜居的人文环境是践行"绿水青山就是金山银山"理念的重要举措。农村公共文化建设对于保护乡村文脉肌理、彰显人文之美起到重要的推动作用。农家院落、村落形态、公共空间、标志性建筑、邻里

---

① 程娜：《我国农村公共文化与经济协同发展研究》，《财经问题研究》2011年第6期，第85—92页。

关系与社会结构、风俗与节日、民间信仰和乡土知识、乡规民约、地域特色的生活方式等，都是生态宜居乡村的重要组成部分，基层政府可以通过社区营造的方式与方法，积极引导村民参与生态宜居乡村建设，使村民对生态宜居乡村建设认知、认同。[①]让农民群众参与挖掘乡村中独特的人、文、地、产、景，有助于推进乡村文化传承发展和提升乡村风貌保护水平。

首先，村民是农村的主体，而与此同时他们也是文化的创造者、传播者和接收者。村庄的发展历史最终凝结为村民的集体记忆，成为无形之中联结着他们的纽带，这也成了公共文化重要的组成部分。其次，基层政府要引导村民深入挖掘当地的传统文化，了解传统文化的历史源头和特色，为村庄搭建文化坐标，在优质传统文化的滋养下使村庄焕发出新的生机。最后，公共文化建设要求建设者在特有产业资源充分挖掘和开发的基础上进行文化创新，并创造经济价值，实现产业复兴，从而实现村民的回流，提高群众参与公共文化建设的积极性。

由此可见，基层政府要通过发展社区传统文化，建强用好公共文化矩阵，实施文化基因解码工程，深入挖掘地域文化内涵，增添乡村的人文底色与品牌魅力。[②]同时引导农民积极参与社区治理全过程，在共谋、共建、共管、共享中获得实实在在的幸福感。

3. 农村公共文化服务与乡风文明建设的互助效应

加强农村公共文化服务可以提升乡村公共文化服务效能、培育乡土文化本土人才、促进社会组织参与乡村文化建设、活跃农村文化市场及丰富农村文化业态等提供有力保障，对促进农村公共文化的繁荣兴盛，

提高乡村社会文明程度具有重要意义。[①]为此，农村发展要转变传统的管理观念，从管理型基层组织向服务型组织转型，提升服务的满意度，仅依靠基层组织有限的人力、物力和财力，存在很多的局限，农村公共服务的广覆盖与均等化实现难度大。基层组织服务观念的贯彻对于促进社会和谐，加快城乡文化融合发展作用突出。以农村社区为主体，通过对社区资源的利用和社区资源链接能力的提升，对建设一个可持续的农村公共文化供给和服务体系，具有重要作用。[②]

农村社会必须逐渐减弱和摒弃传统农村治理的管理与被管理的观念，通过农村公共文化建设，推动乡风文明在基层服务组织和农村社区的传播。通过文化建设让农民的闲暇生活变得充实、健康、有品位，甚至可以组织农民通过以工代赈等办法，清洁家园、建设家园，赋予农民更高品质的闲暇生活，农民在乡村的生活也会更加惬意，农民收入虽然没有提高，但是可以真真切切地感到生活的充实。比如：举办文艺体育活动，将农民组织起来，相互交流，相互欣赏，可以大大丰富农民闲暇时间的生活；通过公共文化传播，在基层服务组织中推广服务理念，有助于培育有服务精神、爱岗敬业、关心农民疾苦的基层组织服务人员；在农民中传播服务理念，有助于提高农民之间互帮互助的意识，使邻里友爱、互助的传统农村民风得到认知和推广，加强农村的民风建设。举例来看，农村许多看似投入大、回报小、社会责任重的事业，比如养老、医疗等问题，通过农村共治、农民互助的方式，可以大幅节省成本，找到问题的破解办法。再比如，通过公共文化宣传农民互助养老的优点和带来的实惠，大力推广农村互助养老，充分利用和加强农民的互助服务意识，对于解决劳动力大量转移的农村养老难题，即"空心村"养老困境，是一

---

① 李乐为、佘生梅：《乡风文明建设中农村公共文化服务的难题及其破解——基于张家界等地 5 村的调研分析》，《吉首大学学报（自然科学版）》2019 年第 3 期，第 67—72 页。
② 朱冬亮、朱婷婷：《乡村社区公共文化建设路径探析——以社区能力建设为视角》，《厦门大学学报（哲学社会科学版）》2019 年第 3 期，第 129—137 页。

种很好的解决方案。

4. 农村公共文化对乡村社会的治理效应

农村社区治理要做到想群众之所想，做群众之想做，提高农民对社区治理的满意度，关键就是要重视农民的民主诉求，满足农民的合理要求。法治，是对农民行为底线的要求，不伤害他人，不妨碍公共秩序；德治是希望农民能够互敬互爱、互助友爱，和谐生活；自治则是强调社区的自主负责，对于个性化、特殊需求的满足。对于农村社区治理的民主效应，农村公共文化建设可以推动社区村民的民主观念教育，构建有效的沟通交流机制，使民意得到很好的表达。通过民主氛围的营造，农民看到诉求被了解、被重视，会无形增加农民对于社区治理的信任度。

多样化的农民需求，虽然无法被一一满足，但对于农民大众公共性诉求的满足，通过农村公共文化的宣传引导，可以提升农民对公共政策的理解力和认同感。例如，湖北省某传统村居成功转型为农村社区，公共文化建设发挥的作用就是强调农民的参与主体作用，推动社区村民自我管理、自我约束和自我教育，提升社区民主氛围。[1]在城乡一体化发展大潮下，农村公共文化建设要依靠农民，特别是农民中以新乡贤为代表的在农村社区有"强心力"的群体，这会在社会转型期的文化变迁中发挥巨大的引领与推动作用。[2]当前全国各地公共文化建设的形式多样，比如老年协会、老年互助会、老年大学、广场舞、腰鼓队、红白喜事理事会、宗亲会、乡贤理事会、健康讲习班等。这类文化活动不仅可以成为农民改善人际关系的方法，还可以是基层政府应对诸多社区公共事务的手段，

---

① 郭苏建、王鹏翔：《农村社区治理模式转型的探索与实践——基于对湖北省 QL 农村社区的调研》，《社会科学研究》2018 年第 5 期，第 54—60 页。
② 于韬、蒲娇：《社会转型期背景下新乡贤当代价值的建构与重塑》，《吉首大学学报（社会科学版）》2019 年第 S1 期，第 65—69 页。

在丰富农民业余文化生活的同时，也做好了乡村治理，这些成功经验值得总结和推广。

5. 农村公共文化促进城乡融合，推动共同富裕

农村公共文化要在促进城乡一体化、提升城乡融合程度上发挥作用，一方面是积极引入城市社区先进的理念，广泛应用互联网及信息技术，引导农民理解和接受城市先进的思想观念和行为习惯；另一方面，在于对外来文化的有效融合，摒弃文化糟粕。外来文化除了弘扬社会正能量的文化外，也会存在一些负面内容，对农村社区带来一些不良冲击，比如只顾经济利益不顾邻里亲情，注重物质享受缺少努力奋斗的态度等。

在城乡融合方面，农村公共文化可以在营造融洽、和谐的社区氛围方面发挥重要作用，通过宣传邻里互助模范以及致富模范的带头作用，以及在社区内举办形式多样的文化活动，增强社区凝聚力，提升农民的生活满意度，激发农民对于农业及副业的经营动力，实现勤劳致富。另外，公共文化中对于传统文化的弘扬，"仁""孝""礼"精神的强化，有助于传统文化与优秀外部文化的有效融合，形成良好的人居环境。例如，根据对广西某农村社区的数据分析，发现农村社区满意度的主要影响因素包括人居环境、管理民主、公共服务和文化秩序，其中公共服务与人居环境的作用显著。①

从上述可以看出，农村公共文化建设对于推动乡村振兴主要有以下几点重要意义：第一，提升农民的民主意识和互助精神，提高农民自身和农村集体应对与处理农村公共事务的能力；第二，提升农民的农业生产及经营的相关技能，强化农民依靠自身力量致富的信念；第三，提升农民的集体凝聚力，使农村社区从单纯的农村人口的聚集升级为农村产

---

① 庞娟：《新型农村社区治理满意度的影响因素分析——以广西农村社区为样本》，《广西社会科学》2017年第4期，第21—25页。

业发展的人才供应地和商业机会的聚集地，加快城乡融合进程，提升农村经济的规模发展能力；第四，提高农民对社区营造的理解和认识，降低社区村民之间的沟通、实践等综合成本，减轻基层社区治理的压力，提升农民对农村社区的满意度。因此，在解决乡村衰落的难题的过程中，应当满足新时代所带来的新需求，发挥文化的多功能性，创造新供给、培育新业态、做出新探索，为乡村振兴做出应有的贡献，通过文化元素注入经济，形成文化与经济社会的融合发展，让文化成为引领经济社会发展的主导力量。①

---

① 李海舰：《文化与经济的融合发展》，《企业经济》2011 年第 10 期，第 19—20 页。

第三章

上海现代公共文化服务体系的发展历程、
成效与问题

2000 年以来，上海各级党委政府高度重视现代公共文化服务体系的投入，促进了现代公共文化服务体系的建设与发展，农村的公共文化建设也取得了长足的发展，但仍然存在一些问题，如：与其他公共服务相比，财政投入文化事业上的总量不足、支出结构与农民的需求不匹配等。2000 年以来，上海文化投入保持递增的趋势，但与卫生、教育等公共服务相比，投入总量是偏低的（见图 3–1）。[①]

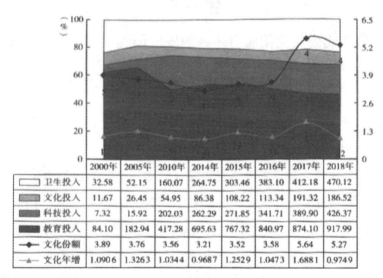

	2000年	2005年	2010年	2014年	2015年	2016年	2017年	2018年
卫生投入	32.58	52.15	160.07	264.75	303.46	383.10	412.18	470.12
文化投入	11.67	26.45	54.95	86.38	108.22	113.34	191.32	186.52
科技投入	7.32	15.92	202.03	262.29	271.85	341.71	389.90	426.37
教育投入	84.10	182.94	417.28	695.63	767.32	840.97	874.10	917.99
文化份额	3.89	3.76	3.56	3.21	3.52	3.58	5.64	5.27
文化年增	1.0906	1.3263	1.0344	0.9687	1.2529	1.0473	1.6881	0.9749

图 3–1　2000 年以来上海文化投入总量及相邻关系

① 王亚南主编：《中国公共文化投入增长测评报告（2020）》，社会科学文献出版社 2020 年版，第 262 页。

"十五"以来，文化作为公共服务的一个重要方面，确实处于优先发展的地位。通过比对，上海文化投入总量年均增长高于教科卫三项投入年增 0.57 个百分点。其中"十五"期间高于教科卫投入年增 2.63 个百分点，"十一五"期间低于教科卫投入年增 9.68 个百分点，"十二五"期间高于教科卫投入年增 5.37 个百分点。自 2000 年以来，上海教科卫综合投入优先高增长当中，文化投入增长处于良性平衡状态。从图 3-1 可清楚、直观地看出，文化投入增长处于良性平衡状态。2000 年以来，上海文化投入总量年均增长高于全国年增 1.96 个百分点，占全国份额从 2000 年的 3.89% 上升至 2018 年的 5.27%。[①] 可以看出，上海在 2000 年之后，高度重视公共文化的发展。

第一节
上海现代公共文化服务体系的发展历程（2000 年以来）

2002 年 4 月，经国务院批准，全国基层文化工作会议召开，并出台文化部、国家计委、财政部《关于进一步加强基层文化建设的指导意见》，明确提出以乡镇为重点，全面加强文化阵地、文化队伍、文化活动内容的建设，努力满足人民群众日益增长的精神文化需求。2005 年 10 月，党的十六届五中全会通过了《中共中央关于制定国民经济和社会发展第十一个五年规划的建议》，首次提出"加大政府对文化事业的投入，逐步形成覆盖全社会的比较完备的公共文化服务体系"，中共上海市委、市政府按

---

① 王亚南主编：《中国公共文化投入增长测评报告（2020）》，社会科学文献出版社 2020 年版，第 262 页。

照中央的部署，经过"十五""十一五""十二五"时期的努力，上海现代公共文化服务体系已经基本成形，而上海农村地区的公共文化服务体系的完善与此同步。之后，经过"十三五"时期的努力，已在全国率先建成现代公共文化服务体系的战略目标。[①]

一、起始阶段（2001—2005 年）

20 世纪末，市委、市政府以基层（含城市社区与农村社区）公共文化设施建设为切入点，开始建设上海的公共文化服务体系，上海农村的公共文化服务工作也由此逐步推进。

1. 确定公共文化设施建设重心下移的决策

20 世纪 90 年代，上海市委、市政府提出，今后的 15 年是上海经济发展和社会全面进步的重要时期，上海要初步确立国际经济中心城市的地位。要实现这一宏伟目标，必须坚持物质文明和精神文明共同进步，经济和社会协调发展的方针。

由此，上海兴起了第一轮重大文化设施建设的高潮。东方明珠电视塔、上海大剧院、上海博物馆新馆、上海图书馆新馆等一批标志性公共文化设施相继建成，成为上海文化新地标，也为上海建设现代公共文化服务体系打下了扎实的基础。

相较之下，上海基层公共文化设施相对于标志性文化地标而显得滞后，所面临的突出问题是基层文化没有传播和发展的阵地，精神文明建设不能深入群众，由此建设基层公共文化设施迫在眉睫。

---

① 上海现代公共文化服务发展历程部分：根据《上海公共文化服务发展报告》（2016—2022 年）以及黄凯锋和朱静波的《现代公共文化服务体系建设——上海的实践与思考》、陈丽丽的《上海市社区文化活动中心发展现状与对策研究》、赵青的《上海市居（村）委综合文化活动室发展研究》等相关文献，以及"2009：上海公共文化服务发展报告"和"2012：上海公共文化服务发展报告"等网络资料，整理而成。

2. 召开上海市社区文化工作会议，部署相关工作

1998 年 4 月 1 日，上海首次召开上海市社区文化工作会议，市委、市政府分管领导根据上海各区县的社区公共文化设施建设的现状和规划，部署了社区文化设施建设的思路、目标和政策措施。确定了"十五"期间社区文化设施建设的总体目标，即初步建成与上海国际一流大城市相匹配，与上海经济社会发展相协调，与上海市民文化需求相适应的社区文化设施网络。

为推进上海社区文化设施建设配套措施的工作，1998 年 3 月 27 日，市委、市政府领导针对社区文化设施为公益性项目的情况，召集相关部门协商，并制定了相应的优惠政策和措施。相关事项有：① 减免社区文化设施建设和运行中的有关税收；② 减免社区文化设施建设过程当中的有关配套费用。

二、全面推进阶段（2006—2010 年）

上海与国家的部署相适应，制定相关政策法规（见表 3-1），上海公共文化服务体系建设进入全面推进的新阶段。根据上海市文化工作会议的部署，明确了构建上海公共文化服务体系的顶层设计，主要包括领导体制、分级财政保障机制、四级文化设施网络、以上海市级"东方"系列为支撑的公共文化内容配送系统、明确四级网络机构的管理机制、绩效评估、社会参与等事项。根据 2004 年出台的《上海市社区公共文化活动中心配置要求》（沪委宣〔2004〕063 号），实现社区文化活动中心设施的标准化。至 2006 年，上海建成并投入使用标准化社区文化活动中心 50 家和社区东方信息苑 200 家。

表 3-1　国家及上海公共文化服务相关法规文件（2005–2006 年）

序号	时间	法规文件	具体内容	备注
1	2005 年 10 月	《中共中央关于制定国民经济和社会发展第十一个五年规划的建议》	建议规定加大政府对文化事业的投入，逐步形成覆盖全社会的比较完备的公共文化服务体系。	国家层面①

---

① 国家层面是指由中共中央办公厅或国务院办公厅等印发的文件，上海层面指由上海市委市政府等印发的文件，下同。

（续表）

序号	时间	法规文件	具体内容	备注
2	2005 年 11 月 7 日	中共中央办公厅、国务院办公厅下发了《关于进一步加强农村文化建设的意见》	明确规定政府公共服务覆盖到社区。	/
3	2006 年 1 月 23 日	《上海市国民经济和社会发展第十一个五年规划纲要》	第十四章第三条为"建设基本覆盖全市的公共文化服务体系"，主要任务是"扩大公共文化产品和服务的有效供给"，"加强公共文化服务基础设施建设"。重点明确要"完成基本覆盖全市的社区文化活动中心和一批社区信息苑建设"。	上海层面

除了法律法规的建设，上海还加强了构建公共文化服务体系的理论研究。如 2005 年 8 月完成文化领域公共产品、公共服务、公共资源、公共领域概念等辨析研究，2005 年年底完成《英美两国及伦敦、纽约公益文化事业概况》研究，上海市社联 2006 年第 4 期《社联策论》推出"上海公共文化服务体系建设的若干思考和建议"专辑，组织力量系统研究和回答了关于公共文化服务的类别属性、主要难题、功能价值、推进思路、对象内容、主体构成、运作机制、规划建设、政策配套、经验借鉴。

1. 实施规划

按照上海市"十一五"规划纲要建设社区三中心的要求，"十一五"期间加快社区文化活动中心建设进度，指标为建成 150 个。"十一五"期间，市委、市政府提出要以构建社区文化活动中心为抓手，以两个"三位一体"为基本思路。一是建、管、用"三位一体"建设：建设施、管标准、定规范，发挥好基层文化团队和市民群众的积极性。二是责任主体、专业队伍、支撑系统"三位一体"：责任主体放在街道乡镇，建设社区文化指导员队伍，建好内容资源配送系统。对社区文化活动中心设施建设的投入机制、社区文化活动中心的功能定位、管理体制、运行模式都有明确的规定。

2．制度创新

上海从 2006 年 3 月开始着手制定上海市公共文化服务体系建设实施纲要，体现了多方面的探索创新。

（1）创新协调机制

为加强对上海公共文化服务体系建设的组织领导，尤其是社区文化活动中心的功能定位问题，上海在机制建设方面做了诸多创新，如：确定社区文化活动中心成为：文化教育、体育健身、普法宣传、科学普及、青少年教育、健康咨询、为老服务、妇女儿童权益保护等工作的共用共享平台，实现多项职能、多个条线共建、共享、共赢的局面（见表 3-2）。

表 3-2　上海市公共文化服务体系建设协调机制

序号	工作部门	工作职责	备注
1	上海市文化体制改革和发展工作领导小组	对全市公共文化服务体系建设承担领导职责。	无
2	上海市社区公共文化服务工作领导小组	① 负责统筹协调，推进全市公共文化服务体系建设的各项工作；② 推动各方面公共文化资源的整合；③ 有效落实国家重大公共文化服务项目。比如：在农家书屋工程建设中，市委宣传部与市农委、市新闻出版局、市文管局协调，以农村综合文化活动室为平台，汇集农家书屋和农委的农民科技书屋，同时与上海公共图书馆的流转体系相结合，不仅解决了前期投入问题，也借助图书馆的图书流转机制，较好地实现农村图书资源的周转、更新，形成了长效运行机制。	由市委宣传部牵头，协同市文明办、市发展改革委、市农委、市财政局、市规划局、市文广局、市新闻出版局、市民政局、市总工会等相关单位共同组成。

（2）创新配送体系

在基层社区文化活动中心设施建设加快推进的同时，为保障与硬件条件相适应的公共文化内容供给，上海从 2003 年开始，由市委宣传部牵头，着手建设以面向社区文化活动中心为主的"东方系列"公共文化内容配送体系，开创了公共文化内容资源供给的新模式（见表 3-3）。

表3-3　上海公共文化资源配送"东方系列"基本情况一览表

序号	机构名称	机构性质	成立时间	成立目的	组织架构	主管部门
1	东方社区信息苑	国有企业	2003年4月	对社区新型信息化公共文化设施和服务平台，提供上网和公益为主的服务。	总部员工70余人，共9个职能部门，门店员工500余人。	隶属东方网，由上海社区文化服务中心统一管理
2	东方讲坛	松散组织	2004年	提供文化、艺术、健康、教育等公益性讲座。	在编人员7人，2—3名志愿者。	上海市社联
3	东方宣传教育服务中心	全额拨款事业单位	2004年6月	向基层文化阵地提供内容，开发制作宣教片等。	在编人员10余人，其余30余人为合作关系。	中共上海市委宣传部
4	东方社区学校服务指导中心	全额拨款事业单位	2004年12月	为全市社区学校提供规范管理、专业指导和内容配送。	在编人员10余人。	上海市精神文明建设办公室
5	东方永乐农村数字电影院线	公司制	2006年3月	承担上海所有行政村、居委会放映点的放映指导、维护和内容配送。	6名企业员工。	隶属上海电影股份有限公司，由上海市社区信息化综合服务工程联席会议领导
6	东方社区文化艺术指导中心	全额拨款事业单位	2006年9月	向基层提供7个艺术门类的培训和文艺指导员的配送工作。	15名专职工作人员。	上海市群众艺术馆

采用"资源整合、百姓点单、政府买单、区县联动、按需配送"的方式，为社区、农村提供各类展品、节目、讲座、教育培训、数字电影资源以及互联网信息服务和各艺术门类的文艺指导员等，提高了基层公共文化设施的服务能力。

2005年，为协调以上六家配送单位的内容配送工作，组建了以市委宣传部为主管单位的上海市社区文化服务中心，为民办非企业机构。上海市社区文化服务中心负责基层社区文化活动中心巡查，承接政府购买服务活动项目，独立开展各种文化培训。

（3）创新绩效评估制度

"上海东方公共文化评估中心"于 2010 年正式成立，其业务主管部门为上海市委宣传部，是全国首家民办非企业的公共文化评估机构，中心根据上海公共文化服务发展的实践需要，每年对评估指标进行修补，以引导和督促上海公共文化的健康发展，其发展历程见表 3-4。

表 3-4　上海东方公共文化评估中心发展历程

序号	时间	发展历程	工作事项
1	2007 年 8 月	上海社会科学院文学研究所受上海市委宣传部的委托，在上海市文广局的支持和指导下，在大量调研的基础上，开始设计公共文化评估研究的任务。	设计《上海社区文化活动中心绩效评估指标体系》《市民满意度调查问卷》《社区文化活动中心观测表》，并制定评估方案。
2	2007 年 10 月	上海社会科学院文学研究所受上海市文广局的正式委托执行。	对浦东新区三林、花木、陆家嘴三个社区文化活动中心进行试评估。
3	2008 年 8 月	上海社会科学院文学研究所受上海市文广局正式委托对相关项目进行评估。	对已运行一年以上的 77 家社区文化活动中心的公众满意度等项目进行评估。
4	2010 年 3 月	上海东方公共文化评估中心正式成立。	以政府委托第三方评估机构的方式，对政府出资举办的重大文化节庆活动、对社区文化活动中心运行绩效及群众满意度进行评估。

备注：本表格是根据陈丽丽的研究制作的。[1]

3. 深化改革：探索公共文化服务管理运行新模式

（1）探索公共文化设施管理运行的社会化、专业化

上海在 1998 年就提出了社区文化活动中心社会化管理的理念和要求。2004 年之后，根据实践总结，着力推进社会化、专业化管理运行新模式。市文广局按照市委宣传部要求，依据国务院颁布的《公共文化体育

---

[1] 陈丽丽：《上海市社区文化活动中心发展现状与对策研究》，上海社会科学院硕士论文，2014 年。

设施条例》和《上海市公共文化服务体系建设实施纲要》等法规规章，开展上海公共文化服务设施（机构）资质认证工作。为深化政府委托社会及社会专业机构管理运行公共文化服务场馆奠定了很好的基础。委托方式有：一类是政府委托相关职能部门管理，另一类是委托具有专业资质的社会机构管理场馆内的部分活动或项目。力求公共文化服务管理的社会化与专业化，在政府、市场、社会之间建立良好的平衡与互动关系。

（2）探索形成公共文化工作者专业培训和岗位资质认证制度

2006 年 6 月，上海市职业能力考试院文化人才认证中心研究制定了《上海市公共文化服务从业人员岗位管理办法》和《上海市公共文化服务机构岗位描述和岗位要求》，明确本市各公共文化场馆相关岗位任职的新进工作人员，在岗位描述和岗位要求确定的基础上，均须通过相关考试并获得上海市专业技术水平认证证书。

（3）探索实现社区文化活动中心设施建设和公共服务的标准化、规范化

社区文化活动中心作为现代公共文化服务体系的基础设施。2004 年，在总结先期建设的多个社区文化活动中心功能配置的基础上，市委宣传部联合十个部委，正式推出第一版《上海市社区文化活动中心配置要求》。2006 年，市文广局对配置标准执行情况进行调研，分析问题，并制定《上海市社区公共文化活动中心管理办法》，让上海的社区文化活动中心建设与配置标准化、规范化（见表 3-5）。

表 3-5　上海市社区文化活动中心配置要求与管理办法（2006 年）

项目	配置要求	管理办法	
		开放时间	免费服务项目 / 年
社区文化活动中心	不低于 3 500 平方米；社区内文化设施较多、人口相对较少、建设用地不足的社区，使用面积应不低于 2 500 平方米。	56 小时 / 周	读书（不少于 1 000 册新书）、阅报（不少于 100 种报刊）、健身（开放时间内指导市民科学健身）、上网（不少于十万小时）、展览（不少于 12 场）、科普、观影（不少于 100 场国产电影）、文艺活动（不少于 100 场）、培训（不少于 3 000 个课时的公益性学习培训）等。

（4）为群众参与公共文化活动拓展新平台

"上海之春"国际音乐节、上海国际艺术节作为上海文化节庆品牌，在国内外有着广泛的影响力，旨在拓展重大文化节庆活动的内涵，吸引广大群众的文化参与。全市各级文化部门以"共创、共建、共享文化成果"为宗旨，不仅鼓励群众参与各种文化活动，还注重开发、推动群众喜闻乐见的文化活动样式。在推动群众文艺创作、组织群众文化成果交流、打造群众文化特色品牌、培育群众文化活动团队等方面都取得了卓著的成绩。

4. 转变职能：政府履行公共服务职能

2010 年之前，市委宣传部牵头实施上海公共文化服务体系的建设。2009 年，市文化局"公共文化处"正式成立（由原来的社会文化处变更而来），负责公共文化服务体系建设（如：开展公共文化服务绩效评估）和非物质文化遗产保护工作，具体工作如下：

（1）上海公共文化服务法规的制定（见表 3-6）。

表 3-6　上海市公共文化服务相关法规（2003-2009 年）

序号	年份	相关法规	备注
1	2003 年	《上海市群众文化三年发展纲要》	制定
2	2004 年	《文广影视社团规范管理标准》	制定下发
3		《上海市社区文化活动中心管理暂行办法》	拟定
4	2006 年	《上海社区文化活动中心基本配置要求》《上海社区文化活动中心资格认证标准》《上海社区文化活动中心基本服务项目及收费标准》《上海社区文化活动中心日常运行经费的投入标准及办法》《上海社区文化活动中心岗位配置要求及任职资格》《上海社区文化活动中心组织机制》	完成起草
5		《上海公共图书馆资格认证标准》	制定
6		《上海公共文化馆资格认证标准》	
7		《上海市公共文化服务体系建设纲要》	拟定
8		"社区文化指导员资质认定、派送与管理办法"	草拟完成

（续表）

序号	年份	相关法规	备注
9	2007 年	《关于加快"十一五"期间社区文化活动中心建设的通知》	制定下发
10		《上海市社区文化活动中心管理暂行办法》	
11		《上海市公共图书馆行业服务标准（试行）》	
12	2008 年	《上海市社区文化活动中心测评标准》	拟定
13		《上海市农村文化信息服务点管理规范》	
14		《上海市公共文化人才三年行动计划》	
15		《上海重大文化活动绩效评估指标体系》	
16		《进一步加强上海农村电影放映工作的实施意见》	制定下发
17	2009 年	《关于加强社区文化活动中心管理的若干意见》	制定下发
18		《上海农村公益数字电影发行放映管理实施细则（试行）》	

备注：参考陈丽丽、赵青的研究，制表而成。[1]

（2）推进五大国家重大公共文化服务工程的建设（详见表3-9）。① 广播电视村村通工程（2009 年 11 月，上海户户通工程全部完成，农村有线电视入户率达到 75%）；② 文化信息资源共享工程（2009 年新增基层服务点 853 个，基本实现街道、镇级基层服务点和行政村基层服务点全覆盖）；③ 基层文化阵地建设工程（截至 2010 年年初，全市社区文化活动室达到了 1 616 个，基本实现郊区县行政村全覆盖）；④ 农村电影放映工程（2009 年，上海具有农业功能的 8 区 1 县实现了农村数字电影放映工程的全覆盖）；⑤ 农家书屋建设工程（2009 年年底，上海已经全面完成"农家书屋"工程建设，提前实现行政村"农家书屋"全覆盖）。

（3）制定文化遗产保护工作的相关文件，依法依规开展文化遗产的

---

[1] 陈丽丽：《上海市社区文化活动中心发展现状与对策研究》，上海社会科学院硕士论文，2014 年。赵青：《上海市居（村）委综合文化活动室发展研究》，上海社会科学院硕士论文，2019 年。

保护工作（见表3-7）。

表3-7　上海市非物质文化遗产相关法规文件（2008-2023年）

年份	相关法规	备注
2008年	《上海市非物质文化遗产项目代表性传承人认定与管理暂行办法》	制定出台
	《上海市珍贵古籍名录申报评审暂行办法》	
	《上海市古籍重点保护单位申报评定暂行办法》	
2009年	《上海市非物质文化遗产项目代表性传承人认定与管理暂行办法》	制定实施
2015年①	上海市人民代表大会常务委员会发布《上海市非物质文化遗产保护条例》	制定实施
2023年	《上海市非物质文化遗产代表性项目和传承人认定保护管理办法》	制定实施

三、全面深化阶段（2011—2022年）

2011年至2022年，上海公共文化服务体系建设进入全面深化城市社区公共文化服务体系的阶段。依据国家出台的公共文化发展政策，上海市委、市政府也出台了一系列的法规，具体如下（见表3-8）：

表3-8　国家及上海公共文化服务建设法规（2011-2022年）

序号	年份	相关法规	目标与任务	备注
1	2011年10月	党的十七届六中全会《中共中央关于深化文化体制改革推动社会主义文化大发展大繁荣若干重大问题的决定》	提出"构建公共文化服务体系"	国家层面
2	2012年7月	国务院印发《国家基本公共服务体系"十二五"规划的通知》（国发〔2012〕29号）	将"公共文化体育"作为国家基本公共服务体系建设的一部分	

---

① 因后文不再专文提及有关非物质文化遗产的论题，故此处收录了上海市分别于2015年和2023年颁布的法规文件。

（续表）

序号	年份	相关法规	目标与任务	备注
3	2013 年 11 月	党的十八届三中全会首次提出"构建现代公共文化服务体系"	/	
4	2014 年 12 月	中央全面深化改革领导小组会议审议《关于加快构建现代公共文化服务体系的意见》	/	
5	2015 年 1 月	中共中央办公厅、国务院办公厅印发新时期我国公共文化建设的纲领性文件《关于加快构建现代公共文化服务体系的意见》，后附《国家基本公共文化服务指导标准（2015—2020 年）》	提出"到 2020 年，基本建成覆盖城乡、便捷高效、保基本、促公平的现代公共文化服务体系"	国家层面
6	2011 年 1 月	主要媒体公布《上海市国民经济和社会发展第十二个五年规划纲要》，其中第十二章第三节为"提升公共文化服务水平"	"加强公共文化基础设施建设""丰富公共文化服务内容""广泛开展各类群众文化活动""推进文化遗产保护传承和开发利用"	上海层面
7	2014 年 1 月	上海市人民政府印发《关于〈上海市基本公共服务体系暨 2013—2015 年建设规划〉的通知》，专门设"公共文化"部分	/	
8	2015 年 8 月	市委办公厅、市政府办公厅印发《上海市贯彻〈关于加快构建现代公共文化服务体系的意见〉的实施意见》（沪委办发〔2015〕36 号）并附《上海市基本公共文化服务实施标准（2015—2020 年）》	提出上海率先建成现代公共文化服务体系的目标要求	
9	2020 年 10 月	上海市第十五届人民代表大会常务委员会第二十六次会议通过《上海市公共文化服务保障与促进条例》	/	
10	2022 年 8 月	上海七部门联合制定《上海市公共文化设施收费管理办法》	/	

　　此外，为进一步丰富城市文化内涵，增加城市人文气息，上海城市文化氛围营造在这一时期也有很大的进展，受到了社会各界的支持与关注。主要项目包括市文广局在 2013 年开始实行的《营造上海城市文化氛围三年行动计划》，让文化融入各种公共空间，走进百姓的日常生活，即

文化进地铁、广场、绿地、商圈、机场、街区、校园、外来人口集聚区等十进工程；实施《小陆家嘴地区文化氛围营造工作三年行动计划》；强化品牌文化活动的群众参与（如上海国际艺术节、上海国际电影节、上海之春、上海书展等品牌的群众参与）；创新举办全年无休的市民文化节；大力发展群文创作；探索设立街头艺人表演试点区域、创新开展街头艺人持证上岗项目；推动各类社会组织文化建设，推动文化与科技、教育、商业、旅游、贸易、金融、体育、信息等领域融合发展，积极探索"政府主导、社会支持、各方参与、群众受益"各方联动的公共文化发展模式。

1. 完善城市公共文化设施网络和出版物发行网点

经过十余年的发展，上海公共文化服务体系取得了很好的成效。新时期，在推动标志性重大文化设施和社区文化活动中心等建设方面，也取得了很好的成绩。

上海结合世博场馆后续利用，市级公共文化场馆显著增加，还营建了上海京剧院、上海交响乐团音乐厅等文化场馆；区域性公共文化场馆建设掀起高潮。如浦东新区、虹口区、静安区、宝山区、闵行区、嘉定区、崇明县（2016年改区）等一批区县级文化设施纷纷建成开放，其场馆的接待能力和服务功能都有很大的提升。镇一级的社区文化活动中心则拾遗补阙。截至2015年年底，全市共建成226个标准化的社区文化活动中心（包括5个域外农场大型社区文化活动中心）。

上海出版物发行网点逐步优化，形成大型、中型、小型、微型等市、区、镇、社区相配套的纵横交融的出版物发行网络新格局。依托上海市少儿图书馆和全市工会系统等，积极推进延伸服务点建设和职工书屋建设。

2. 完善公共文化内容配送体系

完善公共文化机制。上海在"东方系列"的基础上，始终将需求对接机制、举手机制（如配送资源，由承接主体举手选择）、流程再造（如申报指南、评审要求、服务标准、专项资金等）、街镇联动机制、监管机制

（市、区、街镇各司其职）、绩效评估（组织主体、配送实施主体、资源供应主体、社区承接主体之间建立评价反馈机制）等放在重要位置。

努力打造公共文化内容资源配送升级版，着力提高公共文化服务内容配送的针对性。全面建立市、区县（区县级文化内容资源配送中心陆续成立）、街镇（以基层文艺团队交流展示为主）的三级公共文化内容配送体系，加强市、区县、街镇以及各部门文化资源的纵向横向整合，实行按需配送，提升内容服务的匹配度，重点做好向远郊、新建城镇和大型居住区倾斜，并逐步向村居延伸。2014年，市、区县、街镇三级公共文化配送机制、网格格局基本形成，上海公共文化内容资源大配送、大循环的格局初步显现。

扩大社会参与，社会各界积极参与文化配送。如上海市文联的"百名艺术家进社区"、上海国际艺术节的艺术团体、上海惠民文化传播有限公司主办的"上海世界音乐季"、上海东方广播有限公司推出的"星期广播阅读会"、新闻出版等文化企业，社区文化名人、文艺达人都成为公共文化配送的主体，丰富了全市公共文化配送内容。

3. 完善公共文化服务机构的功能与机制

经过前两个阶段的运行与发展，上海公共文化服务管理运行模式进入新的阶段。首先是上海市群众艺术馆作为指挥上海全市群众文化的"司令部"，从全市群众文化工作的主办主体转型为组织协调主体。其次是完善各级公共文化机构法人治理机构的结构，发挥社会各方的积极性。再次，改革市级公共文化内容配送工作体制机制（即"东方系列"根据时代的发展，其职能有所调整）。最后，完善公共文化服务体系建设协调机制，协调小组下设的办公室由市委宣传部事业处调整至市群众艺术馆。

（1）积极推进城市社区文化活动中心的制度建设

这一时期除了坚持对公共文化机构和重大文化活动进行绩效评估，以及完善公共文化设施多维监管机制和文化志愿服务制度，积极推动社会力量参与公共文化服务以外，主要对社区文化活动中心这一主体进行了深度优化。第一，拓展社区文化活动中心的综合性功能，如：将旅游信息服务点、百姓健身房、社区创新屋、东方书报亭等更多功能嵌入社区文化活动中心，不断丰富社区文化活动中心的功能及服务内容。第二，因地制宜推进社区文化活动中心设施建设和公共服务标准化和规范化。第三，推进社区文化活动中心法人主体建设。第四，大力推进社区文化活动中心社会化、专业化管理运行。

（2）推进公共文化数字化建设

第一，2009 年，上海完成有线电视村村通、户户通工程。为顺应时代的发展，2015 年 11 月，上海完成 624 万有线电视用户 NGB 网络改造，基本覆盖中心城区和郊区部分城镇化地区。①第二，根据国家对公共文化场馆数字化的要求，上海加快推进图书馆、博物馆、美术馆、非遗展示馆等各类艺术机构的数字化建设。第三，积极构建数字化惠民文化服务体系和搭建多渠道公共文化服务信息发布平台（如整合全市公共文化服务信息，制作文化地图，开设微博、微信及开发 App 应用），以提高公共文化服务信息市民知晓率。第四，2012 年，社区文化活动中心中央信息管理系统正式上线，实现对全市社区文化活动中心的全覆盖。第五，建设文化上海云，2014 年后，各区县文化云平台也陆续建成运行。第六，推进数字阅读工程，在部分公共文化场馆实现 WLAN 覆盖，为百姓提供一定时段的免费无线上网服务。第七，2019 年，上海市公共文化内容供给统一采购平台投入运营，"平台统一，实现了配送资源利用的最大化，提升了公共文化内容供给的效能"。

（3）加强文化遗产保护传承和开发利用

首先，上海作为历史文化名城，拥有丰富的文博资源、工业遗产资源、红色旅游资源、名人故居、历史风貌区和老建筑。2011 年，在全国文物普

---

① 王懿：《上海智慧城市新 3 年计划发布》，《上海金融报》2014 年 9 月 12 日。

查的基础上，上海还非常重视民间收藏，2013 年在全市文化节中举办了首届市民收藏大赛，全面推动物质文化遗产保护。其次，构建非物质文化遗产传承保护体系，具体包括建立项目和传承人名录体系、启动国家级非遗项目记录工程和非物质文化遗产数字化的升级工作，开展非物质文化遗产保护的社会宣传和青少年教育。最后，探索文化遗产资源合理利用，如推出"上海重阳糕新装礼盒""中国非遗十大名茶"等试点项目，深受广大市民欢迎。

此外，深入实施国家重大公共文化服务工程［如：积极创建国家公共文化服务体系示范区（示范项目）、深化文化信息资源共享工程、推进农家书屋管理使用等］、完善公共文化服务政策法规、有序实施公共文化服务设施免费开放、大力推进全民阅读和加大公共文化服务资金投入、不断拓展公共文化服务覆盖人群和加强公共文化人才队伍建设、积极推进文化交流工作，都是这一时期的重要工作。

总的来说，这一时期，上海实现了率先构建现代公共文化服务体系的既定目标。"十三五"期间，上海在乡村振兴背景下，进一步优化农村公共文化服务。第一，是深入贯彻落实《公共文化服务保障法》，加快政府职能转变，注重体制机制创新，如制定《上海市现代公共文化服务体系建设三年行动计划（2018—2020）》等地方法规。第二，立足基层公共文化服务效能建设，以老百姓的文化获得感、满意度为出发点和落脚点，在机制创新、资源整合、服务效能等方面积极探索，系统推进公共文化服务的标准化、均等化、社会化和数字化建设，促进了上海公共文化设施向广覆盖、促均衡、提效能转型，如 2019 年年底，上海有 5 546 个居村综合文化活动室服务功能提升，让公共文化为乡村振兴赋能；为保障村民能够享受到便捷的文化服务，推动总分管制，让优质文化资源下沉。第三，公共文化内容供给从文化系统小循环向包含系统外、体制外在内的全社会大循环转型，如着力在商圈、地铁、机场等公共空间打造城市公共文化厅，让老百姓的公共文化活动有好去处。第四，在公共文化课题研究方面，形成了相关的优秀案例集和研究报告，如《上海市居（村）委综合文化活动室发展现状调研报告》《上海市构建现代公共文化服务体系基层优秀实践案例》等，为繁荣群众文化，推动公共文化服务联动融合发展，实行团队走亲机制，开展戏曲进乡村，举办各类休闲农事活动和乡村旅游文化节庆活动等，这些对今后公共文化建设产生了积极的推动作用。第五，公共文化服务方式向在场、实体和在线、数字"两轮驱动"转型；公共文化活动运作机制从政府举办为主，向政府主导、社会参与、各方支持、群众受益转型；公共文化建设主体从单一主体向丰富多元主体转型。

第二节

上海农村公共文化服务建设的主要内容

一、农村五大重点工程项目基本实现全覆盖

根据国家《关于加强公共文化服务体系建设的若干意见》的要求，上海因地制宜，结合实际，全力推进广播电视村村通工程、文化信息资源共享工程、基层文化阵地建设工程、农村电影放映工程和农家书屋建设工程等五大国家重大公共文化服务工程的建设（见表3-9）。

表3-9　国家重大农村公共文化服务工程

项目名称	完成时间	完成情况	特色
广播电视村村通	2007年年底	全面实现	
户户通工程	2009年11月	全部完成	/
农村有线电视	2009年11月	入户率达到75%	

（续表）

序号	年份	相关法规	备注
文化信息资源共享工程	2009 年 10 月	实现街道（镇）级基层服务点和行政村基层服务点全覆盖。建成各级图书馆中心和服务点 1 930 个，其中市级分中心 1 个，区县支中心 19 个，街道镇图书馆和社区信息苑服务点 441 个，行政村和居委基层服务点 1 423 个。市、区少年儿童图书馆、大学、高级中学、部队、企业、监狱等文化信息资源共享工程基层服务点 46 个。	以社区文化活动中心和居（村）委综合文化活动室为载体。
基层文化阵地建设工程	2010 年年初	全市社区文化活动室达到了 1 616 个，基本实现郊区县行政村全覆盖。为了支持农村完成综合文化活动室建设任务，市文化专项资金对每个综合文化活动室补助 2 万余元，用于购置电脑、数字电影放映设备等。	郊区县行政村综合文化活动室作为街道（镇）社区文化活动中心的服务延伸点，设置图书借阅室、数字电影放映厅、多功能活动室、小型戏剧表演场所等基本公共文化服务场所。
农村电影放映工程	2009 年	农村数字电影放映工程全覆盖，农村数字电影放映点 1 771 个（其中行政村放映点 1 480 个，居委会放映点 291 个）。	① 按照"企业经营、市场运作、政府购买服务"的思路，深化农村电影放映体制改革，探索建立多种所有制，多种发行放映主体和多种发行放映方式相结合的新模式。② 通过优化资源配置，同步培育和发展农村数字影院，实现了农村电影放映"从露天到室内、从胶片到数字、从流动到定点"的三个转变。
农家书屋建设工程	2009 年年底	全面完成农家书屋工程建设，提前实现行政村农家书屋全覆盖。完成行政村农家书屋工程建设 1 513 个，农民聚集小区书屋建设 1 个，共计 1 514 个。	① 上海农家书屋建设从整合资源出发，依托农村综合文化活动室，与东方农村信息苑工程、新型农民科技培训等工程共建共享。② 为了支持基层图书馆特别是农家书屋工程建设，市政府决定将全市人均购书经费标准由 1.8 元提高到 2 元，计算标准由户籍人口调整为常住人口。新增购书经费当年全部用于支持农家书屋工程的建设。

从表3-9可以看出，上海按照中央的统一部署，从本地区实际出发，上海市委、市政府以及各区县高度重视、积极行动，较早完成了农村五大重点工程项目，到2009年年底，五大项目在行政村基层服务点基本实现全覆盖。考虑到农村地区公共文化设施不足，文化惠民工程向农村倾斜，如市文化专项资金对每个综合文化活动室补助2万余元，用于购置电脑、数字电影放映设备等；新增购书经费当年全部用于支持农家书屋工程的建设等。同时，积极探索政府＋市场＋社会的运营模式（如农村电影放映工程），但整体社会化市场化程度不高。积极探索农村电影放映的数字化建设，实现了农村电影放映"从露天到室内、从胶片到数字、从流动到定点"的三个转变。部分文化惠民工程，将常住人口纳入上海公共文化服务体系建设，如2009年，市政府决定将全市人均购书经费标准由1.8元提高到2元，计算标准由户籍人口调整为常住人口。让外地户籍的村民能够享受与本地户籍均等化的公共文化服务。从2008年11月至2009年10月的数据来看，观影人次达到了每场92人，同比前期增长了71%，这意味着之前的观影人次，每场不到30人。这说明农村电影数字化建设起到了积极的成效，大大提升了农村村民参与公共文化的积极性。

此外，上海市新闻出版局为建立农家书屋工程长效发展机制，制定了《上海市农家书屋出版物采购指导目录》，推出上海"农家书香五个百"活动（见表3-10）。

表3-10　上海"农家书香五个百"活动

序号	项目	举措
1	组织策划编辑出版服务"三农"的读物。	每年向"农家书屋"推荐100种重点图书。
2	每年组织100场"农家书屋"科技文化讲座。	邀请一批科技、医疗专家和作家、诗人深入郊区县，向农民群众普及科学文化知识。
3	举办"农家书香"征文活动。	每年组织评选100名农民读者的优秀阅读作品结集出版。

（续表）

序号	相关法规	备注
4	评选100名"农家书屋"优秀管理员。	表彰奖励一批在农家书屋工程建设与管理中作出突出成绩的积极分子。
5	建立一支青年编辑和局机关青年干部队伍。	组成"农家书屋文化导读志愿者"队伍。

从表3-10可以看出，上海市新闻出版局推出的"农家书香五个百"活动，在一定程度上激发了"农家书屋"活力。

二、农村公共文化服务配送网络基本形成

自2015年4月起，市委宣传部再次牵头对市级公共文化内容配送机构进行整合和改革。市级公共文化内容配送工作，由市文广局为政府主管部门，市群众艺术馆为组织实施主体。专门成立上海东方配送中心（拟民办非企业），具体负责市级公共文化内容配送工作。

在此基础上，区（县）级文化内容资源配送中心陆续成立，如嘉定区以"百姓系列"的文化资源供给模式，加大对农村文化服务的资源支持；松江区、闵行区实施"百、千、万"工程，为农村和基层提供百场演出、千场电影、万册图书等。①各街镇的三级配送逐步展开，以基层文艺团队交流展示为主要形式的文艺三级配送，同时积极向居（村）延伸。2014年，市、区县、街镇三级公共文化内容配送网格格局基本形成，上海公共文化内容资源大配送、大循环的格局初步显现。

三、农村公共文化服务政策保障措施逐年完善

上海市近年来在推进居（村）综合文化活动室建设方面，出台了不少政策措施，详见表3-11。市级层面的政策制度，不仅有原则要求，也

---

① "2012：上海公共文化服务发展报告"，百度文库（baidu.com）。

有了具体内容。在实施的过程中，部分区镇按照上海市的总体要求，根据实地情况，制定了各种保障措施，但大部分区镇对居（村）的文化工作不够重视，以至于综合文化活动室的经费投入有制度性文件明确规定的居（村）委仅有 115 个，占比 10%，这与笔者 2019 年年底去实地调研的情况相符合。

表 3-11 居（村）综合文化活动室相关政策

年份	政策名称	相关要求
2016 年	上海市人民政府办公厅下发《关于本市贯彻推进基层综合文化服务中心建设指导意见的实施意见》	明确居（村）综合文化活动室的功能定位、服务内容方式等以外，还对经费投入做出制度安排，明确"要按照建设规模、服务项目、服务人口等"条件，由区县、乡镇政府保障投入；工作人员"可以通过区县、乡镇（街道）统筹和购买服务方式配备"。
2017 年	市文化广播影视管理局颁布了《关于切实加强本市基层（居村）公共文化服务工作的通知》	要求"健全居村综合文化活动室（中心）网络"，"完善基层（居村）公共文化服务内容建设""加强组织保障，确保基层（居村）公共文化服务提级增效"，并具体指出："各居村综合文化活动室（中心）需配备 1 名以上公共财政补贴的专兼职工作人员，或可通过区、街镇统筹和购买服务等方式配备。"
2018 年	制定了《上海市提升居（村）委综合文化活动室服务功能创建标准》	对居（村）委综合文化活动室服务功能提升了创建标准。

备注：依据陈起众、赵青的研究制表而成。[1]

综上所述，上海现代公共文化服务体系与前期相比，公共财政支出有着较大的增长。但城乡发展出现显著的不平衡，公共文化的城乡二元结构依旧存在。城市有着较多"标志性的建筑"与丰富多彩的文化产品。而上海农村的公共文化服务投入依旧较少。

---

[1] 陈起众：《保障居（村）综合文化活动室的可持续发展——上海居（村）综合文化活动室建设可借鉴的经验》，载荣跃明主编：《上海公共文化服务发展报告（2019）》，上海人民出版社 2019 年版。赵青：《上海市居（村）委综合文化活动室发展研究》，上海社会科学院硕士论文，2019 年。

第三节

上海农村公共文化服务建设存在的问题

总的来说，近年来上海农村公共文化建设在各级党委与政府的重视下，经费投入力度逐年递增，效能也在日益提升。但是，上海农村公共文化服务的发展水平与城市相比，仍然处于薄弱环节；离乡村振兴对文化的要求，离新时代广大农民群众对精神文化的需求相比，还存在较大的差距。具体说来，主要存在以下问题。

一、上海农村公共文化服务供需失衡

近年来，农村公共文化服务供需失衡已成为国内学术界讨论的焦点。农村公共文化服务的供需失衡，显然未能保障老百姓的文化权益，制约着人民日益增长的美好文化生活需要。[1] 从理论层面来说，供需平衡是农村公共文化服务最基本的要义，而从实际情况来看，供需失衡已成为制约农村公共文化服务发展的主要问题。

1．供需总量失衡

农村公共文化服务供需总量失衡主要表现在财政投入、文化项目、文化设施等方面的供不应求或者是供过于求。从调研的结果来看，上海农村公共文化服务的基础设施经过"十一五""十二五"的建设，基本能

---

[1] 何晓龙：《国内学界农村公共文化服务供需失衡研究述评》，《国家图书馆学刊》2021 年第 5 期，第 101—111 页。

满足村民的需求，空间的品质仍有提升的必要；但文化项目和文化活动供给不足，如乡村歌舞演出、公共讲座（教育、健康、亲子等）、农民技能培训、民俗活动（包粽子、剪纸等）的覆盖率较低，从数据分析结果来看，这类活动又是村民非常喜爱的文化活动，从而产生了供需矛盾（见图3-2）。以送戏下乡为例：上海农村年龄偏大的老年人群体，普遍喜欢看沪剧、越剧、黄梅戏演出，从本次调研的结果来看，选择表演艺术的群体中，有54.94%的村民选择了沪剧，29.82%的村民选择了越剧，22.69%的村民选择了黄梅戏。而送戏下乡到行政村落，每月只有一次，远远不能满足农村老年村民的需求。

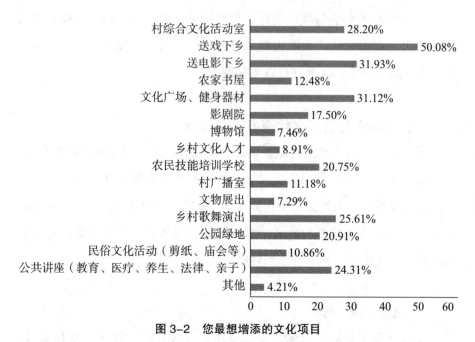

图3-2　您最想增添的文化项目

相关研究认为：农村公共文化服务领域的占比一直保持在公共文化服务财政供给的30%左右。[1]笔者在调研走访的过程中发现：上海农村

①欧阳建勇：《乡村振兴战略下我国农村公共文化服务建设的财政政策研究》，江西财经大学博士论文，2019年。

公共文化服务发展，相较城市而言，无论是文化设施还是文化产品都过于"单一"，使得受访者的参与意愿受到很大的影响，希望政府能增加财政支持。这与吴理财的研究结论具有一致性[①]，即通过投入来推进上海城乡公共文化服务均等化；从另一侧面，也说明上海公共文化服务的投入总量虽然持续上升，但投入农村公共文化服务的占比明显太低，过低的占比不能满足农村村民对公共文化的需求。

2. 供需结构失衡

农村公共文化服务供需结构失衡主要表现在：供给的内容、方向、要素等与需求相脱节，不能适应由数字信息技术培育起来的个性化、多样化、分散化的农村居民的文化需求。廖晓明和徐海晴的研究发现，供需结构失衡不仅表现为供给侧与需求侧相脱节，还表现为供给主体与需求结构相背离、供给方式与需求广度相冲突、供给形式与需求方式相矛盾等。[②]农村公共文化供需结构失衡还表现在：重视"送文化"而轻视"种文化"，与农民群众的文化需求严重脱节和错位。[③]上海农村地区公共文化产品的供给，主要依托于上海近年来建立的"四级"文化配送，政府处于绝对的主导地位，供给农村的文化产品和服务类型与城市社区相差不大，并不能真实反映农村村民的精神文化需求，严重影响了农民参与公共文化的积极性。在问卷中，"您愿意参与村里的文化活动吗？"一题有41.17%的受访者表示非常愿意参加，43.92%的受访者愿意参加（见表3-12）。由此可见，村民参与文化活动的意愿度是非常高的。

---

① 吴理财：《积极推进城乡公共文化服务均等化——基于20省80县（市区）的问卷调查分析》，《湘潭大学学报（哲学社会科学版）》2014年第4期，第21—27页；《以财政标准化投入推进农村公共文化服务均等化发展》，《行政管理学改革》2019年第5期，第33—36页。
② 廖晓明、徐海晴：《新时代农村公共文化服务供需问题探析》，《长白学刊》2019年第1期，第149—155页。
③ 吴理财：《非均等化的农村文化服务及其改进策略》，《华中师范大学学报（人文社会科学版）》2008年第3期，第10—17页。

表 3-12　您愿意参与村里的文化活动吗？

选项	小计	比例
非常愿意	254	41.17%
愿意	271	43.92%
无所谓	80	12.97%
不愿意	11	1.78%
非常不愿意	1	0.16%
本题有效填写人次	617	

但现实的情况是，村民对农村公共文化的参与度不高，如"政府对农村实施的公共文化配送，您有什么需求或者建议吗？"一题，具体信息见图 3-3：

图 3-3　政府对农村实施的公共文化配送，您有什么需求或者建议吗？

此题汇总收集了 173 条受访者的反馈建议，如：① 希望政府优化农村公共文化设施，增加健身器材，增加财政支持。② 配送形式多样化，形成定期配送的机制，增加配送的频次。③ 从村民的需求出发，提供更接地气、寓教于乐的文化活动。④ 多开展实用性活动，内容形式更丰富、更新颖。⑤ 多配送亲子类、戏曲类、舞蹈类等演艺活动，文化指导员，医疗保健、法律普及讲座以及医生下乡测量血压血糖等公益活动。⑥ 关注外来人员的文化需求。⑦ 根据村庄特点，多普及农作物种植技术。从受访者的反馈建议来看，受访者不愿意参与农村公共文化服务项目，除了文化设施陈旧、供给不足（有部分反馈是村里基本上没有文化配送项目），深层次的原因如下：

公共文化服务内容陈旧：自媒体时代，农民能选择的文化产品众多，但农村公共文化产品的内容与形式未能与时俱进，没有根据群众的需求及时调整，这与邵子剑等人的研究结果一致。[①]据调查，在"送电影下乡"活动中，很多电影观看人数每场不超过 20 人，一是因为观影环境不好，二是因为影片的内容陈旧，导致村民观影的积极性下降。村民认为家里的电视节目或者自媒体上的节目更吸引人。

公共文化服务内容不接地气：农村公共文化产品必须贴近农民的生产生活。笔者在走访过程中，发现上海农村地区的人口结构存在如下特征：即以老年人为主，本地年轻人大多到经济较为发达、就业容易的区县乡镇发展。留守在农村的老年人因文化水平不高、视力不好、身体状况欠佳等原因，愿意去农家书屋阅读书籍的少之又少，加上农家书屋的设备陈旧、书籍较少，对农民的吸引力较低。相比之下，农村村民对农业科技、养殖培训、就业指导、健康养生等讲座形式的文化产品更感兴趣。

农村公共文化服务的内容过于单一：相比内地的城市，上海近郊的农村地区，外来人口在增加，如宝山区月狮村四川人比较多，希望配送川剧。人口结构的变化，使得公共文化产品的需求也在发生变化。但从目前来看，公共文化产品的供给并没有根据人口结构的变化而变化。

总的来说，矛盾的主要方面在供给侧，也就是说结构性矛盾的核心问题是"供求错配"。既反映出低质供给和无效供给的供过于求，也反映出优质供给和有效供给的供给不足，供给端和需求端的不匹配。农村公共文化产品的内容与形式，相当一部分的文化惠民活动都流于形式，未能按照村民的需求及时调整。

[①] 邵子剑、陈雯怡、周海航：《全面建成小康社会背景下上海农村公共文化服务建设的思考》，载徐锦江主编：《上海公共文化服务发展报告（2021）》，上海社会科学院出版社2021年版。

3. 供需空间失衡

张立荣等以收入差别作为起点，研究我国农村公共服务需求偏好，发现收入差异会造成对公共服务偏好的不同，具体表现为随着收入增加对保障型公共服务的需求递减，而对发展型公共服务的需求递增。[1]近年来，在城市兴起的各种集咖啡、餐饮、书籍于一体的书店深受城市居民的青睐，传统的书店逐渐退出历史的舞台。这就是随着人们生活水平的提高，公民对文化空间的需求逐渐从保障型向发展型递增。上海农村所提供的公共空间亦是如此，传统的农家书屋，由于设备陈旧、空间狭小，不受农村中青年群体的喜爱，而老年人又因为不识字、视力不好等因素基本不阅读。因此，农家书屋空置也不足为奇了。问卷调研结果显示：农村文化活动室与农家书屋的状况差不多，还存在以下这些不足：活动开展较少占比 40.19%，活动形式老套，没有创意占比 32.74%，活动没有吸引力，不好玩占比 25.77%（见图 3-4）。

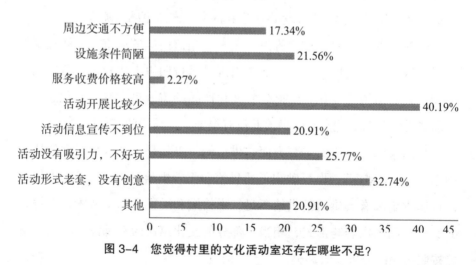

图 3-4　您觉得村里的文化活动室还存在哪些不足？

---

[1]张立荣、李军超、樊慧玲：《基于收入差别的农村公共服务需求偏好与满意度研究》，《中国行政管理》2011 年第 10 期，第 118—122 页。

二、农村公共文化服务人才队伍力量薄弱

首先，相较于上海市区公共文化人才队伍的供给，上海农村地区由于交通不便利、经济发展水平一般，多数农村并没有专职的公共文化服务人才，多数村委干部身兼数职，在公共文化服务上花费的时间和精力非常有限；其次，部分领导对基层文化建设认识不足，重硬件、轻软件，很多领导干部口头上把文化工作拔得很高，真正落实的却很少；再次，部分领导干部甚至把不懂文化的亲戚朋友塞到基层文化单位，享受事业编制，既干不了事，又得罪不起，出现管文化的基层干部不懂文化，难以胜任基层文化活动的组织、培训和辅导工作；最后，基层单位用人机制不完善、编制无法解决，再加上农村干部待遇低、奖金得不到保障等，使得农村文化人才队伍难以稳定，人才引进更是难上加难。

三、农村公共文化服务多元治理程度不高

上海现代公共文化服务体系经过二十多年的发展，逐渐形成政府主导、社会力量多元参与的格局。但农村公共文化服务的现状仍然由政府主导，缺乏市场化的公共文化供给。其主要原因一方面是农村公共文化多属于公益性质，利润较低，难以吸引资本关注；另一方面，农村地区开放程度不高，村委服务能力也有限，对外部文化缺乏整体的引入和发展规划，难以形成村落与市场的合力。因此，在公共文化服务治理上，缺少多元化的参与力量，难以实现公共文化建设的服务性和商业性的统一。举例来说，特色旅游小镇是农村公共文化的一个表现形式，集合了文化宣传效应和经济效益。由于资源禀赋依赖、规划团队创新能力不足、行政过度干预、社会资本介入等原因，旅游特色小镇的同质化非常普遍。[①]

---

① 熊正贤：《旅游特色小镇同质化困境及其破解——以云贵川地区为例》，《吉首大学学报（社会科学版）》2020年第1期，第123—130页。

基于地方特色文化创新服务业态，提升服务能力，将有助于提升特色小镇的独特性。

四、农村公共文化服务数字化程度较低

从上述内容可知，上海公共文化数字化建设大多集中于市区镇三级，而对于农村公共文化数字化建设则非常有限，从现有的数据来看，仅仅局限于村村通、户户通工程，以及农村电影放映工程。如前所述，数字化建设水平对于农村村民参与公共文化建设有着较为重要的影响。2020年《中华人民共和国乡村振兴促进法》审议通过，明确乡村振兴已上升为国家全面实施的发展战略。实施乡村振兴战略有利于社会主义新农村建设和发展，需要强大的科技和人才支撑，更需要知识文化哺育农村，上海农村公共文化服务亟需搭建数字化运营平台。[①]

从上述对上海现代公共文化服务体系的梳理中，我们发现上海城市的公共文化建设经过二十多年的建设，在基础设施、制度建设与创新、多元治理、评估体系、文化遗产保护、法规建设、数字化建设等方面都取得了长足的发展。但上海农村地区的公共文化建设，无论是文化设施、人才供给、财政投入、数字化建设还是供需匹配等方面仍然处于薄弱地带。农村公共文化服务体系与城市公共文化服务体系，具有一定的差异性，在"自上而下"的行业体制决策模式下，往往以精英偏好主导着基层的文化消费偏好，大多偏离了农民的实际需求[②]，导致农村公共文化供需

[①] 陈媛媛、王荔：《数字农家书屋公共服务与建设研究 —— 以江浙沪皖地区为例》，《编辑之友》2022 年第 12 期，第 19—28 页。

[②] 叶兴庆：《论农村公共产品供给体制的改革》，《经济研究》1997 第 6 期，第 57—62 页。曲延春：《农民满意度、需求偏好与农村公共产品供给侧改革 —— 基于山东 546 份调查问卷的分析》，《东岳论丛》2017 年第 11 期，第 109—117 页。傅才武、王文德：《农村文化惠民工程的"弱参与"及其改革策略 —— 来自全国 21 省 282 个行政村的调查》，《中国图书馆学报》2020 年第 5 期，第 54—73 页。

错位[1]。另一方面则是财政供给总量不足、行政逻辑较强[2]、服务逻辑较弱，使得信息延迟、知晓率不高。在乡村振兴战略背景下，上海应根据农村地区人文生态、地域环境等特点，因地制宜地发展农村公共文化服务体系建设。

---

[1] 林万龙：《中国农村公共服务供给需求的结构性失衡：表现及成因》，《管理世界》2007年第9期，第62—68页。范逢春、李晓梅：《农村公共服务多元主体动态协同治理模式研究》，《管理世界》2014年第9期，第176—177页。
[2] 吴理财：《把治理引入公共文化服务》，《探索与争鸣》2012年第6期，第51—54页。

第四章

上海农村公共文化服务政策绩效与
满意度的实证分析

公共文化与每个人的日常生活有着紧密的联系，经济社会的发展离不开公共文化的作用。随着人们物质生活水平的不断提高，精神文化的需求越来越大。同时，知识经济对公民的文化素养也提出了较高的要求，文化在人们日常生活中的分量日益加重。在问卷题为"您认为文化生活与幸福感有关吗"的分析中，63.53%的受访者认为文化生活很重要，31.77%的受访者认为有点关系，仅有4.70%的受访者认为没关系（见表4-1），可以看出文化生活充实带来的精神愉悦已成为公民生活幸福的标准之一。文化素养的高低也正成为影响公民寻求更大发展空间的重要因素，文化的作用从隐性层面上升到了显性层面。然而，在近些年的研究中发现，尽管农村已经实现公共文化服务设施全覆盖，但出现投入边际绩效递减、无效供给冗余而有效供给不足等问题[1]。随着公共文化生活在农村中的重要性日益增强，文化满意度成为公共文化服务绩效评价的核心指标，成为各级政府需要努力的方向。政府作为公共文化服务的供给者，只有了解民众需求才能有的放矢地开展工作，提升工作绩效，提升老百姓的生活幸福感。本章将以2019年12月至2021年2月，对上海31个村落开展的617份有效问卷调研数据为基础，运用DEA数据包络分

---

[1] 傅才武、许启彤：《基层文化单位的效率困境：供给侧结构问题还是管理技术问题——以5省10个文化站为中心的观察》，《山东大学学报（哲学社会科学版）》2017年第1期，第50—59页。寇垠、刘杰磊：《东部农村居民公共文化服务满意度及其影响因素》，《图书馆论坛》2019年第11期，第79—86页。

析法和随机效用理论、二重指数分布、Logit 模型及有序多分类 Logit 模型对上海农村公共文化服务政策绩效和满意度进行评价。通过实证分析，就如何提升上海农村公共文化服务绩效与满意度提出建议。

表 4-1 您认为文化生活与幸福感有关吗？

选项	小计	比例
很重要	392	63.53%
有点关系	196	31.77%
没有关系	29	4.70%
本题有效填写人次	617	

第一节
上海农村公共文化服务政策的绩效评价
—— 基于 DEA 数据包络分析法

绩效评价是绩效管理中的一个重要环节，是指对政策实施后所产生的效果进行评估的一些指标和标准。政策绩效评价的目的是了解政策实施的效果，为政策调整和优化提供依据。为了让绩效评价更有效，各个行业会采取不同的评价方法。只有选择合适的评价方法，政策绩效才会客观。目前几种常用的绩效评价方法有目标管理法（MBO）、业绩评定表法、数据包络分析法、关键绩效指标法（KPI）等，这些评价方法有各自的优势和特点，备受学者的关注，均已成为绩效评价的重要工具。公共文化服务作为一种精神产品，具有极大的模糊性、变动性，会随着参与主体的生存状况、文化水平、情绪状态的变化而变化。因此，如何有效测量公共文化服务政策的有效性，需要结合实际情况，选择有效的测量方法。基于 DEA 评价方法客观、方便实用的特点，以下将选择 DEA 数据包络分析法对上海农村公共文化服务政策绩效进行评价。

一、DEA 评价方法概述

DEA 即数据包络分析法（Data Envelopment Analysis），是由美国知名运筹学家 A. 查姆斯（A.Charms）等人于 1978 年提出的一种效率评价方法。该方法在相对效率的概念的基础上发展而来，其优点是客观、方便实用，适用于多投入多产出的领域，是用一种基于线性规划的理论作为依据，用于评价同类组织工作绩效相对有效的特殊的方法，它可以研究多输入、多输出的系统，从技术的角度考察投入产出效率。笔者通过中国知网数据平台，输入主题"DEA 绩效评价"找到 1 564 条相关期刊文献，388 篇硕博士论文。研究涉及公共教育、公共卫生、服务型政府、企业供应链研究、基金投资等领域。从相关文献可以看出，DEA 绩效评价方法主要应用在以下几个方面：

第一，公共领域：王晓红等的《一种基于 DEA 和多指标综合评价的大学科研绩效评价方法》，通过运用 DEA 模型的计算结果，对传统评价结果进行合理修正，其结果具有考察不同投入规模单元之间产出绩效的比较分析功能。[1] 郭高晶的《基于 DEA 方法的省级政府政务微博运营绩效评价》，运用新模型对 27 个省级政府政务微博的运营绩效进行了评价，证明其结果具有良好的区分度，更加科学、客观和公正。[2]

第二，技术创新领域：熊莉的《基于 DEA 方法的产业技术创新战略联盟绩效评价——以木竹产业技术创新战略联盟为例》，利用 DEA 模型对 2009—2015 年木竹产业技术创新战略联盟内企业的技术创新效率进行

---

① 王晓红、王雪峰、翟爱梅等：《一种基于 DEA 和多指标综合评价的大学科研绩效评价方法》，《中国软科学》2004 年第 8 期，第 156—160 页。
② 郭高晶：《基于 DEA 方法的省级政府政务微博运营绩效评价》，《现代情报》2017 年第 10 期，第 66—71、92 页。

了客观的评价。① 吴雷的《基于 DEA 方法的企业生态技术创新绩效评价研究》，运用 C2R 模型和 C2GS2 模型，对黑龙江省 10 个企业的生态技术创新效益进行评价分析，并有针对性地提出了提高企业生态技术创新绩效的对策。②

第三，金融领域：刘丹的《基于 DEA 的投资基金绩效评价方法及应用》，通过 DEA 模型方法实证分析，用事实印证了"DEA 方法更为独立，能够较为客观、系统地反映基金的运作情况"的特点。③ 骆世广、李华民的《广东科技金融绩效评价——基于 NonICA 特征约简的 DEA 方法研究》，以非负独立成分分析（NonICA）的数据用 DEA 方法，针对广东省科技金融投入进行效益评价。研究结果表明，广东省 2000—2007 年的金融投入重数量、轻质量，重速度、轻基础，呈现 DEA 无效状态。基于此，研究者认为广东省科技金融应该从粗放投入向集约发展转变。④

第四，投入与产出领域：郭兵等的《基于 DEA 方法的上海市财政科技投入绩效评价研究》表明：近年来上海市财政科技投入系统的总体效率不高，财政科技产出的增长速度低于投入的增长速度，专利等创新性科技研究成果的产出还有待提高。⑤ 钟华、安新颖、汪凌勇的《国家 R＆D 投入产出效率评价的实证分析——DEA 方法》，采用实证分析的方法，通过对国内外应用 DEA（数据包络分析）方法对各行业和机构进行效率评估等相关研究进行分析和提炼，结合 R&D 活动的特点和 DEA 方法应用的发展趋势，以各主要国家科技创新活动为主要研究对象，以各国 R&D 的

① 熊莉：《基于 DEA 方法的产业技术创新战略联盟绩效评价——以木竹产业技术创新战略联盟为例》，《财会月刊》2017 年第 29 期，第 70—75 页。
② 吴雷：《基于 DEA 方法的企业生态技术创新绩效评价研究》，《科技进步与对策》2009 年第 18 期，第 114 页。
③ 刘丹：《基于 DEA 的投资基金绩效评价方法及应用》，湖南大学硕士论文，2007 年。
④ 骆世广、李华民：《广东科技金融绩效评价——基于 NonICA 特征约简的 DEA 方法研究》，《金融理论与实践》2012 年第 12 期，第 39—42 页。
⑤ 郭兵、袁菲、谢智敏：《基于 DEA 方法的上海市财政科技投入绩效评价研究》，《中国管理学》2012 年第 S1 期，第 32 页。

投入产出指标为切入点,运用数据包络分析方法来研究国家 R&D 投入产出效率问题,构建了国家层面 R&D 投入产出效率的 DEA 评估基本模型。[①]

由此可以得知,DEA 绩效评价方法由于其具有很强的科学性,在公共领域中被广泛运用,同样适用于本论文的绩效评价研究。首先,由于公共文化服务是一个庞大的学科领域,有公共文化空间、公共文化产品、公共文化财政投入与产出等,每一个领域的绩效评价都需要研究者做深入研究。目前,学术界运用 DEA 模型对公共文化服务绩效评价的相关文献较少,一是对公共文化专项领域的研究,如博物馆、图书馆、群众文化机构、文化科技服务等领域的绩效研究;二是运用 DEA 模型研究地方公共文化财政支出绩效评价。但由于城乡公共文化服务体系存在一定的差异,国内已有的研究主要针对城市公共文化服务领域,对于农村公共文化服务进行绩效评估的研究少之又少。笔者在学习、借鉴、归纳总结国内外研究成果的基础上,结合本书的研究对象,构建上海农村公共文化服务投入与产出的指标体系,将 31 个调研村落设置为不同的单元,运用 DEA 模型对上海 31 个村落的公共文化政策满意度与文化生活满意度,以及绩效进行定量评估。

二、上海农村公共文化服务政策满意度绩效的评价过程

1. 调查问卷基本情况

本书所使用的相关数据,获取方式为自主下乡调研,以问卷调查为主,访谈调查为辅。在问卷调查中,为保证问卷的有效性和可信度,在正式下乡调研之前,笔者赴不同的村落,把纸质版问卷分发给村民及负责农村公共文化服务的工作人员,先后进行 5 次预调研,通过预调研发现问卷所存在的不足,并不断调整问卷的问题,以确保问卷符合上海农

---

① 钟华、安新颖、汪凌勇:《国家 R&D 投入产出效率评价的实证分析——DEA 方法》,《重庆大学学报 (社会科学版)》2011 年第 1 期, 第 72 页。

村公共文化服务的现状。此外，笔者还结合上海农村人口（即以老年人口为主，教育水平偏低）的现状，采用纸质版的问卷开展调研，调研者在旁边阅读问卷的方式，协助受访者完成问卷，本部分内容所使用的数据来源于问卷中的第二部分，即农村公共文化服务供需与政策。

本次调研针对上海的 8 个有农村村落的区县展开（崇明岛除外），分别是闵行区、奉贤区、青浦区、嘉定区、金山区、松江区、宝山区、浦东新区。该问卷调查对这 8 个研究区域采取了随机抽样的方式，在每个区随机选择至少 2 个村落进行调查，共计 23 个镇、31 个村，每个村落选取至少 20 户农户进行问卷调查。共计发出问卷 681 份，收回有效问卷617 份，有效率达 90.60%，31 个村落的详细数据（见表 1–1）。

问卷的第一部分主要针对村落所在区位、村级稳定性收入以及补助性收入、是否为贫困村落、是否为乡镇政府所在地以及是否参加国家公共文化服务示范区等信息做了问卷分析，该部分的资料信息由村委会填写，数据具有真实性。从问卷的结果来看，村民外出务工的比例与村级稳定性收入之间具有正相关性，如嘉定区的大裕村，村级稳定性收入为 2 500 万元/ 年，外出务工人员较少；而村级稳定性收入为 20 万元 / 年的胡家埭村，村民外出务工的比例为 86.70%。所调研的 31 个村落中，贫困村或者富裕村占比较少，在之后比对村落稳定性收入和补助性收入中发现，大部分村落都有或多或少的稳定性收入，经济薄弱村占大多数（见图 4–1）。

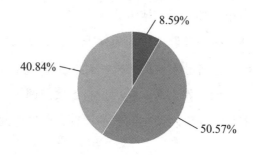

图 4-1　是否为贫困村落

此外，调研村落所在区位大都不是乡镇政府所在地（见图4-2）；村落所在区域是否参加国家公共文化服务示范区（示范项目）的创建工作，数据之后有所调整，即8个区中，嘉定区和浦东新区参加了国家公共文化服务示范区的创建工作，奉贤区、松江区、金山区3个区参加了国家公共文化服务示范项目的创建工作，而宝山区和青浦区未参加国家公共文化服务示范区（示范项目）的创建工作。从村落的数据来看，有21个村落所在区域参加了国家公共文化服务示范区（示范项目）的创建工作，10个村落所在区域未参加创建工作；由此可以看出，本问卷样本具有多样性的特征。

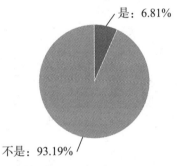

图4-2 是否为乡镇政府所在地

问卷的第二部分针对受访者的个人及家庭情况设置了相应的问题，所得出的数据能够反映受访者的相关特征：性别、年龄、文化程度、政治面貌、职业、个人／家庭月均收入、每月文化消费金额等问题，具体如下：

受访者的性别比例（见图4-3）。从受访者性别构成的角度来看，其中男性人数为278人，占比45.06%；女性人数为339人，占比54.94%。

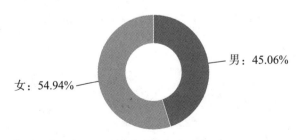

图4-3 受访者的性别比例

受访者的年龄构成（见图 4-4）。笔者结合申悦和李亮等学者的研究成果①，将受访者的年龄按照 40 岁及以下为青年群体、41 岁—59 岁为中年群体、60 岁及以上为老年群体。从受访者的年龄构成来看，60 岁以上的老年群体有 275 人，占比 44.57%；41 岁—59 岁为中年群体有 212 人，占比 34.35%；40 岁及以下为青年群体有 130 人，占比 21.06%。

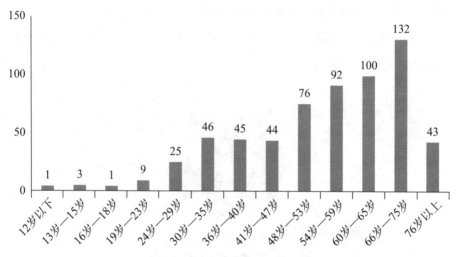

图 4-4　受访者的年龄构成

受访者的受教育程度（见图 4-5）。本问卷将受访者的受教育程度分为六个层级，分别为：未受过正规教育、小学、初中、高中/中专/高职、大专、大学本科及以上。初中文化水平的人数最多，达到了 215 人，占比 34.85%；小学文化水平的人数位居第二，有 124 人，占比 20.1%。其他四种文化水平人数由多到少排序为高中/中专/高职、大专、大学本科及以上（与其他）、未受过正规教育，占比分别为 14.75%、11.99%、11.02%、7.29%。

————————

① 申悦、李亮：《年龄分层视角下医疗设施可达性对居民就医行为的影响——以上海市崇明岛为例》，《人文地理》2021 年第 2 期，第 46—54 页。

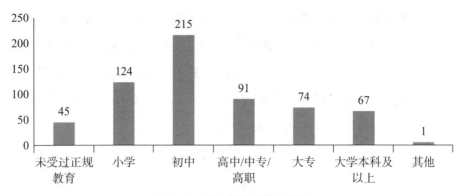

图 4-5 受访者的受教育程度

受访者的经济状况（见图 4-6）。笔者基于上海地区的经济发展水平，并结合申悦和李亮等学者的研究成果①，将受访者按照个人月均收入水平划分为低收入群体、中等收入群体、高收入群体。低收入水平月均收入在 3 000 元及以下及无固定收入，受访者人数为 400 人，占比 64.82%；中等收入水平月均收入在 3 001—7 000 元之间，受访者人数为 177 人，占比 28.68%；高收入水平月均收入在 7 001 元以上，受访者人数为 40 人，占比 6.48%。

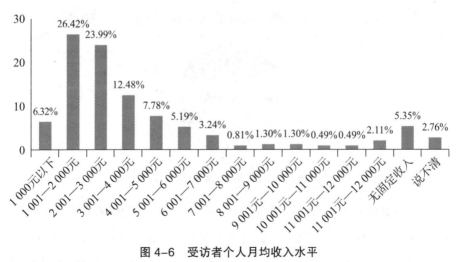

图 4-6 受访者个人月均收入水平

———————

① 申悦、李亮：《年龄分层视角下医疗设施可达性对居民就医行为的影响——以上海市崇明岛为例》，《人文地理》2021 年第 2 期，第 46—54 页。

　　受访者家庭的文化消费状况（见图4-7）。从调研的情况来看，受访者家庭每月用于文化消费的支出在301元以上的有251人，占比40.68%；每月支出201—300元用于文化消费的家庭有166人，占比26.90%；用于文化消费在200元以下的受访者有114人，占比18.48%；完全没有文化支出的人数为86人，占比为13.94%。

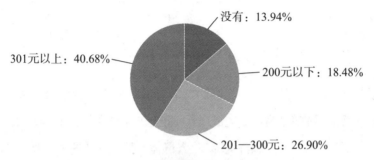

图4-7　受访者家庭的文化消费状况

　　受访者是否以农业为主业（见图4-8）。通过对受访者是否以农业为主业的数据进行分析，从事农业生产的占比36.79%，而有63.21%的受访者主业不是农业，这一比例已超过半数且未来可能会持续提高。

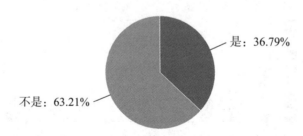

图4-8　受访者是否以农业为主业

　　受访者的互联网使用情况（见图4-9）。通过对受访者互联网使用情况的数据进行分析，可以发现调研对象中有64.02%的人使用互联网，这一比例已超过半数且未来可能会持续提高。因此，基层政府在推进农村公共文化服务体系建设时，应当重视互联网在村民生活中的普及度和重要性，推进数字化公共服务体系的建设进程，为村民提供更为多元的文化产品。

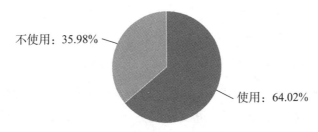

图 4-9 受访者互联网使用情况

受访者的职业情况（见图 4-10）。通过对受访者职业情况的分析，农民群体占比 52%，其次是离退休人员和企业职员，分别占比 15% 和12.32%；农村文化骨干占比 7%，乡镇干部占比 5%，国家公务员、乡镇文化员和学生群体，各占比 1%，还有 6% 的自由职业者。

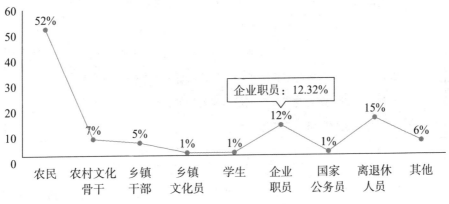

图 4-10 受访者的职业情况

2. 数据来源与指标设置

以下将选择上海农村公共文化服务所投入产出的数据指标，基于DEA 模型的 CCR 假设，借鉴欧阳建勇的研究模型假设[1]，分析上海农村公共文化服务文化政策满意度、文化生活满意度及 31 个村落的绩效评价。

---

[1] 欧阳建勇：《乡村振兴战略下我国农村公共文化服务建设的财政政策研究》，江西财经大学博士论文，2019 年。

31个村落的详情见表1-1。美丽乡村示范村和乡村振兴示范村的名单，则是通过上海市人民政府官网查找所得。将31个村落设置为不同的单元，在DEA模型指标体系下，将村级稳定收入、村级补助收入、村庄是否为乡镇政府所在地、是否参与国家公共文化示范区（示范项目）的创建、农村文化设施数量、乡村振兴示范村、美丽乡村示范村等作为投入指标，产出指标为村民对上海农村公共文化服务文化政策满意度、文化生活满意度以及绩效评价。

公共文化政策满意度共设置7道题目，每一题设定非常不满意、不满意、一般、满意、非常满意五个选项（见表4-2）。

表4-2　上海农村公共文化服务文化政策满意度相关问题

序号	公共文化政策满意度相关问题
1	当前政府对待农村公共文化服务的重视程度，您是否满意？
2	政府对农村公共文化服务实施的政策，您是否满意？
3	农村公共文化服务的政策或项目，是否给您带来实质性的帮助？
4	农村公共文化服务的政策或项目，是否考虑农户的实际需要？
5	本村公共文化服务的文化设施是否满足您的文化需求？
6	农村公共文化服务的政策宣传力度，您是否满意？
7	本村公共文化服务财政资金管理，是否公开、透明？

公共文化生活满意度设置了3道题目，每一题设定非常不满意、不满意、一般、满意、非常满意五个选项（见表4-3）。

表4-3　上海农村公共文化服务文化生活满意度相关问题

序号	公共文化生活满意度相关问题
1	您对村里文化体育设施的满意度
2	您对村里文化活动的满意度
3	您对县（区）、镇（乡）等文化部门的文化下乡项目的满意度

上海农村公共文化政策绩效评价指标体系解释（见表4-4），31个村

落的样本变量描述性分析（见表4-8）。

表4-4　上海农村公共文化服务政策绩效评价指标体系解释

指标	指标细化	定义说明
投入指标	村级稳定收入	由村委会填写，两项相加除以常住人口，得到村级人均收入指标。
	村级补助收入	
	参与国家公共文化示范区创建	参与国家公共文化示范区得2分，参与国家公共文化示范项目得1分，不参与0分。
	农村公共文化设施	每增加一项农村文化设施得1分。
	乡村振兴示范村	是乡村振兴示范村得1分，不是乡村振兴示范村0分。
	美丽乡村示范村	是美丽乡村示范村得1分，不是美丽乡村示范村0分。
产出指标	文化政策满意度	满意度均为该村全体村民的平均满意度。
	文化生活满意度	
	绩效评价	通过模型计算投入产出的绩效，并得出绩效排名。

　　上海农村公共文化服务文化政策满意度初始数据（见表4-5），文化生活满意度的初始数据（见表4-6），分值越高，满意度就越高。

表4-5　上海农村公共文化服务文化政策满意度初始数据

题目\选项	非常不满意 1	不满意 2	一般 3	满意 4	非常满意 5	不了解 0
1. 当前政府对待农村公共文化服务的重视程度，您是否满意？	11 （1.78%）	22 （3.57%）	120 （19.45%）	231 （37.44%）	232 （37.60%）	1 （0.16%）
2. 政府对农村公共文化服务实施的政策，您是否满意?	11 （1.78%）	16 （2.59%）	135 （21.88%）	237 （38.41%）	214 （34.68%）	4 （99.99%）
3. 农村公共文化服务的政策或项目，是否给您带来实质性的帮助？	12 （1.94%）	29 （4.70%）	157 （25.45%）	219 （35.49%）	194 （31.44%）	6 （99.99%）
4. 农村公共文化服务的政策或项目，是否考虑农户的实际需要？	10 （1.62%）	35 （5.67%）	161 （26.09%）	210 （34.04%）	193 （31.28%）	8 （1.30%）

题目\选项	非常不满意 1	不满意 2	一般 3	满意 4	非常满意 5	不了解 0
5. 本村公共文化服务的文化设施是否满足您的文化需求？	11（1.78%）	30（4.86%）	147（23.82%）	226（36.63%）	199（32.25%）	4（0.65%）
6. 农村公共文化服务的政策宣传力度，您是否满意？	11（1.78%）	24（3.89%）	135（21.88%）	239（38.74%）	203（32.90%）	5（0.81%）
7. 本村公共文化服务财政资金管理，是否公开、透明？	9（1.46%）	30（4.86%）	150（24.31%）	229（37.12%）	194（31.44%）	5（0.81%）

从调研数据的整体结果来看，共 7 道题目的文化政策满意度评价中，选项满意 + 非常满意的总和达到了 65% 以上，选项不满意 + 非常不满意的总和在 6% 以下。由此可见，上海农村村民对文化政策的整体满意度一般，还有很大的提升空间。

表 4-6 上海农村公共文化服务文化生活满意度初始数据

题目\选项	非常不满意 1	不满意 2	一般 3	满意 4	非常满意 5	不了解 0
1. 您对村里文化体育设施的满意度	12（1.94%）	31（5.02%）	139（22.53%）	233（37.76%）	199（32.25%）	3（0.49%）
2. 您对村里文化活动的满意度	9（1.46%）	27（4.38%）	129（20.91%）	233（37.76%）	214（34.68%）	5（0.81%）
3. 您对县（区）、镇（乡）等文化部门的文化下乡项目的满意度	13（2.11%）	28（4.54%）	131（21.23%）	243（39.38%）	197（31.93%）	5（0.81%）

从调研数据的整体结果来看，共 3 道题目的文化生活满意度评价中，选项满意 + 非常满意的总和达到了 70% 以上，选项不满意 + 非常不满意的总和在 7% 以下。由此可见，上海农村村民对文化生活的整体满意度一般，还有很大的提升空间。

3. 实证结果分析

以下是将 31 个村落设置为不同的单元，在 DEA 模型指标体系下，将表 4-4 中的相关变量作为投入指标，产出指标为村民对上海农村公共文化服务文化政策满意度、文化生活满意度以及绩效评价（见表 4-7）。

表 4-7　上海 31 个村落农村公共文化服务满意度绩效评价结果（DEA）

序号	村落名称	国家公共文化服务体系	乡村振兴示范村	美丽乡村示范村	村级稳定收入（万元/年）	村级补助收入（万元/年）	常住人口	村级收入均值（万元/年）	乡镇政府所在地	公共文化设施数量	文化政策满意度	文化生活满意度	绩效排名	绩效值
1	毛桥	示范区	20年	14年	480	50	850	0.624	否	7	4.193	4.233	1	1
2	葛隆	示范区	22年	21年	300	150	3 500	0.129	否	9	4.389	4.493	1	1
3	山塘	示范项目	19年	否	50	150	2 100	0.095	否	9	4.554	4.667	1	1
4	大裕	示范区	22年	14年	2 500	200	11 000	0.245	否	7	4.100	4.080	1	1
5	待泾	示范项目	19年	18年	180	60	4 600	0.052	否	12	4.211	4.460	1	1
6	黄桥	示范项目	18年	14年	290	80	1 750	0.211	否	9	4.129	4.233	1	1
7	新义	示范项目	19年	17年	25.5	181	2 000	0.103	否	6	4.103	4.213	1	1
8	吴房	示范项目	18年	否	20	126	865	0.169	否	9	4.150	3.967	1	1
9	胡家埭	示范项目	22年	19年	20	100	1 500	0.080	否	9	4.171	4.150	1	1
10	新源	示范项目	否	16年	77	35	1 760	0.064	否	7	4.303	4.353	10	0.935
11	莲湖	否	18年	15年	400	220	1 752	0.354	否	9	4.443	4.450	11	0.921
12	蔡浜	否	否	14年	0	280	350	0.800	否	4	4.657	4.500	12	0.848
13	腰泾	示范项目	否	20年	150	40	1 879	0.101	否	9	4.437	4.407	13	0.832
14	张马	否	19年	14年	276	200	1 500	0.317	否	6	4.000	4.037	14	0.825
15	棋杆	示范区	否	14年	500	200	4 020	0.174	否	8	4.347	4.444	15	0.820
16	月狮	否	20年	19年	850	207.6	3 449	0.307	否	9	4.421	4.300	16	0.815
17	和平	否	否	18年	1 200	200	2 100	0.667	是	7	4.414	4.533	17	0.810
18	潘垫	示范项目	否	14年	385	100	1 843	0.263	否	6	4.303	4.160	18	0.800
19	车站	示范区	否	否	450	200	4 556	0.143	否	8	4.436	4.383	19	0.785
20	嘴渔	示范项目	否	否	5	150	1 960	0.079	否	9	4.095	4.056	20	0.780
21	中洪	示范项目	22年	15年	220	180	3 370	0.119	否	6	4.000	3.783	21	0.760

（续表）

序号	村落名称	国家公共文化服务体系	乡村振兴示范村	美丽乡村示范村	村级稳定收入（万元/年)	村级补助收入（万元/年)	常住人口	村级收入均值（万元/年)	乡镇政府所在地	公共文化设施数量	文化政策满意度	文化生活满意度	绩效排名	绩效值
22	徐练	否	20年	17年	10	126	2 000	0.068	否	8	3.920	3.847	22	0.755
23	塘湾	否	18年	17年	80	10	1 296	0.069	否	9	3.897	4.056	23	0.736
24	南杨	示范项目	否	否	130	160	1 590	0.182	否	8	3.669	3.880	24	0.730
25	福善	示范区	否	否	50	290	3 949	0.086	否	9	3.655	3.500	25	0.726
26	东夏	示范项目	19年	18年	100	115	2 172	0.099	否	5	3.654	3.667	26	0.720
27	兴达	示范项目	20年	否	190	200	1 600	0.244	否	5	3.571	3.650	27	0.708
28	岑卜	否	否	否	1.42	200	700	0.288	否	9	3.482	3.403	28	0.697
29	同心	否	19年	否	700	200	300	3.000	否	5	3.400	3.450	29	0.624
30	马桥	示范项目	否	否	466.4	190.4	1 768	0.371	否	6	3.339	3.375	30	0.606
31	林家	否	20年	否	0	200	2 611	0.077	否	5	2.931	2.907	31	0.601
备注		乡村振兴示范村与美丽乡村示范村一栏标注的年份，为该村被评为该项荣誉的年份。												

（1）上海农村村民对公共文化服务文化政策满意度与文化生活满意度分析

① 国家公共文化服务示范区（示范项目）的创建与满意度之间存在正相关。从表4-7得知，村庄所在区域是否参加国家公共文化示范区（示范项目）的创建与文化政策满意度和文化生活满意度之间存在正相关。满意度排名靠前的村庄所在区域，大都参加了国家公共文化示范区（示范项目）的创建。"示范区（示范项目）的创建"是国家通过自上而下的权力推行公共文化服务的一种制度安排，重在发挥示范效应并为全国公共文化服务体系建设提供学习和借鉴的经验。① 吕芳的研究认为：国家公共文化示范区（示范项目）验收考核和复核机制中包括群众满意

---

① 李少惠、王婷：《多元主体参与公共文化服务的行动逻辑和行为策略——基于创建国家公共文化服务体系示范区的政策执行考察》，《上海行政学院学报》2018年第5期，第61—69页。

度调查、实地检查验收、集中评议等环节，评审结果具有权威性与可信度。① 如上海嘉定示范区的建设，政府对公私合作、纵横互动的网络进行总体协调，设立"文旅嘉定云"App，以公民的公共文化需求为导向，促进公共文化服务从政府单向供给到双向互动的预约服务转变。公共服务供给就能实现从行政逻辑向服务逻辑的转变，进而提高公众满意度。② 因此，国家公共文化示范区（示范项目）创建工作直接推动了该地区在公共文化产品和服务的供给内容、供给方式和供需对接机制方面的优化，有效提升了人民群众的获得感和满足感。③

②乡村振兴示范村和美丽乡村示范村与文化政策满意度和文化生活满意度存在正相关。从表4-7可以看出，满意度排名靠前的村落，大多被评为美丽乡村示范村和乡村振兴示范村。美丽乡村建设的最终目的是让生活在本地的农民提升幸福指数，积极改善农村公共服务也是美丽乡村建设中不可忽视的一项内容。④ 上海在推进乡村振兴的过程中，乡村治理取得较大的进展，公共服务设施得到了很大的改善。如：金山区着力开展乡村优秀传统文化挖掘、整理、展示，不断增强传统乡村文化的影响力和辐射力。打造与古树、古桥、古建筑和文物古迹相关联的历史文化地标，建成古船舫、尚品书院、吕巷土布馆等乡村人文景观。根据连续两年对上海市乡村振兴推进情况的农民满意度测评结果可知。总体上，村民对当前乡村振兴工作的满意度较高，如：政策知晓度、村庄文体活动丰富指标的满意度得分在90分上下。⑤ 尽管本问卷数据的收集时间是在2019年年底，即

---

① 吕芳：《资源约束、角色分化与地方政府的政策执行——基于公共文化服务示范区建设的案例研究》，《管理世界》2023年第2期，第113—124页。
② 同上。
③ 刘晓东：《打造公共文化服务创新实践的示范样板——国家公共文化服务体系示范区创建的成效、经验与创新意义》，《图书馆论坛》2021年第7期，第18—24页。
④ 吴理财、吴孔凡：《美丽乡村建设四种模式及比较——基于安吉、永嘉、高淳、江宁四地的调查》，《华中农业大学学报（社会科学版）》2014年第1期，第15—22页。
⑤ 张莉侠、刘增金、俞美莲：《上海乡村振兴政策梳理及推进对策》，《农业展望》2021年第8期，第29—34页。

上海第一批乡村振兴示范村刚启动一年的时间。从实地走访和调研来看，这一时期乡村的主要工作是完成农村地区硬件设施的配套工作，如：优化乡村空间布局、推进农村人居环境整治和改善工作等，乡村振兴示范村的示范作用已逐渐凸显出来，村民的满意度评价也是积极正面的。

③公共文化设施数量与满意度之间不存在正相关。从表 4-7 可以看出，村民对公共文化服务的文化政策满意度和文化生活满意度两者之间存在高度的一致性，即对文化政策满意度较高的村落，文化生活满意度相对较高。满意度指标与公共文化服务设施数量无正相关性。如蔡浜村、新义村两个村落所拥有的公共文化服务设施的数量偏低，但两个村落的满意度在 31 个村落中排名靠前；而林家村与马桥村，就硬件投入指标而言，与潘垫村、新义村差异不大，但两个村落的满意度非常低，尤其是林家村村民对文化政策满意度仅仅为 2.93，排名末位。数据结果说明村民对公共文化服务文化政策满意度与文化生活满意度，并不在于政府前期硬件设备投入有多好。这与傅才武和王文德的研究结果具有一致性，即农村公共文化的政府供给规模与居民认可度之间，并不完全受到供给侧的服务质量和投入规模的控制。[1]其次，居民对公共文化服务的满意度还取决于财政资金的使用与管理是否公开透明？王永莉、梁城城和王吉祥的研究表明：财政透明度能显著地促进居民对公共服务的满意度水平，地方政府应通过提高财政透明度以及强化财政分权对公共服务供给的作用，进一步提升居民对公共服务的满意度。[2]

（2）上海农村公共文化服务政策绩效分析

从表 4-7 可以看出，上海农村公共文化服务绩效评价一般，仅有 9 个

---

① 傅才武、王文德：《农村文化惠民工程的"弱参与"及其改革策略——来自全国 21 省 282 个行政村的调查》，《中国图书馆学报》2020 年第 5 期，第 54—73 页。
② 王永莉、梁城城、王吉祥：《财政透明度、财政分权与公共服务满意度——中国微观数据与宏观数据的交叉验证》，《现代财经（天津财经大学学报）》2016 年第 1 期，第 43—55 页。

村落的绩效值为1。以下分为四种类型进行说明：① 绩效值为1的村落，其所在区域大都是国家公共文化服务示范区（示范项目），或者该村落被评为美丽乡村示范村和乡村振兴示范村。这三个项目，政府在前期的投入较高，经过几年的建设，村容村貌、乡风文明建设都有很大提升。村民对这些村落的满意度评价也较高，如毛桥村、待泾村、黄桥村、吴房村等。② 绩效值排名较高的村落，虽政府对村落的前期投入并不多，而村民的满意度却很高。如葛隆村和蔡浜村，葛隆村被评上美丽乡村示范村、乡村振兴示范村的年份都在2021年以后（而葛隆村的数据收集时间为2020年年底），但该村落有较强的党建引领能力，这说明村组织对村落的治理能力直接影响到村民对村落的认同感和满意度。村委在资金有限的情况下，用在文化活动的经费较高。③ 绩效值较低的部分村落。政府对这些村落的前期投入较高，但满意度评价较低，投入与产出不成正比。如东夏村、塘湾村都是美丽乡村示范村和乡村振兴示范村。④ 政府投入较低，产出也较低的村落，在公共文化服务满意度排名上垫底，成为公共文化服务的"塌陷区"，如岑卜村和林家村，村民的满意度评价非常低。

总的来说，上海农村公共文化服务的总体绩效欠缺，一是政策支撑、经济支撑较为明显；二是经济不足、社区治理先行，也有助于村民满意度的提升；三是文化活动经费整体太低。2016年财政投入4 038.844万元，每个村落3.131万元。大多数村落对文化活动经费投入没有制度性的文件，经费使用较为随意，有明文规定的村委仅有115个，仅占10%。[①] 这也导致本书的绩效评价未能达到最优状态，在一定程度上影响了绩效评价的精准度。

（3）两个村落的个案分析——基于社区治理的视角

村民对村干部和村务的满意度评价一定程度上反映了干部能力和乡

---

① 陈涵、赵青：《上海市居（村）委综合文化活动室发展现状调研报告》，载荣跃明主编：《上海公共文化服务发展报告（2018）》，上海人民出版社2018年版。

村治理的成效。[①] 即村干部在执行公共文化服务政策时是否与村民协商，公共文化服务项目是否结合农户的实际需要，这些才是影响村民对政策是否满意的关键因素。因此，基层政府在日常社区治理过程中，应该多问需于民，正如嘉定区葛隆村的村支书所说：评价一个干部是否合格，就是要看他每天在村里走访的频度，是否认识每一位居住在村里的村民，关系熟络了，村民的事情帮他们办妥了，村民自然会认可你，村里的矛盾也会大大减少。[②] 从文化政策满意度、文化生活满意度与绩效评价分析得知：满意度评价虽然受经济支撑的因素较为明显，但同时也可看出，有些村落前期经济投入非常少，满意度排名却非常靠前，有必要探讨其背后的深层原因。笔者选取的两个村庄，一个是位于青浦区的 L 村，在本书中的满意度和绩效排名都很低；另外一个是位于嘉定区的 G 村，满意度和绩效非常高。两个都属于经济比较薄弱的村庄，所在区位自然禀赋都很一般。L 村基层党组织能力较弱，与群众联系较少，未能调动村民参与文化建设。G 村的党组织对村落治理非常上心，想老百姓所想，一心想着为村民办实事。两个村落的文化建设模式具有一定的代表性。

案例一：L 村的文化建设实践

①L 村基本情况。L 村地处青浦区朱家角镇东南隅，村域面积 3.78 平方千米，农业耕地 3 149 亩。村域内小河纵横、林居交融、稻田围绕，江南水乡风貌突出。周边 10 千米范围内，聚集朱家角古镇、东方绿舟、佘山国家旅游度假区等核心景区。该村总人口 2 079 人，本村人口 1 688 人，外来人口 391 人。耕地较多，以农业生产为主。近年来外出务工人员较多，人口结构以中老年为主，民风淳朴。村落的文化基础设施较为完备，正在进行乡村振兴示范村建设。村民精神生活相对匮乏，以看电

---

① 赵德余、代岭：《村庄主体差异对乡村振兴效用感知的影响》，《华南农业大学学报（社会科学版）》2022 年第 5 期，第 1—10 页。
② 笔者于 2021 年年底，在嘉定区调研时，葛隆村村支书口述村落管理的思路。

视、打牌、打麻将为主。

②L村推进文化建设的主要做法。一是提供公共文化服务。村里有文化活动室，但实际利用率并不高。笔者去过三次L村，文化活动室紧闭，村内的其他文化设施使用频度也不高，偶尔会有公益电影放映活动，村民的参与性不高。由于村组织对村落的治理能力较弱，村内的文化组织非常少，没有文化氛围。二是依托新乡贤，打造新型公共文化空间。陈女士是L村的村民，年轻时在青浦城区开书店，近几年书店生意停滞。她把一些艺术类书籍搬回村里的自建房屋，打造新型文化空间。但来阅读的村民较少，一方面是多数村民受教育水平较低，识字较少，无法阅读；另一方面是书屋中的书籍有点曲高和寡，村民看不懂，村民对该书屋的评价一般。

③问题梳理与原因分析。村委党组织文化治理的长期缺位。L村和上海其他村落一样，文化基础设施相对齐全，但使用频次不多。在调研的过程中，村民一致认为：村里的文化空间很少向村民开放，村里也很少提供文化活动，使得村民不能享受到应有的公共文化服务。村组织与村民之间的沟通协商不到位。由于农村基层民主监督机制不健全，未建立与群众之间有效的协调机制。据村民反映，L村对经费的使用，透明度不高，村民不知情；对于公共文化项目，村民没有选择权。长此以往，群众对基层领导信任度较低，未能形成有效的组织能力和动员能力，无法充分调动村民参与文化建设的积极性。[①]

案例二：G村的文化建设实践

①G村基本情况。G村位于嘉定西北边隅，与太仓毗邻，现为嘉定区保留保护村。有8个村民组，总户数391户。近年来外出务工人员较多，人口结构以中老年为主，民风淳朴。村落的文化基础设施较为完备，自

[①] 张孝德、张亚婷：《建立动力内生乡村环境治理机制》，《中国党政干部论坛》2021年第2期，第68—70页。

2018 年起，全面启动美丽乡村建设，通过道路设施提升、景观河道美化、林地公园建设、农民住房更新、党建服务站及文化活动室改造，努力打造群众满意的宜居家园。村里文化团队和文化项目较多，文化参与氛围浓厚。

②G 村推进文化建设的主要做法。传承历史文脉，留住乡村记忆。G 村有着悠久的历史，旧有盐铁塘贯通，为连接嘉定、太仓、昆山的水上要津，也是各种物资和商品的重要集散地，四方客商往来如织，热闹非凡。至今仍保留古刹药师殿、传统民居仁润堂等多处不可移动文物，以及古井、古银杏等历史文化遗迹。村委党组织充分利用"G 村五宝"——老庙、老街、老河、古井、古树等的文化底蕴，形成田园风光与江南古镇并存的独特乡村风貌，推动 G 村的融合发展。公共文化服务设施齐全、文化活动丰富。G 村的文化设施非常齐全，有农家书屋、文化广场、体育健身设施、阅报栏、文化礼堂、村委活动室、综合文化活动中心、幼儿园、庙宇等，场馆开放时间合理，文化空间治理有效，使得村民日常的文化生活有去处。在调研走访过程中得知，G 村有着众多的文体团队，村民的文化生活丰富，精神面貌积极向上。

③G 村的经验借鉴。塑造文化记忆与身份认同。G 村在这些年的发展过程中，村委党组织着力修复村落中的传统建筑，保留文化底蕴，这些文化样式带有群体性特征和情感符号，成为身份认同的基础。在公共文化生活中，参与者通过回忆沉淀下来的文化记忆，共享和传播属于这个群体的价值观，并在此基础上，形成身份认同。权威重视助推村民的文化参与。居民积极的文化参与及其对文化活动的满意度，与基层领导的重视有很大的关系，基层政府的"官僚"作风往往会影响居民对公共服务满意度的判断。[①] 在第五章优先序的分析中，70% 以上的老年群体选

---

① 何精华、岳海鹰、杨瑞梅、董颖瑶、李婷：《农村公共服务满意度及其差距的实证分析——以长江三角洲为案例》，《中国行政管理》2006 年第 5 期，第 91—95 页。傅才武、王文德：《农村文化惠民工程的"弱参与"及其改革策略——来自全国 21 省 282 个行政村的调查》，《中国图书馆学报》2020 年第 5 期，第 54—73 页。

择了领导重视这一选项，由此看来权威性荣誉对文化建设有着重要的推动作用。[1]笔者在调研时发现，各个村落对待公共文化活动的态度，主要取决于村支书对文化活动的态度。G村现有的资源禀赋一般，交通不便，离开区域中心非常远，但村支书不但能运用政府资源丰富村里的文化活动，还着力打造各种文化团队，聘请专业老师为团队进行指导，使得G村的文化团队活动丰富。调研时：村民们说村支书很给力，经常来观摩他们的排练和演出，比赛期间，村委还会提供各种后勤保障。村民们在排练的同时，也享受到了文化参与带来的充实感，也会尽力为村落争取荣誉，认为只有这样才不会辜负"领导的对文化的重视"。

由此可见，只有让村民在文化参与的过程中建构身份认同和荣誉感，才能让村民愿意持续参与，并完成公共文化服务的生产与再生产，建筑互帮互助的农村社区网络，重构社区交往的意义世界。

第二节

上海农村公共文化服务政策的满意度评价
——基于执行协商的视角

农村公共文化服务文化政策满意度、文化生活满意度是多种因素作用的结果，影响因素不仅包括村落环境外部变量因素，如村庄的区位以及所在区域是否参加国家公共文化服务示范区创建，还包括个体变量因素，即个体的年龄、职业、性别、受教育程度等。为了辨别影响农村公

---

[1] 颜玉凡、叶南客：《认同与参与——城市居民的社区公共文化生活逻辑研究》，《社会学研究》2019年第2期，第147—170、245页。

共文化服务文化政策满意度和文化生活满意度的主要因素，并分析各因素对满意度的影响机理，本部分基于有序多分类 Logit 模型对上海农村文化服务政策和文化生活满意度及其影响因素进行回归分析。以下将对模型进行介绍，包括随机效用理论、二重指数分布、Logit 模型及有序多分类 Logit 模型。[①]

一、理论模型构建

1. 随机效用理论

在经济学中，效用表示消费者从消费选择中获得的需求满足。在公共文化服务领域中，如果将农村居民的满意度行为看作和消费者具有相似的原理，即农村居民在享受公共文化服务中获得的愉快或者满足，可以将效用理论运用到公共文化服务领域中的满意度分析。

假设某受访者 n 的选择方案集合为 A_n，选择其中方案 j 的效用 U_{jn}，则该受访者 n 从 A_n 中选择方案 i 的条件为：

$$U_{in} > U_{jn}, i \neq j, j \notin A_n \qquad （4-1）$$

假设受访者 n 满意度 i 的效用为 U_{in}，U_{in} 可用公式表示：

$$U_{in} = V_{in} + \varepsilon_{in} \qquad （4-2）$$

公式中：V_{in}——受访者 n 选择方案 i 的效用函数中固定项；

ε_{in}——受访者 n 选择方案 i 的效用函数中的概率项。

根据效用最大化理论，受访者的概率为 P_{in}，如下式：

$$\begin{aligned} P_{in} &= \mathrm{Pr}\,ob(U_{in} > U_{jn}; \ i \neq j, j \in A_n) \\ &= \mathrm{Pr}\,ob(V_{in} + \varepsilon_{in} > V_{jn} + \varepsilon_{jn}; \ i \neq j, j \in A_n) \end{aligned} \qquad （4-3）$$

其中，$0 \leqslant P_{in} \leqslant 1, \sum\limits_{i \in A_n} P_{in} = 1$。

[①] 参吴亚平：《城际交通出行特性及满意度研究——以广佛城际出行行为例》的理论模型，华南理工大学硕士论文，2018 年。

2. 二重指数分布

假设效用函数的概率项 ε 服从二重指数分布，就可以导出 Logit 模型。当效用函数中的概率项服从二重指数分布，即：

$$F(\varepsilon) = e^{-e^{-\omega(\varepsilon-\eta)}}, \omega > 0 \qquad (4-4)$$

对二重指数的分布函数 $F(\varepsilon)$ 求微分，则得到概率密度函数为：

$$f(\varepsilon) = \omega e^{-\omega(\varepsilon-\eta)} \cdot e^{-e^{-\omega(\varepsilon-\eta)}}, \omega > 0 \qquad (4-5)$$

对于分布参数为 (η, ω) 的二重指数分布具有如下性质：

（1）当分别服从参数为 (η_1, ω)，(η_2, ω) 的相互独立的二重指数分布的变量时，设 $\varepsilon^* = \varepsilon_1 - \varepsilon_2$，则有：

$$
\begin{aligned}
F(\varepsilon^*) &= \mathrm{Prob}(\varepsilon_1 - \varepsilon_2 \leqslant \varepsilon^*) = \mathrm{Prob}(\varepsilon_1 \leqslant \varepsilon^* + \varepsilon_2) \\
&= \int_{-\infty}^{+\infty} \int_{-\infty}^{\varepsilon^*+\varepsilon_2} G(\varepsilon_1, \varepsilon_2) d\varepsilon_1 d\varepsilon_2 \\
&= \int_{-\infty}^{+\infty} G_2(\varepsilon^*+\varepsilon_2, \varepsilon_3) d\varepsilon_2 \int_{-\infty}^{+\infty} F_1(\varepsilon^*+\varepsilon_2) \cdot f_2(\varepsilon_2) d\varepsilon_2
\end{aligned}
\qquad (4-6)
$$

公式中：$G(\varepsilon_1, \varepsilon_2)$——$\varepsilon_1$ 和 ε_2 的联合分布函数；

$G_2(\varepsilon_1, \varepsilon_2)$——用 ε_2 对 G 求偏微分结果；

$F_1(\varepsilon_1)$——ε_1 的分布函数；

$f_2(\varepsilon_2)$——ε_2 的概率密度函数。

假设 $\delta = e^{-\omega\varepsilon^*+\omega\eta_1} + e^{\omega\eta_2}$，则有：

$$
\begin{aligned}
F(\varepsilon^*) &= \int_{-\infty}^{+\infty} \omega e^{-\omega(\varepsilon_2-\eta_2)} \exp(-\delta e^{-\omega\varepsilon_2}) d\varepsilon_2 \\
&= (\frac{1}{\delta} e^{\omega\eta_2}) \cdot \exp(-\delta e^{-\omega\varepsilon_2})\big|_{-\infty}^{+\infty} = \frac{e^{\omega\eta_2}}{e^{-\omega\varepsilon^*+\omega\eta_1} + e^{\omega\eta_2}} \\
&= \frac{1}{1 + e^{\omega(\eta_1-\eta_2-\varepsilon^*)}}
\end{aligned}
\qquad (4-7)
$$

所以有 $\varepsilon^* = \varepsilon_1 - \varepsilon_2$ 服从如下形式的后勤分布（Logistic distribution）：

$$F(\varepsilon^*) = \frac{1}{1 + e^{\omega(\eta_1-\eta_2-\varepsilon^*)}} \qquad (4-8)$$

（2）当 $(\varepsilon_{1n}, \varepsilon_{2n}, ..., \varepsilon_J)$ 为 J 个两两相互独立的、分别服从分布参数为

$(\eta_1, \omega), (\eta_2, \omega), ..., (\eta_J, \omega)$ 的二重指数分布的变量时，则有：

$$\mathrm{Pr}ob(\max_{i=1,2,...,J} \varepsilon_i \leq \varepsilon^*) = \mathrm{Pr}ob(\varepsilon_1 \leq \varepsilon^*) \cdot \mathrm{Pr}ob(\varepsilon_2 \leq \varepsilon^*) \cdot ... \cdot \mathrm{Pr}ob(\varepsilon_J \leq \varepsilon^*)$$

$$= \prod_{i=1}^{J} \exp(-e^{-\omega(\varepsilon^* - \eta_i)}) = \exp(-e^{-\omega\varepsilon^*} \cdot \sum_{i=1}^{J} e^{\omega\eta_i}) \qquad (4-9)$$

设 $\alpha = \dfrac{1}{\omega} \ln \sum_{j=1}^{J} e^{\omega\eta_j}$，则有：

$$\mathrm{Pr}ob(\max_{i=1,2,...,J} \varepsilon_i \leq \varepsilon^*) = \exp(-e^{-\omega\varepsilon^*} \cdot e^{\alpha\omega}) = \exp(-e^{-\omega(\varepsilon^* - \alpha)}) \qquad (4-10)$$

由此可知，$\max(\varepsilon_{1n}, \varepsilon_{2n}, ..., \varepsilon_J)$ 服从参数为 $(\dfrac{1}{\omega} \ln \sum_{j=1}^{J} e^{\omega\eta_j}, \omega)$ 的二重指数分布。

3. Logit 模型

基于上述二重指数分布的性质，可以导出 Logit 模型。

如果将参数 (η, ω) 设为 $(0, 1)$，$U_{jn} = V_{jn} + \varepsilon_{jn}$ 服从参数为 $(V_{jn}, 1)$ 的二重指数分布。同时，方案 1 被选择的概率为：

$$P_{in} = \mathrm{Pr}ob(U_{1n} \geq U_{jn}, j = 2, 3, ..., J_n) = \mathrm{Pr}ob[V_{1n} + \varepsilon_{1n} \geq \max_{j=2,...,J_n} (V_{jn} + \varepsilon_{jn})] \quad (4-11)$$

令 $U_n^* = \max_{j=2,...,J_n} (V_{jn} + \varepsilon_{jn})$，$U_n^* = V_n^* + \varepsilon_n^*$，$V_n^* = \ln \sum_{j=2}^{J_n} e^{V_{jn}}$，则有：

$$P_{in} = \mathrm{Pr}ob(V_{1n} + \varepsilon_{1n} \geq V_n^* + \varepsilon_n^*) = \mathrm{Pr}ob[(V_n^* + \varepsilon_n^*) - (V_{1n} + \varepsilon_{1n}) \leq 0] \quad (4-12)$$

在此，利用上述性质（1），可得

$$P_{1n} = \frac{1}{1 + e^{(V_n^* - V_{1n})}} = \frac{e^{V_{1n}}}{e^{V_{1n}} + \exp[\ln \sum_{j=2}^{J_n} (e^{V_{jn}})]} = \frac{e^{V_{1n}}}{\sum_{j=2}^{J_n} e^{V_{jn}}} \qquad (4-13)$$

上式便是多项选择 Logit 模型（ML），一般式如下：

$$P_{1n} = \frac{e^{V_{in}}}{\sum_{j=1}^{J_n} e^{V_{jn}}} \qquad (4-14)$$

基于上述推导，在此假设效用是在多种因素综合作用下的消费者获得的心理感受，并将这些因素量化为相应指标，用自变量 $x_1, x_2, ..., x_m$ 表示，即效用函数可以表示为自变量 $x_k(k=1,2,...,m)$ 的表达式。对于二分类 Logit 模型而言，某事件发生的概率为 P，发生与不发生的概率之比为[①]：

$$odd = \frac{P_i}{1-P_i} \tag{4-15}$$

称为优势比，又称为 OR 值。则 Logit 模型的等价模型为：

$$Logit(P_i) = \ln \frac{P_i}{1-P_i} = -\beta_0 - \sum_{j=1}^{m} \beta_i x_i \tag{4-16}$$

公式中，β_0 是常数项，$\beta_1,\beta_2,...,\beta_m$ 为回归系数。

4. 有序多分类 Logit 模型

对于因变量为有 $J(J \geq 3)$ 个有序分类的变量，可以通过拟合 $(J-1)$ 个 Logit 回归模型，成为累积概率的有序多分类 Logit 模型。

传统的有序概率模型很多，最常见的方法是设定潜变量 z_n，作为分析因变量有序性的基础。假定该潜变量与观测因素间存在线性关系，即：

$$z_n = \beta \mathbf{X_n} + \varepsilon_n \tag{4-17}$$

其中，X_n 为因变量 n 中由观测因素（包括常数项）组成的向量，β 为待估计的参数向量，ε_n 为误差项。在此基础上，观测到因变量的数据 y_n，可定义为：

$$y_n = \begin{cases} 1, & if \ z_n \leq \mu_1 \\ k, & if \ \mu_{k-1} \leq z_n \leq \mu_k, k=2,3,...,K-1. \\ K, & if \ z_n > \mu_{K-1} \end{cases} \tag{4-18}$$

上式中，$1,2,3,...,K-1$，K 代表因变量的有序等级，$\mu_1,\mu_2,...,\mu_{K-1}$ 为阈值，定义了表示不同因变量等级的区间的边界。为不失一般性，可将 μ_1 设定为 0。

---

① 参吴亚平：《城际交通出行特性及满意度研究——以广佛城际出行为例》的理论模型，华南理工大学硕士论文，2018 年。

如果误差项 ε_n 服从 Logistic 分布，则该模型为有序多分类 Logit 模型。设 $F(x)$ 为 ε_n 的累积概率密度函数，$1,2,3,...,K-1$ 的因变量等级的来计概率为：

$$P_{kn} = \Pr(z_n \leq k) = F(\mu_k - \boldsymbol{\beta}\mathbf{X_n}) = \frac{\exp(\mu_k - \boldsymbol{\beta}\mathbf{X_n})}{1 + \exp(\mu_k - \boldsymbol{\beta}\mathbf{X_n})}, k = 1,2,...,K-1. \quad (4\text{--}19)$$

造成 $1,2,3,...,K-1$ 的因变量等级的概率为：

$$\Pr(y_n = k) = F(\mu_k - \boldsymbol{\beta}\mathbf{X_n}) - F(\mu_{k-1} - \boldsymbol{\beta}\mathbf{X_n}) = \frac{\exp(\mu_k - \boldsymbol{\beta}\mathbf{X_n})}{1 + \exp(\mu_k - \boldsymbol{\beta}\mathbf{X_n})} - \frac{\exp(\mu_{k-1} - \boldsymbol{\beta}\mathbf{X_n})}{1 + \exp(\mu_{k-1} - \boldsymbol{\beta}\mathbf{X_n})},$$
$$(k = 1,2,...,K-1) \quad\quad\quad (4\text{--}20)$$

在研究上海农村居民公共文化满意度时，居民的满意度可看作文化政策或需求效用。在进行满意度调查时，将受访者对文化政策的满意度和文化生活的满意度设置成非常不满意、不满意、一般、满意、非常满意 5 个分类的有序变量。

二、计量模型与指标选取

在对上海农村居民公共文化满意度分析模型的建立之前，首先需要确定模型的因变量和自变量。因变量即受访者对上海农村公共文化政策及文化生活的满意度，有非常不满意、不满意、一般、满意、非常满意 5 个分类。初步选取的模型自变量即影响上海农村居民满意度的因素，主要包括受访者所在村落（见表 1-1）的具体情况和受访者个人及家庭基本情况等。村落的具体情况包括村级稳定性收入和补助性收入、村落常住人口和外出务工的比例、受访村落是否为乡镇政府所在地、受访村落所在区域是否参加了国家公共文化服务体系示范区（示范项目）创建工作、是否乡村振兴示范村、是否美丽乡村示范村等。受访者个人及家庭基本情况主要包括性别、年龄、民族、教育程度、婚姻状况、政治面貌、职业、户籍、养老、个人 / 家庭月均收入、每月文化消费金额等问题（见表 4-8）。

表 4-8　样本变量描述性分析

变量	类别	百分比（%）	变量	类别	百分比（%）
性别	男性	45.06	政治面貌	中共党员	24.64
	女性	54.94		共青团员	3.08
年龄	60 岁以上的老年群体	44.57		无党派人士	0.49
	41 岁—59 岁为中年群体	34.35		少先队员	0.65
	40 岁及以下为青年群体	21.06		群众	71.15
职业	农民	52.03	婚姻状况	未婚	6.00
	农村文化骨干	6.81		已婚	85.58
	乡镇干部	5.35		离异	1.78
	乡镇文化员	0.97		丧偶	5.83
	学生	0.81		再婚	0.65
	企业职员	12.32		同居	0.16
	国家公务员	1.30	受教育程度	未受过正规教育	7.29
	离退休人员	14.91		小学	20.10
	其他	5.50		初中	34.85
户籍情况	本地户口	96.6		高中/中专/高职	14.75
	外地城镇户籍	1.30		大专	11.99
	外地农村户籍	2.11		大学本科及以上（与其他）	11.02
个人月收入	低收入水平（3 000 元及以下及无固定收入）	64.82	乡镇政府所在地	是	6.81
	中等收入水平（3 001—7 000 元）	28.68		不是	93.19
	高收入水平（7 001 元以上）	6.48	国家公共文化服务体系示范区（示范项目）	是	67.74
是否了解农村公共文化服务的相关政策	非常清楚	18.31		否	32.26
	知道，但并不了解	28.85	美丽乡村示范村	是	64.51
	知道一点	36.79		否	35.49
	不知道	16.05			

（续表）

变量	类别	百分比（%）	变量	类别	百分比（%）
家庭文化消费状况	300 元以上	40.68	乡村振兴示范村	是	61.29
	201—300 元	26.90		否	38.71
	200 元以下	18.48	互联网使用情况	是	64.02
	没有文化支出	13.94		否	35.98

模型建立需要将因变量与自变量进行转化处理。为了方便回归分析，先对因变量与自变量进行数值转换，具体方法为按次序转化为整数序列。本书先将各转化后的变量进行有序多分类 Logit 回归，然后根据设定的显著性水平进行自变量的剔除，对被剔除的变量不再引入模型，从而得到最终的模型。

三、实证结果分析

在对农村公共文化服务文化政策满意度调查时，一共设置了 7 道题目（见表 4-2）用于表征满意度，在正式建模分析前需要将这 7 个问题的满意度整合成对农村公共文化服务文化政策的整体满意度。通过对这 7 个问题的满意度求均值，并通过四舍五入取整，同样将农村公共文化服务文化政策的满意度划分为非常不满意、不满意、一般、满意和非常满意 5 个分类。文化生活满意度通过 3 个子满意度（见表 4-3）进行表征，故也采用求均值和取整法获取对文化生活的满意度，将其划分为非常不满意、不满意、一般、满意和非常满意等 5 个分类。

在获取了对农村公共文化服务文化政策的整体满意度和对农村公共文化生活的整体满意度后，采用 stata16.0 对这两个满意度进行有序多分类 Logit 回归分析。通过对模型进行似然比检验发现，并分别采取 0.1、0.05 和 0.01 三个显著性水平，模型回归结果（见表 4-9）。其中，参数估计右上角有 * 号的，表示该因素对满意度有显著性影响。

表 4-9 上海农村公共文化服务文化政策及文化生活满意度模型（Logit）

变量符号	变量含义	文化政策满意度模型	文化生活满意度模型
是否了解农村公共文化服务政策	非常清楚	/	/
	知道，但并不了解	−1.097***	−1.051***
		（−4.24）	（−4.11）
	知道一点	−1.016***	−0.876***
		（−3.88）	（−3.37）
	不知道	−1.509***	−0.941***
		（−4.80）	（−3.02）
是否村庄常住	村庄常住人口	−0.000 136**	−0.000 093 5
		（−2.40）	（−1.60）
外出务工比例	外出务工比例	−0.010 3**	−0.002 73
		（−2.56）	（−0.69）
是否参加国家公共文化服务体系示范区（示范项目）创建工作	否	/	/
	示范项目	0.398**	0.285
		−2.01	−1.45
	示范区	0.884***	0.920***
		−2.82	−2.9
乡村振兴示范村	否	/	/
	是	−0.789***	−0.690***
		（−4.28）	（−3.73）
美丽乡村示范村	否	/	/
	是	0.754***	0.634***
		−3.89	−3.31
是否是乡镇政府所在地	不是	/	/
	是	−0.960***	−1.168***
		（−2.58）	（−3.08）
受访者性别	男	/	/
	女	0.603***	0.366**
		−3.53	−2.17

（续表）

变量符号	变量含义	文化政策满意度模型	文化生活满意度模型
民族	汉族	/	/
	少数民族	−3.533*	−2.834
		（−1.86）	（−1.57）
婚姻状况	未婚	/	/
	已婚	−0.618	−0.851*
		（−1.41）	（−1.92）
	离异	−0.173	−0.318
		（−0.23）	（−0.42）
	丧偶	−0.477	−1.172**
		（−0.82）	（−2.00）
	再婚	−1.273	−1.984**
		（−1.20）	（−2.04）
	同居	−2.222	−2.205
		（−1.21）	（−1.25）
政治面貌	中共党员	/	/
	共青团员	−0.701	−1.091*
		（−1.26）	（−1.89）
	无党派人士	−1.347	−1.546
		（−1.22）	（−1.45）
	少先队员	−0.477	−1.031
		（−0.40）	（−0.86）
	群众	0.0787	−0.329
		−0.32	（−1.35）
职业	农民	/	/
	农村文化骨干	0.333	0.398
		−0.85	−1.03
	乡镇干部	−0.15	−0.192
		（−0.38）	（−0.47）
	乡镇文化员	−2.621***	−1.991***

（续表）

变量符号	变量含义	文化政策满意度模型	文化生活满意度模型
职业	乡镇文化员	（−3.49）	（−2.79）
	学生	0.395	−0.261
		−0.37	（−0.23）
	企业职员	−0.459	−0.22
		（−1.61）	（−0.77）
	国家公务员	−2.203***	−2.118***
		（−2.94）	（−2.88）
	离退休人员	0.135	0.070 8
		−0.57	−0.3
	其他	−0.329	−0.147
		（−0.87）	（−0.38）
户籍状况	本地户口	/	/
	外地城镇户籍	−0.692	−1.661*
		（−0.85）	（−1.80）
	外地农村户籍	−0.673	−1.291**
		（−1.21）	（−2.42）
家庭是否有党员	没有	/	/
	1 人	0.1	0.037 9
		−0.49	−0.19
	≥ 2 人	0.196	0.086 2
		−0.64	−0.28
家庭是否有本村干部	有	/	/
	没有	0.064 3	0.179
		−0.29	−0.81
家庭是否有本村以外的干部	有	/	/
	没有	−0.274	−0.196
		（−0.81）	（−0.60）
cut1	截距 1	−7.314***	−7.890***
		（−6.16）	（−6.52）

变量符号	变量含义	文化政策满意度模型	文化生活满意度模型
cut2	截距 2	−5.933***	−5.995***
		（−5.21）	（−5.22）
cut3	截距 3	−3.470***	−3.963***
		（−3.11）	（−3.50）
cut4	截距 4	−1.419	−1.958*
		（−1.28）	（−1.74）
N	样本量	617	617
ll_0	对数似然初值	−759.9	−775.6
ll	对数似然收敛值	−683.6	−702.7
r2_p	R2	0.1	0.094
df_m	自由度	38	38
chi2	模型卡方统计量	152.5	145.8

1. 基于村落外部环境变量的回归结果分析

（1）村庄常住人口对农村公共文化服务文化政策与文化生活较为关注

上海农村人口与内地一样，外出务工人员的比例较高。与内地城市不一样的是：外地来务工的农民工大都租住在上海周边农村的自建房屋里，租住比例非常高。从本次调研的数据来看，填写本问卷的受访者 96.60% 为上海本地户籍的村民（如表 4-10 所示），且 60% 以上的受访者超过 50 岁，由于老年人日常生活的半径很小，人际交往的范围大多局限于村庄里的村民。随着生活水平的提高，加上外出务工的机会变少，他们的闲暇时间也多了起来。为此，村里的公共文化生活也变成了他们消遣时光的重要组成部分，文化政策是否及时公布，文化项目是否满足自己的需求，都会成为村民对公共文化满意度的评价标准，从显著性水平得知，村里的常住人口对文化政策和文化生活的关注度是非常高的。

（2）外出务工比例过高，与满意度呈现正相关

村落中外出务工比例过高也会影响村民对文化政策或文化项目的满意度，中青年村民外出务工意味着附近未能提供给村民合适的工作，留守的老年群体闲暇时间相对较多，对文化政策与文化项目会更加关注。

表4-10 受访者户籍情况表

选项	小计	比例
本地户口	596	▓▓▓▓▓▓▓ 96.60%
外地农村户籍	13	▓ 2.11%
外地城镇户籍	8	▓ 1.30%
本题有效填写人次	617	

（3）是否为乡镇政府所在地

城镇对农村居民点的辐射效应随空间结构和相互距离呈现出显著的区域差异。距离城镇较近的农村受城镇辐射带动作用，往往具有较好的经济基础和较完善的对外交通条件，而距离城镇较远的农村受城镇辐射影响较弱，其基础设施配套往往不完善。[1] 樊丽明和骆永民的研究证实了距离县城的远近，决定了基础设施的质量，影响着居民的满意度。[2] 从数据来看，村庄在乡镇政府周边的村民的满意度较高，因为这些村庄能够获得更好的农村公共文化服务。[3] 而不在乡镇政府周边的村民对文化政策与项目，以及文化生活的满意度相对较低。一般来说，乡镇政府所在区位都是一个城市相对中心的位置，村庄靠近乡镇政府除了交通便利以外，

---

[1] 刘晶、金晓斌、范页婷等：《基于"城—村—地"三维视角的农村居民点整理策略——以江苏省新沂市为例》，《地理研究》2018年第4期，第678—694页。
[2] 樊丽明、骆永民：《农民对农村基础设施满意度的影响因素分析——基于670份调查问卷的结构方程模式分析》，《农业经济问题》2009年第9期，第51—59、111页。
[3] 卢春龙：《我国农民对农村公共文化服务的满意度调查——来自全国九个省市的发现》，《中国政法大学学报》2014年第2期，第59—66、159页。

获取各种公共资源的机会也更多，甚至可以共享乡镇政府的一些公共资源。因此，整体的满意度也会更高。从公共文化的角度来看更是如此，乡镇政府周边的农村居民，对文化政策的知晓度可能会更高、文化项目和文化生活可能会更加丰富，文化空间可能会更加友好。

从表4-7、4-9得知，乡村振兴示范村、美丽乡村示范村，以及参加国家公共文化服务体系示范区（示范项目）的创建与满意度之间存在正相关。前面已做分析，在此不赘述。

2. 基于个体层面特征的回归分析

相关研究表明，年龄、性别、政治身份、受教育程度和收入水平等因素会影响村民对公共产品供给的满意度评价。[1] 政府治理绩效、社会资本等宏观因素也会对农村公共文化服务满意度产生积极影响。[2]

（1）是否了解农村公共文化服务政策

相关研究表明，政策透明度会影响农村公共文化服务的满意度。[3] 由显著性水平得知，是否了解公共文化服务政策对受访者满意度的影响非常显著，文化政策满意度回归系数分别为：-1.097、-1.016、-1.509；文化生活满意度回归系数分别为：-1.051、-0.876、-0.941。表明村民对农村公共文化政策满意度与了解程度呈正相关，这与王秋的研究结果一致。[4]

---

[1] 李燕凌、曾福生：《农村公共产品供给农民满意度及其影响因素分析》，《数量经济技术经济研究》2008年第8期，第3—18页。朱玉春、唐娟莉、罗丹：《农村公共产品供给效果评估：来自农户收入差距的响应》，《管理世界》2011年第9期，第74—80页。

[2] 孟天广、杨明：《转型期中国县级政府的客观治理绩效与政治信任——从"经济增长合法性"到"公共产品合法性"》，《经济社会体制比较》2012年第4期，第122—135页。曾鸣：《互联网使用与农村公共文化服务满意度》，《华南农业大学学报（社会科学版）》2018年第4期，第84—94页。

[3] 李敬涛、陈志斌：《财政透明、晋升激励与公共服务满意度——基于中国市级面板数据的经验证据》，《现代财经（天津财经大学学报）》2015年第7期，第91—104页。

[4] 王秋：《农村公共文化服务满意度及其影响因素研究——基于昆明市32个乡镇69个村的实证分析》，《图书馆理论与实践》2018年第7期，第96—99页。

（2）受访者性别

从数据结果来看，女性对公共文化服务政策与公共文化生活会更加关注，更渴望精神文化生活能够进一步丰富，其对满意度的影响程度显著性较高。其中最为主要的原因应该是农村地区女性的活动范围大多在本村，而男性外出务工的时间更多。因此，女性在公共文化服务政策与文化项目的参与度比男性更高，受到公共文化服务的影响程度也远远大于男性，对公共文化服务的期望值也会更高，故使得女性对文化政策与文化生活的满意度评价偏低。随着乡村振兴战略向农村的纵深发展，基层政府应该从文化乐民、文化智民的角度出发积极探索，为农村妇女提供更加丰富多彩的公共文化生活。

（3）婚姻状况

调研数据显示，除了丧偶、再婚人士对农村公共文化生活的满意度评价偏低以外，其他人群的满意度比较一致。相关研究显示 20 世纪 50 年代出生的老年人对再婚的态度相对保守，而本次调研的对象 60% 左右是 53 岁以上的老人，如果他们再婚了，可能会受到村民的歧视或者是非议，更希望在精神文化上能获得满足，排解他们内心的不解与伤痛；而丧偶人士也因为内心的孤独，寄希望于精神文化上能够排解内心的苦闷，故而对公共文化服务的期望值会更高，这也是他们对文化生活的满意度评价不高的原因。

（4）政治面貌

在一些学者的研究中认为：政治身份会影响农村村民对农村公共文化服务的满意程度。[1]从本次调研的数据来看，除共青团员以外，政治面貌是中共党员、群众等人士对公共文化服务政策和文化生活的满意度评价相差不大，共青团员是农村社会中比较活跃的人群，他们对农村公共

---

[1] 卢春龙：《我国农民对农村公共文化服务的满意度调查——来自全国九个省市的发现》，《中国政法大学学报》2014 年第 2 期，第 59—66、159 页。

文化生活不满意，可能是现有的文化项目或者文化活动不能满足他们的需求。因此，基层政府需要调研了解农村各个年龄阶段的村民对文化的真实需求，增强农村公共文化的参与度。

（5）职业状况

由显著性水平得知，乡镇文化员、国家公务员对公共文化服务政策与文化生活满意度的回归系数更低，影响非常显著，其根本原因可能是乡镇文化员与国家公务员由于受教育程度较高，更容易接收到外面的信息，对基层政府在政策和项目实施过程中的执行标准也要求更高，同时也期待农村公共文化服务政策和文化项目在乡村振兴背景下，能够落到实处，惠及当地经济社会的发展，进而导致国家公务员和乡镇文化员等受访者对于农村公共文化服务政策满意度评价偏低。而其他职业的显著性并不明显，这与寇垠和刘杰磊的研究有一定的差异。[1]

（6）户籍状况

潘允康和关颖认为，居民的满意度、归属感离不开社区的物质建设与精神建设。[2]由显著性水平得知，受访者对公共文化服务政策与文化生活满意度，外地户籍居民的影响较为显著。一方面，可能是外来人口样本较少，结果存在一定的偏误，且基层政府对外地户籍的居民的公共文化生活不够重视，在文化政策宣传上未能企及他们；另一方面的原因可能是外地户籍的居民不喜欢当地政府所配送的公共文化服务项目，不能满足他们的精神文化需求，进而导致外地户籍居民对于农村公共文化服务政策和文化生活满意度评价偏低。2011年9月25日，文化部、人力资源和社会保障部、中华全国总工会联合下发了《关于进一步加强农民工文化工作的意见》，指出"文化是农民工融入城市的桥梁，对增强农民工的

---

①寇垠、刘杰磊：《东部农村居民公共文化服务满意度及其影响因素》，《图书馆论坛》2019年第11期，第79—86页。
②潘允康、关颖：《社区归属感与社区满意度》，《社会学研究》1996年第3期，第7—17页。

归属感、尊严感和幸福感具有重要作用……社区是农民工城市融入的主要平台"，要求通过加强文化建设来促进农民工城市社区归属感和满足感的培养。[1]这也为我们提供了一个值得关注的方向，即要重视外来人口的文化生活，帮助他们更好地适应或融入当地生活。[2]

以上是基于协商视角下，用有序多分类 Logit 模型对上海农村文化服务政策和文化生活满意度及其影响因素进行回归分析。回归分析主要从村落外部环境变量与受访者个体层面特征做的满意度分析评价。实证结果发现，受访者对农村公共文化服务政策的满意度受到执行协商的正向影响。首先是第一个层面的分析，具体来看，村庄的常住人口对公共文化政策和文化生活是极其关注的，村庄的区位以及村落所在区域是否参与国家公共文化服务体系示范区（示范项目）的创建，也会正向影响受访者的满意度评价，这可能是政策实施过程中，距离乡镇政府更近的村庄具有区位优势，政府也会给这些村庄更多的文化资源。参与国家公共文化服务体系示范区（示范项目）创建的优势就更加不言而喻了，所在区域的居民在文化项目的丰富程度和便利度上会远远大于不参与创建的区域，故而满意度评价会更高。

其次是第二个层面的分析，村民对公共文化政策与文化项目的知晓度会显著性地影响受访者的满意度评价。具体来看：第一，男性由于外出务工机会较多，年纪较长的女性有更多时间居住在乡村，且是农村公共文化服务的主要参与者，使得女性对政策满意度评价明显低于男性。政府在政策的实施过程中，应和女性多多沟通交流；第二，政治面貌和职业状况也会影响受访者对农村公共文化服务政策的满意度，共青团员对公共文化服务政策的满意度评价一般。公务员群体与乡镇文化员的满

---

① 陆自荣、张颖：《城市社区感知融合度的影响因素——基于三个群体的比较》，《城市问题》2016 年第 3 期，第 92—103 页。
② 赵德余、代岭：《村庄主体差异对乡村振兴效用感知的影响》，《华南农业大学学报（社会科学版）》2022 年第 5 期，第 1—10 页。

意度评价更低，由于他们的教育程度更高，接触外界的信息会更多元，对于政策实施的评价标准更高。因此，基层政府在实施文化政策时应确保政策的实施效果，认真落实每一项文化政策与文化项目，提升村民对文化政策和文化项目的满意度评价。第三，外地户籍的受访者对农村公共文化服务文化政策满意度评价偏低，这要求基层政府在推进文化政策与文化项目时，应多考虑外地户籍居民的文化需求。

第三节

上海农村公共文化服务政策
—— 文化生活满意度与绩效评价总结

上述基于 DEA 数据包络分析方法以及有序多分类 Logit 模型，对上海农村公共文化服务政策绩效、政策和文化生活满意度的实证分析，归纳起来，得出以下结论：

一、从总体来看，上海农村公共文化服务满意度和绩效评价不理想

受访者对公共文化政策的满意度评价一般。31 个村落中，4.5 分以上的仅有 2 个村落，分别是蔡浜村和山塘村，占评估样本的 6.45%；4—4.5 分有 19 个村落，占评估样本的 61.29%；而 4.0 分以下有 10 个村落，占评估样本的 32.26%。受访者对公共文化生活的满意度评价一般。31 个村落中，4.5 分以上的仅有 3 个村落，分别是蔡浜村、山塘村与和平村，占评估样本的 9.68%；4—4.5 分有 17 个村落，占评估样本的 54.84%；而 4.0 分以下有 11 个村落，占评估样本的 35.48%。绩效评价一般。31

个村落中仅有 9 个村落的绩效值为 1 分，占评估样本的 29.03%；绩效值为 0.9—0.95 分仅有 2 个村落，占评估样本的 6.45%；绩效值为 0.80—0.90 有 7 个村落，占评估样本的 22.58%；绩效值为 0.70—0.80 有 9 个村落，占评估样本的 29.03%；绩效值为 0.70 以下有 4 个村落，占评估样本的 12.90%。

从表 4-9 来看，村民对公共文化政策与文化项目的知晓度会显著性地影响受访者的满意度评价。因此，各个村落在实施农村公共文化服务政策时，基层政府应加大政策的宣传力度；在实施公共文化服务财政政策时，应该积极主动地和村民协商；开展公共文化活动时，尽可能做到高的参与率；确保公共财政财务的公开公正透明，真正用到村民需要的文化项目上，满足村民的实际需求，增强村民对基层政府的信任度，有效提升农民的幸福指数。此外，各个村落应重视村落公共文化服务设施与项目的管理，优化资源配置方式，提高资源的使用效率。

二、从影响因素来看，公共文化服务满意度绩效与经济投入呈正相关

农村公共文化服务满意度绩效，从供给侧来看，文化空间的品质、文化活动是否丰富等因素都会显著影响农村居民对公共文化生活的满意度。从表 4-7 和表 4-9 可以看出，首先，被评为美丽乡村示范村和乡村振兴示范村的村落，村民的满意度评价整体偏高，因为这两项政策对农村地区资金注入相对较高，经过一段时间的建设，对于村容村貌以及乡风文明的建设都有很大的促进作用。其次，参加国家公共文化服务体系示范区（示范项目）建设，因各级政府都会投入大量的经费去优化整个区域的文化空间、文化设施和制度建设，使得该区域的公共文化生活更加丰富多彩，对农村地区也有一定的辐射作用。"社会先行资本"的提出者强调基础设施建设的重要性，随着农村经济收入的持续增长，农村村民对公共文化服务设施的需求也不断增加，对产品质量也不断提高。优

质的公共文化设施会增强村民的参与度与满意度，张纯威和柴彦的研究验证了公共设施对公众满意度的影响。[①]因此，要保持对农村公共文化服务的持续投入和优化服务质量。

三、从影响因素来看，公共文化服务满意度绩效受到个体消费偏好的影响

从表4-9得知，农村村民的性别、年龄、职业、户籍等社会人口学变量会显著影响农村居民对公共文化生活的满意度。农村村民对公共文化的满意度，既受到供给侧（服务）质量的影响，又受到村民个体文化资本因素（体现为消费偏好）的约束，这与傅才武和王文德的研究结果一致。[②]

四、从影响因素来看，公共文化服务满意度绩效受到农村社区治理的影响

从表4-7的数据，以及笔者对L村和G村的个案分析来看，基层党组织的治理能力，也会影响村民的满意度评价。公共部门的"刻板"印象和"官僚"作风往往影响农民对公共服务满意度的判断。因为农民更加注意公共部门或服务提供者的服务缺陷而不是其服务优势。[③]Aldana、Piechulek和Al-Sabir分析了孟加拉国农村地区的1 913名接受过政府卫生机构护理的农民调查数据，认为服务提供者的行为（尤其是尊重和礼貌）比技术能力更为重要。[④]农村是基于熟人的社会，集互助利他的亲情

① 张纯威、柴彦：《北京城市老年人社区满意度研究——基于模糊评价法的分析》，《人文地理》2013年第4期，第47—52、147页。
② 傅才武、王文德：《农村文化惠民工程的"弱参与"及其改革策略——来自全国21省282个行政村的调查》，《中国图书馆学报》2020年第5期，第54—73页。
③ 何精华、岳海鹰、杨瑞梅、董颖瑶、李婷：《农村公共服务满意度及其差距的实证分析——以长江三角洲为案例》，《中国行政管理》2006年第5期，第91—95页。
④ 傅才武、王文德：《农村文化惠民工程的"弱参与"及其改革策略——来自全国21省282个行政村的调查》，《中国图书馆学报》2020年第5期，第54—73页。

文化、家风教化与家规家训于一体的乡土文化，其社会网络、秩序规范以及邻里信任明显区别于城镇地区。农村公共文化供给能力不足、文化设施和文化活动相对滞后于城市地区，有效的社区治理能力必然展现出更加强大的文化整合作用。基层党组织的治理能力会影响到农民对政府的信任度，政府有效的组织能力和动员能力可以增强农民对公共文化的参与度和满意度。因此，我们不能用城市化的思维来开展农村文化建设工作，只有嵌入乡土社会的内生文化，才能让农民找到文化自信，激发农民的内生动力。

第五章

上海农村公共文化服务需求优先序的实证分析

农村公共文化的供给注重文化服务的覆盖度和均等性，而农村社区村民的文化需求更多是个性化的，这两者之间差异较大。从形式上，公共文化供给更多关注文化基础设施建设，比如农家书屋、文化活动室、健身设施等，缺乏考虑村民文化的接受度，许多新建文化设施出现大面积的空置，遭遇"门可罗雀"，其背后的根源是什么？黄雪丽[①]、吴理财和张良认为，当前服务型农村文化体制尚未建立，还沿袭着部门式、计划式的农村公共文化供给，使得新农村文化建设难以满足农民日益增长的需求。从文化内容来看，多以休闲娱乐为主，虽然能丰富农民的日常生活，但对于农民迫切要求的致富经验分享和技能培训等方面，较为匮乏。[②]颜玉凡等认为，当前农村公共文化服务萧条的原因之一在于，政府提供的文化服务忽略了地方文化自身的特质，忽略了农民的真实需求。从文化的价值导向来看，在正面的爱国、敬业宣传与教育方面起到了很好的作用，但对于农民文化程度低，辨别事务能力弱的问题需要更多的关注。根据一项全国20省80区县的问卷调查，发现我国公共文化服务在城市、城郊、乡镇、村落呈"差序结构"，离城镇越远，公共文化服务越弱。当前的突出问题是下沉到村和社区的公共文化资源匮乏，农民在

---

① 黄雪丽：《我国农村公共文化服务"悬浮化"的阐释——基于历史制度主义的分析视角》，《图书馆论坛》2018年第2期，第29—35页。

② 吴理财、张良：《乡村治理转型视域下的文化体制改革》，《社会主义研究》2012年第5期，第72—76页。

日常生活中很难享受政府的公共文化服务。[①]因此，要推动农村公共文化服务高质量发展，必须深入了解和深刻把握农村公共文化服务运行的内在逻辑。

第一节

上海农村公共文化服务设施供给现状与需求优先序的内容

一、上海农村公共文化服务设施供给现状

在问卷设计中，笔者经过前期的预调研，结合上海农村公共文化服务建设的现状，选取农家书屋、文化广场、乒乓球室、体育健身设施、阅报栏、文化礼堂、村委活动室、综合文化活动中心（室）、农村舞台等公共文化服务设施（见图 5-1），了解上海农村公共文化服务设施的供给现状。

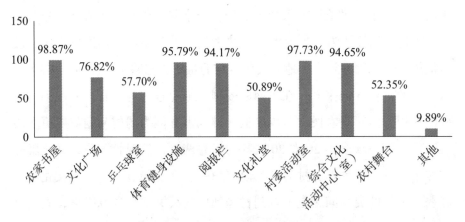

图 5-1　上海农村公共文化服务设施供给现状

① 颜玉凡、叶南客：《我国现阶段农村公共文化服务困境解析——以 H 社区为例》，《艺术百家》2014 年第 6 期，第 23—29 页。

调研结果发现，上海农村公共文化服务设施建设程度较高的依次是：农家书屋、村委活动室、体育健身设施、综合文化活动中心（室）、阅报栏、文化广场、乒乓球室、农村舞台等；部分村落还有电子放映室、党建服务站、睦邻点、村史馆、家风驿站展示馆、幼儿园、庙宇等公共文化活动空间。由此可见，经过"十二五""十三五"时期的发展，上海农村的公共文化服务设施较为完善。

二、需求优先序的主要内容

需求优先序这一部分设计的相关问题有五题，分别为：您最想增添的农村公共文化服务项目为？您希望村里开展什么样的文化娱乐活动？您认为村里开展文化活动最重要的条件是什么？您认为国家、政府在农村文化建设中应该加大对哪方面的建设？本村实施公共文化服务项目时，您有什么建议？每道题目受访者可以选择3—5项，其选项详见表5-1。

表5-1 上海农村公共文化服务需求优先序相关内容

题号	相关问题	选项（多选，选择3—5项）
2.4	您最想增添的农村公共文化服务项目为？	村综合文化活动室、送戏下乡、送电影下乡、农家书屋、文化广场和健身器材、影剧院、博物馆、乡村文化人才、农民技能培训学校、村广播室、文物展览、乡村歌舞演出、公园绿地、民俗文化活动（剪纸、庙会等）、公共讲座（教育、医疗、养生、法律、亲子）。
2.13	您希望村里开展什么样的文化娱乐活动？	农民自编自演的文艺晚会、亲身参与的文体活动、村委组织的集体旅游、政府组织的送电影下乡和送戏下乡、各地组织的文艺汇演、政府组织的送图书科普知识下乡、政府组织的民俗趣味活动（如书画比赛、棋类比赛、写春联、包粽子、猜灯谜等）、文化指导员下乡服务活动（如指导村民唱戏、书画、跳舞、合唱等艺术形式）、公共讲座（教育、医疗、养生、法律、亲子）。

题号	相关问题	选项（多选，选择3—5项）
2.16	您认为村里开展文化活动最重要的条件是什么？	资金保障、村民参与、领导重视、文化人才、文化设施和其他。
2.17	您认为国家、政府在农村文化建设中应该加大对哪方面的建设？	加大对农村文化设施的投入与建设力度、指导开展各类文体活动、加强文化骨干队伍的建设、建设和发展农村特色文化、增加政府的经费投入、加强宣传力度，鼓励农民积极参加和其他。
2.19	本村实施公共文化服务项目时，您有什么建议？	多听取群众意见、多组织引导村民使用和参与、加强农村文化骨干的培养、对村民自发文化活动加大力度支持、鼓励有关社会组织为村民提供更多的文化服务、农村文化活动应更贴近村民和其他。

第二节

上海农村公共文化服务建设需求优先序的实证分析

基于表5-1上海农村公共文化服务需求优先序相关内容，可以把共5题的公共文化需求分为两大类，即一类是受访者对公共文化活动项目的需求优先序（2.4、2.13），另一类是受访者对实施公共文化项目时的政策优先序（2.16、2.17、2.19）。针对以上优先序的相关内容，本节将采用多重响应分析法进行优先序分析。

一、需求优先序分析的运用及方法

本部分内容针对上海农村公共文化服务需求进行优先序分析。首先，在问卷中涉及的相关问题均为多选题或不定项选择题，故本书将采用多重响应分析法进行优先序分析。其次，在确定存在显著差异的优先序分析后，采用交叉分析探索影响优选序的影响因素。

多选题又称多重应答，即针对同一个问题被访者可能回答出多个有效的答案，它是市场调查研究中十分常见的数据形式。多重响应分析，也称为多重应答分析或多响应变量分析。常使用 SPSS 中的 Multiple Response（多重应答）命令进行频数分析和交叉分析。多重应答资料因其特殊性，不方便应用传统的多元统计分析方法进行研究，利用多重二分法和多重分类法两种数据转换方式可以极大地丰富对其建模的方法。多重响应分析通过定义变量集的方式，能够对多选题选项进行响应率和普及率分析。其中，响应率用于对比各个选项的相对选择比例情况，而普及率用于某项的选择普及情况，响应率与普及率的区别在于被除数不一样。

交叉分析法，是用于分析某个因素的不同层级对目标因素的差异性影响的一种有效方法。把统计分析数据制作成二维交叉表格，将具有一定联系的变量分别设置为行变量和列变量，两个变量在表格中的交叉结点即为变量值，通过表格体现变量之间的关系。因此，本书中的交叉分析将主要探索优先序与教育水平、性别、年龄、个人月收入之间的关系。

二、上海农村公共文化服务需求优先序实证结果分析

为了更好地了解村民对农村公共文化服务需求的优先序，本部分的内容首先是对问卷中关于优先序问题的调查结果逐一统计。其次，再按照优先序的分析结果，做交叉分析，了解农民视角下影响公共文化服务需求优先序的真实原因。

1. 题目2.4，您最想增添的农村公共文化服务项目为（多选，选择3—5项）[1]

（1）优先序分析

表5-2　响应率和普及率汇总表（Q2.4）

项	响应		普及率（*n*=617）
	n	响应率	
q2.4 （村综合文化活动室）	174	9.02%	28.20%
q2.4 （送戏下乡）	309	16.01%	50.08%
q2.4 （送电影下乡）	197	10.21%	31.93%
q2.4 （农家书屋）	77	3.99%	12.48%
q2.4 （文化广场和健身器材）	192	9.95%	31.12%
q2.4 （影剧院）	108	5.60%	17.50%
q2.4 （博物馆）	46	2.38%	7.46%
q2.4 （乡村文化人才）	55	2.85%	8.91%
q2.4 （农民技能培训学校）	128	6.63%	20.75%
q2.4 （村广播室）	69	3.58%	11.18%
q2.4 （文物展览）	45	2.33%	7.29%

[1] 需要说明的是：本次调研的过程中，笔者发现大多数中青年群体，在做选项的时候，会不自觉地按照家里老人的文化需求来选择，尽管我们多次强调以自己的偏好为主，但仍然会有选择偏差。类似于送戏下乡，很多中青年群体在做选项的时候，会说"看戏是我家里的老人最喜欢的文化活动，勾上"这样的话。

（续表）

项	响应		普及率（n=617）
	n	响应率	
q2.4 （乡村歌舞演出）	158	8.19%	25.61%
q2.4 （公园绿地）	129	6.68%	20.91%
q2.4 ［民俗文化活动 （剪纸、庙会等）］	67	3.47%	10.86%
q2.4 ［公共讲座（教育、医疗、 养生、法律、亲子）］	150	7.77%	24.31%
q2.4 （其他）	26	1.35%	4.21%
汇总	1 930	100%	312.80%
拟合优度检验：χ^2=694.696　　p=0.000			

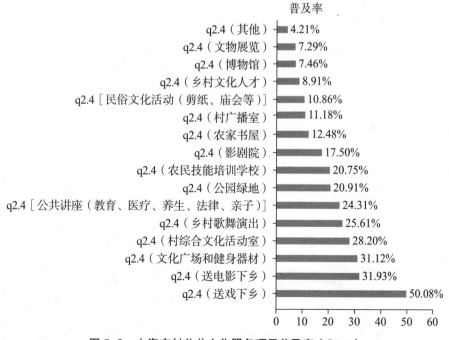

图 5-2　上海农村公共文化服务项目普及率（Q2.4）

从上表可知，拟合优度检验呈现出显著性（$chi=694.696$，$p=0.000$ < 0.05），意味着各项的选择比例具有明显差异性。具体来看，送戏下乡 > 送电影下乡 > 文化广场和健身器材 > 村综合文化活动室 > 乡村歌舞演出，共 5 项的响应率和普及率明显较高。

（2）交叉分析

① 性别

表 5-3 基于受访者性别的交叉汇总表（Q2.4）

项	性别		汇总（n=617）
	女性（n=339）	男性（n=278）	
q2.4（村综合文化活动室）	25.66%	31.29%	28.20%
q2.4（送戏下乡）	49.85%	50.36%	50.08%
q2.4（送电影下乡）	27.73%	37.05%	31.93%
q2.4（农家书屋）	10.32%	15.11%	12.48%
q2.4（文化广场和健身器材）	28.32%	34.53%	31.12%
q2.4（影剧院）	18.29%	16.55%	17.50%
q2.4（博物馆）	7.37%	7.55%	7.46%
q2.4（乡村文化人才）	7.37%	10.79%	8.91%
q2.4（农民技能培训学校）	17.99%	24.10%	20.75%
q2.4（村广播室）	12.68%	9.35%	11.18%
q2.4（文物展览）	5.01%	10.07%	7.29%
q2.4（乡村歌舞演出）	29.50%	20.86%	25.61%
q2.4（公园绿地）	22.12%	19.42%	20.91%

（续表）

项	性别		汇总（n=617）
	女性（n=339）	男性（n=278）	
q2.4 ［民俗文化活动 （剪纸、庙会等）］	14.16%	6.83%	10.86%
q2.4 ［公共讲座（教育、医疗、 养生、法律、亲子）］	25.07%	23.38%	24.31%
q2.4 （其他）	5.01%	3.24%	4.21%
卡方检验：χ^2=35.222　　p=0.002			

从上表可知，利用交叉分析法研究性别与多选题的交叉关系，性别对于共 15 项表示的多选题呈现出 0.01 水平显著性（chi=35.222，p=0.002<0.01）。通过分析得知：性别对于农村公共文化服务项目选择整体上差异不大，所不同的是女性更偏好歌舞类演出，而男性偏好文化广场和健身器材。女性所选排名前五位的项目依次是：送戏下乡＞乡村歌舞演出＞文化广场和健身器材＞送电影下乡＞村综合文化活动室；男性所选排名前五位的项目分别是：送戏下乡＞送电影下乡＞文化广场和健身器材＞村综合文化活动室＞农民技能培训学校。

② 受教育程度

表 5-4 　基于受访者受教育程度的交叉汇总表（Q2.4）

项	受教育程度						汇总 （n=617）
	初中 （n=215）	大专 （n=74）	大学本科及 以上 （n=67）	小学 （n=124）	未受过 正规教育 及其他 （n=46）	高中/中专/ 高职 （n=91）	
q2.4 （村综合文化 活动室）	33.49%	31.08%	19.40%	23.39%	26.09%	27.47%	28.20%
q2.4 （送戏下乡）	53.02%	41.89%	41.79%	50.81%	60.87%	49.45%	50.08%
q2.4 （送电影下乡）	31.16%	33.78%	23.88%	36.29%	32.61%	31.87%	31.93%
q2.4 （农家书屋）	16.74%	10.81%	10.45%	8.06%	4.35%	15.38%	12.48%

（续表）

项	受教育程度						汇总 （n=617）
	初中 （n=215）	大专 （n=74）	大学本科及 以上 （n=67）	小学 （n=124）	未受过 正规教育 及其他 （n=46）	高中/中专/ 高职 （n=91）	
q2.4（文化广场和 健身器材）	36.74%	35.14%	22.39%	27.42%	30.43%	26.37%	31.12%
q2.4 （影剧院）	14.88%	16.22%	25.37%	17.74%	19.57%	17.58%	17.50%
q2.4 （博物馆）	8.37%	8.11%	14.93%	4.84%	2.17%	5.49%	7.46%
q2.4 （乡村文化人才）	10.70%	14.86%	7.46%	4.84%	2.17%	9.89%	8.91%
q2.4 （农民技能 培训学校）	19.07%	27.03%	25.37%	17.74%	15.22%	23.08%	20.75%
q2.4 （村广播室）	12.09%	10.81%	10.45%	8.87%	15.22%	10.99%	11.18%
q2.4 （文物展览）	6.05%	6.76%	22.39%	4.03%	0.00%	7.69%	7.29%
q2.4 （乡村歌舞演出）	30.70%	21.62%	13.43%	19.35%	34.78%	29.67%	25.61%
q2.4 （公园绿地）	19.07%	27.03%	34.33%	16.94%	0.00%	26.37%	20.91%
q2.4 ［民俗文化活动 （剪纸、庙会等）］	8.37%	9.46%	28.36%	8.87%	10.87%	7.69%	10.86%
q2.4［公共讲座 （教育、医疗、 养生、法律、 亲子）］	25.12%	22.97%	28.36%	18.55%	26.09%	27.47%	24.31%
q2.4 （其他）	1.86%	2.70%	2.99%	8.06%	4.35%	6.59%	4.21%
卡方检验：χ^2=130.749　p=0.000							

从上表可知，利用交叉分析法研究教育与多选题的交叉关系，受教育对于共 15 项表示的多选题呈现出 0.01 水平显著性（chi=130.749，p=0.000 <0.01）。根据受访者受教育程度所做交叉分析结果可以看出，村综合文化活动室、送戏下乡、文化广场和健身器材、乡村歌舞演出四项可以聚为一类，受教育程度较低的受访者更偏好于这一类型的文化项目。影剧院、农民技能培训学校、公园绿地、民俗文化活动四项可以聚为一类，大专、本科以上受教育程度较高的受访者偏好提升知识技能为目的的文化项目。

③ 年龄

表 5-5 基于受访者年龄的交叉汇总表（Q2.4）

项	年龄			汇总 （*n*=617）
	中年 （41—59 岁） （*n*=212）	老年 （60 岁及以上） （*n*=275）	青年 （40 岁及以下） （*n*=130）	
q2.4 （村综合文化 活动室）	32.55%	28.73%	20.00%	28.20%
q2.4 （送戏下乡）	49.53%	57.09%	36.15%	50.08%
q2.4 （送电影下乡）	29.72%	36.36%	26.15%	31.93%
q2.4 （农家书屋）	12.26%	13.82%	10.00%	12.48%
q2.4 （文化广场和 健身器材）	30.19%	34.18%	26.15%	31.12%
q2.4 （影剧院）	19.34%	11.64%	26.92%	17.50%
q2.4 （博物馆）	8.49%	4.00%	13.08%	7.46%
q2.4 （乡村文化人才）	8.96%	7.27%	12.31%	8.91%
q2.4 （农民技能 培训学校）	22.64%	17.82%	23.85%	20.75%
q2.4 （村广播室）	11.32%	11.27%	10.77%	11.18%
q2.4 （文物展览）	3.77%	4.00%	20.00%	7.29%
q2.4 （乡村歌舞演出）	28.77%	27.27%	16.92%	25.61%
q2.4 （公园绿地）	28.77%	10.55%	30.00%	20.91%
q2.4 [民俗文化活动 （剪纸、庙会等）]	9.91%	8.36%	17.69%	10.86%

（续表）

项	年龄			汇总 （n=617）
	中年 （41—59岁） （n=212）	老年 （60岁及以上） （n=275）	青年 （40岁及以下） （n=130）	
q2.4［公共讲座 （教育、医疗、 养生、法律、 亲子）］	25.94%	24.00%	22.31%	24.31%
q2.4 （其他）	4.25%	4.73%	3.08%	4.21%
卡方检验：χ^2=119.065　p=0.002				

从上表可以看出：年龄对于共 15 项表示的多选题呈现出 0.01 水平显著性（chi=119.065，p=0.000＜0.01）。根据受访者年龄差异所做交叉分析得知：老年群体更偏爱送戏下乡，排名前五位的文化项目：送戏下乡＞送电影下乡＞文化广场和健身器材＞村综合文化活动室＞乡村歌舞演出。中年群体则更偏好村综合文化活动室、农民技能培训学校、公共讲座类的文化项目，排名前五位的文化项目：送戏下乡＞村综合文化活动室＞文化广场和健身器材＞送电影下乡＞乡村歌舞演出＝公园绿地。青年群体群则更偏向影剧院、公园绿地、民俗文化活动类的文化项目，排名前五位的文化项目：送戏下乡＞公园绿地＞影剧院＞文化广场和健身器材＝送电影下乡。

④ 个人月收入

表 5-6　基于受访者个人月收入的交叉汇总表（Q2.4）

项	个人月收入（%）			汇总 （n=617）
	中收入 （3 001— 7 000元） （n=177）	低收入 （3 000元及 以下） （n=400）	高收入 （7 001元 以上） （n=40）	
q2.4 （村综合文化 活动室）	52（29.38）	109（27.25）	13（32.50）	174（28.20）

（续表）

项	个人月收入（%）			汇总（n=617）
	中收入（3 001—7 000元）（n=177）	低收入（3 000元及以下）（n=400）	高收入（7 001元以上）（n=40）	
q2.4（送戏下乡）	76（42.94）	215（53.75）	18（45.00）	309（50.08）
q2.4（送电影下乡）	54（30.51）	128（32.00）	15（37.50）	197（31.93）
q2.4（农家书屋）	24（13.56）	48（12.00）	5（12.50）	77（12.48）
q2.4（文化广场和健身器材）	61（34.46）	118（29.50）	13（32.50）	192（31.12）
q2.4（影剧院）	32（18.08）	65（16.25）	11（27.50）	108（17.50）
q2.4（博物馆）	15（8.47）	27（6.75）	4（10.00）	46（7.46）
q2.4（乡村文化人才）	21（11.86）	30（7.50）	4（10.00）	55（8.91）
q2.4（农民技能培训学校）	53（29.94）	63（15.75）	12（30.00）	128（20.75）
q2.4（村广播室）	19（10.73）	46（11.50）	4（10.00）	69（11.18）
q2.4（文物展览）	19（10.73）	21（5.25）	5（12.50）	45（7.29）
q2.4（乡村歌舞演出）	40（22.60）	110（27.50）	8（20.00）	158（25.61）
q2.4（公园绿地）	51（28.81）	66（16.50）	12（30.00）	129（20.91）
q2.4［民俗文化活动（剪纸、庙会等）］	26（14.69）	35（8.75）	6（15.00）	67（10.86）
q2.4［公共讲座（教育、医疗、养生、法律、亲子）］	42（23.73）	92（23.00）	16（40.00）	150（24.31）

（续表）

项	个人月收入（%）			汇总 （n=617）
	中收入 （3 001— 7 000元） （n=177）	低收入 （3 000元及 以下） （n=400）	高收入 （7 001元 以上） （n=40）	
q2.4 （其他）	3（1.69）	21（5.25）	2（5.00）	26（4.21）
卡方检验：χ^2=45.936 p=0.032				

从上表可以看出，个人月收入对于共15项表示的多选题呈现出0.05水平显著性（chi=45.936，p=0.032＜0.05）。高收入群体更偏爱公园绿地、公共讲座等项目，排名前五位的项目：送戏下乡＞公共讲座＞送电影下乡＞文化广场和健身器材＝村综合文化活动室；中收入群体更偏爱影剧院、农民技能培训学校等项目，排名前五位的文化项目：送戏下乡＞文化广场和健身器材＞送电影下乡＞农民技能培训学校＞村综合文化活动室；低收入群体更偏向于送戏下乡和乡村歌舞演出类的文化项目，排名前五位的文化项目：送戏下乡＞送电影下乡＞文化广场和健身器材＞乡村歌舞演出＞村综合文化活动室。

（3）小结

根据以上两种方法的统计结果，按照优先序法和基于性别、受教育程度、年龄、个人月收入等视角展开的交叉分析，总结如下：①需求度较高的文化项目有送戏下乡、送电影下乡、文化广场和健身器材、村综合文化活动室、乡村歌舞演出。需求度较低的文化项目有农家书屋、村广播室、文物展览、博物馆等项目。②受性别、受教育程度、年龄、个人月收入等因素影响，农民对文化的需求有所差异：性别：女性更偏爱送戏下乡、乡村歌舞演出等文化项目；男性更偏好文化广场和健身器材、村综合文化活动室、农民技能培训学校等。受教育程度：受教育程度较低的村民更偏好村综合文化活动室、送戏下乡、文化广场和健身器材、乡村歌舞演出类型的文化项目。受教育水平较高的村民更偏向于影剧院、农民技能培训学校、公园绿地、民俗文化活动等类型的文化项目。年龄：老年群体偏爱送戏下乡；青年群体偏好影剧院、公园绿地、民俗文化活动类的文化项目；中年群体偏好村综合文化活动室、农民技能培训学校、公共讲座类的文化项目。收入：高收入群体偏好公园绿地、公共讲座；中收入群体更偏好影剧院、农民技能培训学校；低收入群体偏好送戏下乡和乡村歌舞演出类的文化项目。由此可见，用两种方法实证分析的结果具有较高的相似性，即村广播室、农家书屋、文物展览、博物馆等项目对农村居民的吸引力较低。

2. 题目2.13，您希望村里开展什么样的文化娱乐活动？（多选，选3—5项）

（1）优先序分析

表5-7　响应率和普及率汇总表（Q2.13）

项	响应		普及率
	n	响应率	（n=617）
q2.13（农民自编自演的文艺晚会）	301	16.82%	48.78%
q2.13（亲身参与的文体活动）	171	9.55%	27.71%
q2.13（村委组织的集体旅游）	255	14.25%	41.33%
q2.13（政府组织的送电影下乡和送戏下乡）	304	16.98%	49.27%
q2.13（各地组织的文艺汇演）	132	7.37%	21.39%
q2.13（政府组织的送图书科普知识下乡）	103	5.75%	16.69%
q2.13[政府组织的民俗趣味活动（如书画比赛、棋类比赛、写春联、包粽子、猜灯谜等）]	181	10.11%	29.34%
q2.13[文化指导员下乡服务活动（如指导村民唱戏、书画、跳舞、合唱等艺术形式）]	157	8.77%	25.45%
q2.13[公共讲座（教育、医疗、养生、法律、亲子）]	172	9.61%	27.88%

（续表）

项	响应		普及率
	n	响应率	（n=617）
q2.13（其他）	14	0.78%	2.27%
汇总	1790	100%	290.11%

卡方检验：χ^2=402.771　p=0.000

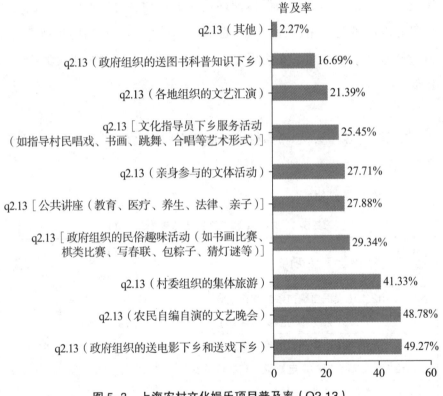

图5-3　上海农村文化娱乐项目普及率（Q2.13）

从上表可知，拟合优度检验呈现出显著性（chi=402.771，p=0.000
<0.05），意味着各项的选择比例具有明显差异性。具体来看，政府组
织的送电影下乡和送戏下乡＞农民自编自演的文艺晚会＞村委组织的集
体旅游，共3项的响应率和普及率明显较高，而其他项目选择比例较为
均匀。

（2）交叉分析

① 性别

表 5-8　基于受访者性别的交叉汇总表（Q2.13）

项	性别（%）		汇总（n=617）
	女性（n=339）	男性（n=278）	
q2.13 （农民自编自演的文艺晚会）	168（49.56）	133（47.84）	301（48.78）
q2.13 （亲身参与的文体活动）	103（30.38）	68（24.46）	171（27.71）
q2.13 （村委组织的集体旅游）	141（41.59）	114（41.01）	255（41.33）
q2.13 （政府组织的送电影下乡和 送戏下乡）	165（48.67）	139（50.00）	304（49.27）
q2.13 （各地组织的文艺汇演）	80（23.60）	52（18.71）	132（21.39）
q2.13 （政府组织的送图书 科普知识下乡）	52（15.34）	51（18.35）	103（16.69）
q2.13 ［政府组织的民俗趣味活动 （如书画比赛、棋类比赛、 写春联、包粽子、 猜灯谜等）］	102（30.09）	79（28.42）	181（29.34）
q2.13 ［文化指导员下乡服务活动 （如指导村民唱戏、书画、 跳舞、合唱等艺术形式）］	98（28.91）	59（21.22）	157（25.45）
q2.13 ［公共讲座（教育、医疗、 养生、法律、亲子）］	89（26.25）	83（29.86）	172（27.88）
q2.13 （其他）	7（2.06）	7（2.52）	14（2.27）
卡方检验：χ^2=8.169　p=0.517			

从上表可以看出，性别对于共 9 项表示的多选题并不会呈现出差异性（chi=8.169，p=0.517＞0.05）。

②受教育程度

表 5-9　基于受访者受教育程度的交叉汇总表（Q2.13）

项	受教育程度						汇总 （n=617）
	初中 （n=215）	大专 （n=74）	大学本科及 以上 （n=67）	小学 （n=124）	未受过 正规教育 及其他 （n=46）	高中/中专/ 高职 （n=91）	
q2.13（农民自编 自演的文艺晚会）	53.95%	51.35%	47.76%	43.55%	32.61%	50.55%	48.78%
q2.13（亲身参与的 文体活动）	21.40%	29.73%	43.28%	25.81%	36.96%	27.47%	27.71%
q2.13（村委组织的 集体旅游）	41.40%	55.41%	41.79%	35.48%	30.43%	42.86%	41.33%
q2.13（政府组织的 送电影下乡和 送戏下乡）	48.84%	41.89%	35.82%	57.26%	54.35%	52.75%	49.27%
q2.13（各地组织的 文艺汇演）	17.21%	25.68%	22.39%	20.16%	43.48%	17.58%	21.39%
q2.13（政府组织的 送图书科普知识 下乡）	18.14%	13.51%	28.36%	8.87%	8.70%	21.98%	16.69%
q2.13［政府组织的 民俗趣味活动（如 书画比赛、棋类比 赛、写春联、包粽 子、猜灯谜等）］	27.44%	40.54%	52.24%	16.94%	19.57%	29.67%	29.34%
q2.13［文化指导 员下乡服务活动 （如指导村民唱 戏、书画、跳舞、 合唱等艺术形式）］	24.19%	31.08%	25.37%	20.97%	23.91%	30.77%	25.45%
q2.13［公共讲座 （教育、医疗、养 生、法律、亲子）］	27.44%	36.49%	31.34%	23.39%	23.91%	27.47%	27.88%
q2.13（其他）	0.47%	2.70%	0.00%	2.42%	8.70%	4.40%	2.27%
卡方检验：χ^2=83.548　p=0.000							

从上表可知，利用交叉分析法研究教育与多选题的交叉关系，教育对于共 9 项表示的多选题呈现出 0.01 水平显著性（chi=83.548，p=0.000 <0.01）。具体如下：农民自编自演的文艺晚会、政府组织的送电影下乡和送戏下乡、各地组织的文艺汇演三项可以聚为一类，受教育程度较低的受访者更偏好这类型的文化活动；村委组织的集体旅游、政府组织的送图书科普知识下乡、政府组织的民俗趣味活动、公共讲座、文化指导员下乡服务五项可以聚为一类，高中、高职、中专、本科及以上受教育

程度较高的受访者偏好这类型的文化活动；亲身参与的文体活动可以单独为一类，选择该项的受访者的受教育水平呈现两极分化，即受教育程度较高的受访者和受教育程度较低的受访者倾向于这类型的文化活动。

③ 年龄

表5-10　基于受访者年龄的交叉汇总表（Q2.13）

项	年龄（%）			汇总 （n=617）
	中年 （41—59岁） （n=212）	老年 （60岁及 以上） （n=275）	青年 （40岁及 以下） （n=130）	
q2.13 （农民自编自演的文艺晚会）	120 （56.60）	127 （46.18）	54 （41.54）	301 （48.78）
q2.13 （亲身参与的文体活动）	66 （31.13）	64 （23.27）	41 （31.54）	171 （27.71）
q2.13 （村委组织的集体旅游）	94 （44.34）	111 （40.36）	50 （38.46）	255 （41.33）
q2.13 （政府组织的送电影下乡和 送戏下乡）	108 （50.94）	152 （55.27）	44 （33.85）	304 （49.27）
q2.13 （各地组织的文艺汇演）	40 （18.87）	60 （21.82）	32 （24.62）	132 （21.39）
q2.13 （政府组织的送图书科普 知识下乡）	41 （19.34）	36 （13.09）	26 （20.00）	103 （16.69）
q2.13 ［政府组织的民俗趣味活动 （如书画比赛、棋类比赛、 写春联、包粽子、猜灯谜等）］	60 （28.30）	58 （21.09）	63 （48.46）	181 （29.34）
q2.13［文化指导员下乡服务 活动（如指导村民唱戏、书 画、跳舞、合唱等艺术形式）］	50 （23.58）	71 （25.82）	36 （27.69）	157 （25.45）
q2.13［公共讲座（教育、 医疗、养生、法律、亲子）］	56 （26.42）	74 （26.91）	42 （32.31）	172 （27.88）
q2.13（其他）	2 （0.94）	8 （2.91）	4 （3.08）	14 （2.27）

卡方检验：χ^2=45.467　　p=0.000

年龄对于共 9 项表示的多选题呈现出 0.01 水平显著性（*chi*=45.467，*p*=0.000＜0.01）。不同年龄群体对于文化项目的偏好有着较大的差异性。农民自编自演的文艺晚会，中年群体选择的比例为 56.60%，明显高于平均水平 48.78%，排名前五位的选项有：农民自编自演的文艺晚会＞政府组织的送电影下乡和送戏下乡＞村委组织的集体旅游＞亲身参与的文体活动＞政府组织的民俗趣味活动。政府组织的送电影下乡和送戏下乡，老年群体选择的比例为 55.27%，明显高于平均水平 49.27%，排名前五位的选项有：政府组织的送电影下乡和送戏下乡＞农民自编自演的文艺晚会＞村委组织的集体旅游＞公共讲座＞文化指导员下乡服务活动。政府组织的民俗趣味活动，青年群体选择的比例为 48.46%，明显高于平均水平 29.34%，排名前五位的选项有：政府组织的民俗趣味活动＞农民自编自演的文艺晚会＞村委组织的集体旅游＞政府组织的送电影下乡和送戏下乡＞公共讲座。

④ 个人月收入

表 5-11　基于受访者个人月收入的交叉汇总表（Q2.13）

项	个人月收入（%）			汇总（*n*=617）
	中收入（3 001—7 000 元）（*n*=177）	低收入（3 000 元及以下）（*n*=400）	高收入（7 001 元以上）（*n*=40）	
q2.13（农民自编自演的文艺晚会）	83（46.89）	196（49.00）	22（55.00）	301（48.78）
q2.13（亲身参与的文体活动）	44（24.86）	111（27.75）	16（40.00）	171（27.71）
q2.13（村委组织的集体旅游）	75（42.37）	160（40.00）	20（50.00）	255（41.33）
q2.13（政府组织的送电影下乡和送戏下乡）	85（48.02）	203（50.75）	16（40.00）	304（49.27）
q2.13（各地组织的文艺汇演）	37（20.90）	89（22.25）	6（15.00）	132（21.39）

（续表）

项	个人月收入（%）			汇总 （n=617）
	中收入 （3 001— 7 000元） （n=177）	低收入 （3 000元及 以下） （n=400）	高收入 （7 001元 以上） （n=40）	
q2.13 （政府组织的送图书科普 知识下乡）	38 （21.47）	55 （13.75）	10 （25.00）	103 （16.69）
q2.13［政府组织的民俗趣 味活动（如书画比赛、棋类 比赛、写春联、包粽子、猜 灯谜等）］	79 （44.63）	88 （22.00）	14 （35.00）	181 （29.34）
q2.13 ［文化指导员下乡服务活动 （如指导村民唱戏、 书画、跳舞、合唱等 艺术形式）］	49 （27.68）	100 （25.00）	8 （20.00）	157 （25.45）
q2.13 ［公共讲座（教育、医疗、 养生、法律、亲子）］	53 （29.94）	104 （26.00）	15 （37.50）	172 （27.88）
q2.13（其他）	3 （1.69）	11 （2.75）	0 （0.00）	14 （2.27）
卡方检验：χ^2=432.465　　p=0.019				

个人月收入对于共9项表示的多选题呈现出0.05水平显著性（chi=32.465，p=0.019<0.05）。个人月收入不同，对于文化项目的选择有明显的差异性。高收入群体偏好农民自编自演的文艺晚会>村委组织的集体旅游>亲身参与的文体活动=政府组织的送电影下乡和送戏下乡>政府组织的民俗趣味活动>政府组织的送图书科普知识下乡。中收入群体和低收入群体都偏好政府组织的送电影下乡和送戏下乡。高收入群体偏好互动性强的文化项目，而低收入群体偏好被动参与的文化项目。

（3）小结

根据以上两种方法的统计结果，按照优先序法和基于性别、年龄、个人月收入、受教育程度等视角展开的交叉分析，总结如下：①需求度较高的文化项目有：农民自编自演的文艺晚会、村委组织的集体旅游、政府组织的送电影下乡和送戏下乡，共3项的响应率和普及率明显较高。需求度较低的有政府组织的送图书科普知识下乡。②受年龄、收入、受教育程度、性别等因素影响，受访者对文化的需求有所差异。性别对于共9项表示的多选题并不会呈现出差异性。受教育程度：受教育程度较低的村民更偏好农民自编自演的文艺晚会、政府组织的送电影下乡和送戏下乡、各地组织的文艺汇演等类型的文化活动；受教育程度较高的村民更偏好村委组织的集体旅游、政府组织的送图书科普知识下乡、政府组织的民俗趣味活动、公共讲座等类型的文化活动。亲身参与的文体活动可以单独为一类，选择该项的村民的受教育水平呈现两极分化，即受教育程度较高的受访者和受教育程度较低的受访者偏好这类型的活动。年龄：中年群体偏好农民自编自演的文艺晚会；老年群体偏好政府组织的送电影下乡和送戏下乡；青年群体偏好政府组织的民俗趣味活动。不同年龄群体对于文化项目的偏好有着很大的差异性。收入：高收入群体偏好公共讲座、政府组织的民俗趣味活动等知识性较强的文化项目，低收入群体偏好政府组织的送电影下乡和送戏下乡等娱乐性较强的文化项目。

3. 题目2.16 您认为村里开展文化活动最重要的条件是什么？（多选，选3—5项）

（1）优先序分析

表5-12　响应率和普及率汇总表（Q2.16）

项	响应		普及率（n=617）
	n	响应率	
q2.16（资金保障）	405	25.34%	65.64%
q2.16（村民参与）	438	27.41%	70.99%
q2.16（领导重视）	374	23.40%	60.62%

（续表）

项	响应		普及率（n=617）
	n	响应率	
q2.16（文化人才）	161	10.08%	26.09%
q2.16（文化设施）	202	12.64%	32.74%
q2.16（其他）	18	1.13%	2.92%
汇总	1598	100%	259.00%
卡方检验：χ^2=515.119 p=0.000			

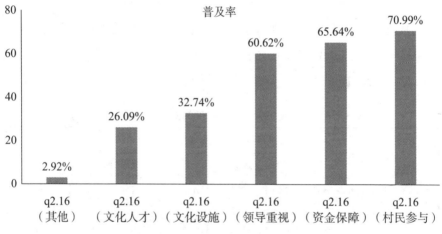

图5-4 上海开展文化活动最重要的条件（Q2.16）

从上表可知，拟合优度检验呈现出显著性（chi=515.119，p=0.000
<0.05），意味着各项的选择比例具有明显差异性。具体来看，村民参
与>资金保障>领导重视共3项的响应率和普及率明显较高。

（2）交叉分析

① 性别

表5-13 基于受访者性别的交叉汇总表（Q2.16）

项	性别（%）		汇总（n=617）
	女性（n=339）	男性（n=278）	
q2.16（资金保障）	224（66.08）	181（65.11）	405（65.64）

（续表）

项	性别（%）		汇总（n=617）
	女性（n=339）	男性（n=278）	
q2.16（村民参与）	250（73.75）	188（67.63）	438（70.99）
q2.16（领导重视）	201（59.29）	173（62.23）	374（60.62）
q2.16（文化人才）	97（28.61）	64（23.02）	161（26.09）
q2.16（文化设施）	105（30.97）	97（34.89）	202（32.74）
q2.16（其他）	12（3.54）	6（2.16）	18（2.92）
卡方检验：χ^2=4.298　p=0.507			

从上表可以看出，性别对于共 5 项表示的多选题并不会呈现出差异性（chi=4.298，p=0.507＞0.05）。

② 受教育程度

表 5-14　基于受访者受教育程度的交叉汇总表（Q2.16）

项	受教育程度						汇总（n=617）
	初中（n=215）	大专（n=74）	大学本科及以上（n=67）	小学（n=124）	未受过正规教育及其他（n=46）	高中/中专/高职（n=91）	
q2.16（资金保障）	66.51%	78.38%	80.60%	51.61%	58.70%	64.84%	65.64%
q2.16（村民参与）	70.23%	71.62%	77.61%	72.58%	69.57%	65.93%	70.99%
q2.16（领导重视）	67.91%	58.11%	53.73%	54.03%	54.35%	62.64%	60.62%
q2.16（文化人才）	25.12%	29.73%	38.81%	20.97%	15.22%	28.57%	26.09%
q2.16（文化设施）	24.19%	48.65%	38.81%	33.87%	30.43%	35.16%	32.74%
q2.16（其他）	3.72%	0.00%	0.00%	6.45%	4.35%	0.00%	2.92%
卡方检验：χ^2=37.160　p=0.000							

由上表得知，利用交叉分析法研究教育与多选题的交叉关系，教育对于资金保障、村民参与、文化人才、文化设施等 5 项多选题，并不会呈现出明显的差异性（chi=37.160，p=0.056＞0.05）。

③ 年龄

表 5-15 基于受访者年龄的交叉汇总表（Q2.16）

项	年龄（%）			汇总（n=617）
	中年（41—59 岁）（n=212）	老年（60 岁及以上）（n=275）	青年（40 岁及以下）（n=130）	
q2.16（资金保障）	146（68.87）	165（60.00）	94（72.31）	405（65.64）
q2.16（村民参与）	163（76.89）	177（64.36）	98（75.38）	438（70.99）
q2.16（领导重视）	133（62.74）	180（65.45）	61（46.92）	374（60.62）
q2.16（文化人才）	58（27.36）	61（22.18）	42（32.31）	161（26.09）
q2.16（文化设施）	61（28.77）	85（30.91）	56（43.08）	202（32.74）
q2.16（其他）	7（3.30）	10（3.64）	1（0.77）	18（2.92）
卡方检验：χ^2=19.367　p=0.036				

从上表可知，利用交叉分析法研究年龄与多选题的交叉关系，年龄对于共 5 项表示的多选题呈现出 0.05 水平显著性（chi=19.367，p=0.036＜0.05）。青年群体和中年群体都认为村民参与是开展活动最重要的因素；老年群体则认为领导重视才是一项活动得以顺利完成的根本保障。

④ 个人月收入

表 5-16 基于受访者个人月收入的交叉汇总表（Q2.16）

项	个人月收入（%）			汇总（n=617）
	中收入（3 001—7 000 元）（n=177）	低收入（3 000 元及以下）（n=400）	高收入（7 001 元以上）（n=40）	
q2.16（资金保障）	131（74.01）	243（60.75）	31（77.50）	405（65.64）
q2.16（村民参与）	130（73.45）	278（69.50）	30（75.00）	438（70.99）
q2.16（领导重视）	95（53.67）	253（63.25）	26（65.00）	374（60.62）

（续表）

项	个人月收入（%）			汇总 （n=617）
	中收入 （3 001— 7 000 元） （n=177）	低收入 （3 000 元及 以下） （n=400）	高收入 （7 001 元 以上） （n=40）	
q2.16（文化人才）	58（32.77）	86（21.50）	17（42.50）	161（26.09）
q2.16（文化设施）	67（37.85）	120（30.00）	15（37.50）	202（32.74）
q2.16（其他）	1（0.56）	17（4.25）	0（0.00）	18（2.92）
卡方检验：χ^2=20.769　　p=0.023				

从上表可知，利用交叉分析法研究个人月收入与多选题的交叉关系，个人月收入对于共 5 项表示的多选题呈现出 0.05 水平显著性（chi=20.769，p=0.023<0.05）。高收入群体和中收入群体都认为资金保障是开展活动最重要的因素；低收入群体则认为村民参与才是一项活动得以顺利完成的保障。

（3）小结

根据以上两种方法的分析结果，按照优先序法和基于性别、年龄、个人月收入、受教育程度等视角展开交叉分析，总结如下：① 排名前 3 位的影响因素是：资金保障、村民参与、领导重视。② 年龄、收入对于共 5 项表示的多选题呈现出明显的差异性。年龄：青年群体和中年群体都认为村民参与是最重要的因素；老年群体则认为领导重视才是一项活动得以完成的保障。收入：高收入群体和中收入群体都认为资金保障是开展活动最重要的因素；低收入群体则认为村民参与才是一项活动得以完成的保障。由此得知，资金保障、文化人才、文化设施、村民参与以及领导重视，是上海农村公共文化服务建设重要的因素。只有基层领导对文化发展足够重视，开展公共文化活动所需的经费才能得到保障，文化活动有趣才能够吸引更多的村民参与。

4. 题目2.17，您认为国家、政府在农村文化建设中应该加大对哪方面的建设？

（1）优先序分析

表5-17 响应率和普及率汇总表（Q2.17）

项	响应		普及率（n=617）
	n	响应率	
q2.17（加大对农村文化设施的投入与建设力度）	441	23.63%	71.47%
q2.17（指导开展各类文体活动）	299	16.02%	48.46%
q2.17（加强文化骨干队伍的建设）	252	13.50%	40.84%
q2.17（建设和发展农村特色文化）	283	15.17%	45.87%
q2.17（增加政府的经费投入）	315	16.88%	51.05%
q2.17（加强宣传力度，鼓励农民积极参加）	267	14.31%	43.27%
q2.17（其他）	9	0.48%	1.46%
汇总	1866	100%	302.43%

卡方检验：χ^2=377.564　p=0.000

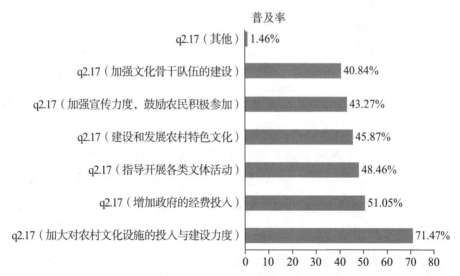

图5-5 政府在农村文化建设中应该加大对哪方面的建设普及率（Q2.17）

从上表可知，拟合优度检验呈现出显著性（chi=377.564，p=0.000

＜0.05），意味着各项的选择比例具有明显差异性。具体来看，加大对农村文化设施的投入与建设力度＞增加政府的经费投入＞指导开展各类文体活动，共3项的响应率和普及率明显较高。

（2）交叉分析

① 性别

表5-18　基于受访者性别的交叉汇总表（Q2.17）

项	性别（%）		汇总（n=617）
	女性（n=339）	男性（n=278）	
q2.17（加大对农村文化设施的投入与建设力度）	224（66.08）	217（78.06）	441（71.47）
q2.17（指导开展各类文体活动）	186（54.87）	113（40.65）	299（48.46）
q2.17（加强文化骨干队伍的建设）	131（38.64）	121（43.53）	252（40.84）
q2.17（建设和发展农村特色文化）	143（42.18）	140（50.36）	283（45.87）
q2.17（增加政府的经费投入）	175（51.62）	140（50.36）	315（51.05）
q2.17（加强宣传力度，鼓励农民积极参加）	154（45.43）	113（40.65）	267（43.27）
q2.17（其他）	4（1.18）	5（1.80）	9（1.46）
卡方检验：χ^2=13.644　p=0.034			

上表可知，利用交叉分析法研究性别与多选题的交叉关系，从上表可以看出：性别对于共6项表示的多选题呈现出0.05水平显著性（chi=13.644，p=0.034＜0.05）。加大对农村文化设施的投入与建设力度，女性选择的比例66.08%，明显低于男性的选择比例78.06%。指导开展各类文体活动，女性选择的比例54.87%，明显高于男性的选择比例40.65%。建设和发展农村特色文化，女性选择的比例42.18%，明显低于男性的选择比例50.36%。由此可见，男性更偏向于硬件设施的投入与建设，而女性则更偏向于文体活动的开展。

② 受教育程度

表 5-19 基于受访者受教育程度的交叉汇总表（Q2.17）

项	受教育程度（%）						汇总（n=617）
	初中（n=215）	大专（n=74）	大学本科及以上（n=67）	小学（n=124）	未受过正规教育及其他（n=46）	高中/中专/高职（n=91）	
q2.17（加大对农村文化设施的投入与建设力度）	142（66.05）	59（79.73）	60（89.55）	77（62.10）	31（67.39）	72（79.12）	441（71.47）
q2.17（指导开展各类文体活动）	107（49.77）	37（50.00）	37（55.22）	58（46.77）	17（36.96）	43（47.25）	299（48.46）
q2.17（加强文化骨干队伍的建设）	90（41.86）	38（51.35）	30（44.78）	38（30.65）	17（36.96）	39（42.86）	252（40.84）
q2.17（建设和发展农村特色文化）	97（45.12）	40（54.05）	38（56.72）	43（34.68）	21（45.65）	44（48.35）	283（45.87）
q2.17（增加政府的经费投入）	104（48.37）	41（55.41）	47（70.15）	47（37.90）	28（60.87）	48（52.75）	315（51.05）
q2.17（加强宣传力度，鼓励农民积极参加）	88（40.93）	26（35.14）	28（41.79）	66（53.23）	17（36.96）	42（46.15）	267（43.27）
q2.17（其他）	1（0.47）	0（0.00）	1（1.49）	4（3.23）	2（4.35）	1（1.10）	9（1.46）
卡方检验：χ^2=30.586 p=0.436							

从上表可以看出：教育对于共 6 项表示的多选题并不会呈现出差异性（chi=30.586，p=0.436＞0.05）。

③ 年龄

表 5-20 基于受访者年龄的交叉汇总表（Q2.17）

项	年龄（%）			汇总（n=617）
	中年（41—59岁）（n=212）	老年（60岁及以上）（n=275）	青年（40岁及以下）（n=130）	
q2.17（加大对农村文化设施的投入与建设力度）	145（68.40）	194（70.55）	102（78.46）	441（71.47）
q2.17（指导开展各类文体活动）	117（55.19）	115（41.82）	67（51.54）	299（48.46）
q2.17（加强文化骨干队伍的建设）	96（45.28）	108（39.27）	48（36.92）	252（40.84）

（续表）

项	年龄（%）			汇总（n=617）
	中年（41—59岁）（n=212）	老年（60岁及以上）（n=275）	青年（40岁及以下）（n=130）	
q2.17（建设和发展农村特色文化）	103（48.58）	109（39.64）	71（54.62）	283（45.87）
q2.17（增加政府的经费投入）	111（52.36）	131（47.64）	73（56.15）	315（51.05）
q2.17（加强宣传力度，鼓励农民积极参加）	88（41.51）	120（43.64）	59（45.38）	267（43.27）
q2.17（其他）	2（0.94）	6（2.18）	1（0.77）	9（1.46）
卡方检验：χ^2=10.333　p=0.587				

从上表可以看出：年龄对于共 6 项表示的多选题并不会呈现出差异性（chi=10.333，p=0.587＞0.05）。

④ 个人月收入

表 5-21　基于受访者个人月收入的交叉汇总表（Q2.17）

项	个人月收入（%）			汇总（n=617）
	中收入（3 001—7 000元）（n=177）	低收入（3 000元及以下）（n=400）	高收入（7 001元以上）（n=40）	
q2.17（加大对农村文化设施的投入与建设力度）	137（77.40）	271（67.75）	33（82.50）	441（71.47）
q2.17（指导开展各类文体活动）	86（48.59）	192（48.00）	21（52.50）	299（48.46）
q2.17（加强文化骨干队伍的建设）	82（46.33）	152（38.00）	18（45.00）	252（40.84）
q2.17（建设和发展农村特色文化）	94（53.11）	165（41.25）	24（60.00）	283（45.87）
q2.17（增加政府的经费投入）	104（58.76）	185（46.25）	26（65.00）	315（51.05）

（续表）

项	个人月收入（%）			汇总（n=617）
	中收入（3 001—7 000元）（n=177）	低收入（3 000元及以下）（n=400）	高收入（7 001元以上）（n=40）	
q2.17（加强宣传力度，鼓励农民积极参加）	70（39.55）	180（45.00）	17（42.50）	267（43.27）
q2.17（其他）	1（0.56）	7（1.75）	1（2.50）	9（1.46）
卡方检验：χ^2=20.769　p=0.023				

从上表可以看出：个人月收入对于共6项表示的多选题并不会呈现出差异性（chi=9.162，p=0.689＞0.05）。

（3）小结

根据以上两种方法的分析结果，按照优先序法和基于性别、年龄、个人月收入、受教育程度等视角展开交叉分析，总结如下：①加大对农村文化设施的投入与建设力度、指导开展各类文体活动、增加政府的经费投入，共3项的响应率和普及率较高。②性别对于共6项表示的多选题会呈现出明显的差异性，即男性建议加大对农村文化设施的投入与建设力度、建设和发展农村特色文化；女性建议指导开展各类文体活动。由此得知，人、财、物的供给，以及对文化活动的宣传、鼓励村民的文化参与，是现阶段上海农村公共文化服务建设最重要的任务。

5. 题目2.19，本村实施公共文化服务项目时，您有什么建议？

（1）优先序分析

表5-22　响应率和普及率汇总表（Q2.19）

项	响应		普及率（n=617）
	n	响应率	
q2.19（多听取群众意见）	441	27.51%	71.47%

（续表）

项	响应		普及率 （n=617）
	n	响应率	
q2.19（多组织引导村民使用和参与）	360	22.46%	58.35%
q2.19（加强农村文化骨干的培养）	228	14.22%	36.95%
q2.19（对村民自发文化活动加大力度支持）	197	12.29%	31.93%
q2.19（鼓励有关社会组织为村民提供更多的文化服务）	155	9.67%	25.12%
q2.19（农村文化活动应更贴近村民）	204	12.73%	33.06%
q2.19（其他）	18	1.12%	2.92%
汇总	1603	100%	259.81%

卡方检验：χ^2=496.734　p=0.000

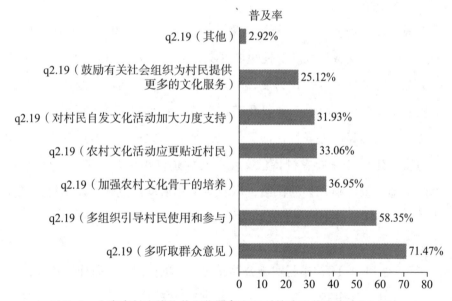

图5-6　上海农村实施公共文化服务项目时的建议普及率（Q2.19）

从上表可知，拟合优度检验呈现出显著性（chi=496.734，p=0.000 <0.05），意味着各项的选择比例具有明显差异性。具体来看，多听取群众意见＞多组织引导村民使用和参与，共2项的响应率和普及率明显较高。

（2）交叉分析

① 性别

表 5-23 基于受访者性别的交叉汇总表（Q2.19）

项	性别（%）		汇总（n=617）
	女性（n=339）	男性（n=278）	
q2.19（多听取群众意见）	242（71.39）	199（71.58）	441（71.47）
q2.19（多组织引导村民使用和参与）	198（58.41）	162（58.27）	360（58.35）
q2.19（加强农村文化骨干的培养）	112（33.04）	116（41.73）	228（36.95）
q2.19（对村民自发文化活动加大力度支持）	109（32.15）	88（31.65）	197（31.93）
q2.19（鼓励有关社会组织为村民提供更多的文化服务）	94（27.73）	61（21.94）	155（25.12）
q2.19（农村文化活动应更贴近村民）	115（33.92）	89（32.01）	204（33.06）
q2.19（其他）	13（3.83）	5（1.80）	18（2.92）
卡方检验：χ^2=7.500　p=0.277			

从上表可以看出，性别对于共 6 项表示的多选题并不会呈现出差异性（chi=7.500，p=0.277＞0.05）。

② 受教育程度

表 5-24 基于受访者受教育程度的交叉汇总表（Q2.19）

项	受教育程度						汇总（n=617）
	初中（n=215）	大专（n=74）	大学本科及以上（n=67）	小学（n=124）	未受过正规教育及其他（n=46）	高中/中专/高职（n=91）	
q2.19（多听取群众意见）	76.28%	72.97%	74.63%	69.35%	56.52%	67.03%	71.47%
q2.19（多组织引导村民使用和参与）	57.67%	66.22%	65.67%	52.42%	52.17%	59.34%	58.35%
q2.19（加强农村文化骨干的培养）	36.28%	52.70%	43.28%	24.19%	28.26%	42.86%	36.95%
q2.19（对村民自发文化活动加大力度支持）	27.44%	29.73%	40.30%	31.45%	39.13%	35.16%	31.93%

（续表）

项	教育						汇总 （n=617）
	初中 （n=215）	大专 （n=74）	大学本科及 以上 （n=67）	小学 （n=124）	未受过 正规教育 及其他 （n=46）	高中/中专/ 高职 （n=91）	
q2.19（鼓励有关社 会组织为村民提供 更多的文化服务）	18.14%	29.73%	46.27%	25.00%	19.57%	25.27%	25.12%
q2.19（农村文化 活动应更贴近 村民）	38.60%	25.68%	22.39%	33.87%	39.13%	29.67%	33.06%
q2.19（其他）	2.33%	2.70%	0.00%	4.03%	8.70%	2.20%	2.92%
卡方检验：χ^2=46.441　p=0.028							

从上表可以看出：教育对共 6 项表示的多选题呈现出 0.05 水平显著性（chi=46.441，p=0.028＜0.05）。具体来看，多组织引导村民使用和参与、加强农村文化骨干的培养、鼓励有关社会组织为村民提供更多的文化服务三项可以聚为一类，受教育程度较高的受访者对人才培养、社会组织和参与文化活动更支持；农村文化活动应更贴近村民项可以单独为一类，受教育程度低的受访者偏好这类型的文化活动；而对村民自发文化活动加大力度支持可以单独为一类，受访者的受教育程度呈现两极化，即受教育程度较高的受访者和受教育程度较低的受访者都偏好这一类型的活动。为此，政府配送公共文化服务时，应按照村民的喜好提供相应的文化产品，多征求村民的建议。

③ 年龄

表 5-25　基于受访者年龄的交叉汇总表（Q2.19）

项	年龄（%）			汇总 （n=617）
	中年 （41— 59 岁） （n=212）	老年 （60 岁及 以上） （n=275）	青年 （40 岁及 以下） （n=130）	
q2.19（多听取群众意见）	151 （71.23）	194 （70.55）	96 （73.85）	441 （71.47）
q2.19（多组织引导村民 使用和参与）	129 （60.85）	147 （53.45）	84 （64.62）	360 （58.35）

（续表）

项	年龄（%）			汇总（n=617）
	中年（41—59岁）（n=212）	老年（60岁及以上）（n=275）	青年（40岁及以下）（n=130）	
q2.19（加强农村文化骨干的培养）	90（42.45）	88（32.00）	50（38.46）	228（36.95）
q2.19（对村民自发文化活动加大力度支持）	69（32.55）	78（28.36）	50（38.46）	197（31.93）
q2.19（鼓励有关社会组织为村民提供更多的文化服务）	52（24.53）	53（19.27）	50（38.46）	155（25.12）
q2.19（农村文化活动应更贴近村民）	72（33.96）	96（34.91）	36（27.69）	204（33.06）
q2.19（其他）	7（3.30）	8（2.91）	3（2.31）	18（2.92）
卡方检验：χ^2=15.879　p=0.197				

从上表可以看出：年龄对于共6项表示的多选题并不会呈现出差异性（chi=15.879，p=0.197＞0.05）。

④ 个人月收入

表 5-26　基于受访者个人月收入的交叉汇总表（Q2.19）

项	个人月收入（%）			汇总（n=617）
	中收入（3 001—7 000元）（n=177）	低收入（3 000元及以下）（n=400）	高收入（7 001元以上）（n=40）	
q2.19（多听取群众意见）	124（70.06）	286（71.50）	31（77.50）	441（71.47）
q2.19（多组织引导村民使用和参与）	112（63.28）	221（55.25）	27（67.50）	360（58.35）
q2.19（加强农村文化骨干的培养）	84（47.46）	125（31.25）	19（47.50）	228（36.95）
q2.19（对村民自发文化活动加大力度支持）	59（33.33）	122（30.50）	16（40.00）	197（31.93）

（续表）

项	个人月收入（%）			汇总 （n=617）
	中收入 （3 001— 7 000元） （n=177）	低收入 （3 000元及 以下） （n=400）	高收入 （7 001元 以上） （n=40）	
q2.19（鼓励有关社会组织为村民提供更多的文化服务）	55（31.07）	86（21.50）	14（35.00）	155（25.12）
q2.19（农村文化活动应更贴近村民）	58（32.77）	134（33.50）	12（30.00）	204（33.06）
q2.19（其他）	3（1.69）	14（3.50）	1（2.50）	18（2.92）
卡方检验：χ^2=12.865　　p=0.379				

从上表可以看出，个人月收入对于共6项表示的多选题并不会呈现出差异性（chi=12.865，p=0.379＞0.05）。

（3）小结

根据以上两种方法的统计结果，按照优先序法和基于性别、年龄、个人月收入、受教育程度等视角展开的交叉分析，总结如下：① 多听取群众意见、多组织引导村民使用和参与，共2项的响应率和普及率明显较高。② 除受教育程度外，年龄、收入、性别对于共6项表示的多选题不会呈现出差异性。受教育程度较高的受访者认为：人才培养、社会组织和村民参与文化活动对于本村开展公共文化活动很重要。

第三节

需求优先序结果讨论与成因剖析

农村公共文化服务建设，旨在满足农民日益增长的物质文化需求，增强农村凝聚力，培养农民的认同感与归属感，塑造互助合作精神，即"文化育民"。通过城乡融合，促进文化社会的统一发展，达到"文化乐民"。同时，在政府主导下发展乡村文化产业链，促进文化发展与经济发展相融合，即"文化富民"。①然而，目前我国公共文化服务的发展评价仍停留在过去投入型增长阶段，更关注供给端的数量和结果，不能完全适应高质量发展阶段的要求，难以适应新时期对公共文化服务提出的"好不好、精不精"的要求。②从现状来看，上海农村公共文化服务发展水平并不与上海的经济社会发展水平同步。农村公共文化服务一元供给的方式，难以满足公众多元化、个性化的文化需求，从而产生公共文化服务供需非对称性的矛盾。从表5-27可以看出，公众对于公共文化服务已由"生存型"的基础诉求转向"发展型"的高质量诉求。为此，从农户视角分析上海农村公共文化服务的不足与存在的问题，为上海农村公共文化服务的高效发展优化政策。

一、公共文化产品高度格式化与群体性需求多元化之间的矛盾

随着乡村振兴战略的不断推进，城乡关系结构、人口结构等都发生了很大的变化。"市民农民化"与"农民市民化"已成为城乡融合发展和城乡互动的新型城乡结构表达。③"市民农民化"在一定程度上有助于乡村生活的复兴，但也给农村公共文化服务供给提出了新的挑战，即促使农村公共文化服务需求融于"城乡新公共文化空间"④，农村总体公共文化服务需

---

① 罗哲、唐迩丹：《农村公共文化服务的结构转型：从"城市文化下乡"到"乡村文化振兴"》，《四川师范大学学报（社会科学版）》2019年第5期，第129—135页。
② 彭雷霆、张璐：《公共文化服务高质量发展评价研究》，《宏观质量研究》2023年第2期，第90—101页。
③ 何晓龙：《家庭制度转型与农村公共文化服务供给机制创新》，《南京农业大学学报（社会科学版）》2023年第4期，第94—106页。
④ 何晓龙、韩美群：《农村公共文化供需空间壁垒及其治理转向》，《图书馆论坛》2022年第11期，第24—32页。

表5-27 不同性别、年龄、收入、学历的公共文化参与与内容偏好情况①

题号	项目	性别(%)		年龄(%)			收入(%)			受教育程度(%)						汇总(%)
		女性 n=339	男性 n=278	中年 n=212	老年 n=275	青年 n=130	中收入 n=177	低收入 n=400	高收入 n=40	初中 n=215	大专 n=74	本科及以上 n=67	小学 n=124	未受过正规教育及其他 n=46	高中、中专、高职 n=91	n=617
2.4	村综合文化活动室	25.66	31.29	32.55	28.73	20.00	29.38	27.25	32.50	33.49	31.08	19.04	23.39	26.09	27.47	28.20
	送戏下乡	49.85	50.36	49.53	57.09	36.15	42.94	53.75	45.00	53.02	41.89	41.79	50.81	60.87	49.45	50.08
	送电影下乡	27.73	37.05	29.72	36.36	26.15	30.51	32.00	37.50	31.16	33.78	23.88	36.29	32.61	31.87	31.93
	文化广场和健身器材	28.32	34.53	30.19	34.18	26.15	34.46	29.50	32.50	36.74	35.14	22.39	27.42	30.43	26.37	31.12
	影剧院	18.29	16.55	19.34	11.64	26.92	18.08	16.25	27.50	14.88	16.22	25.37	17.74	19.57	17.58	17.50
	农民技能培训学校	17.99	24.10	22.64	17.82	23.85	29.94	15.75	30.00	19.07	27.03	25.37	17.74	15.22	23.08	20.75
	乡村歌舞演出	29.50	20.86	28.77	27.27	16.92	22.60	27.50	20.00	30.70	21.62	13.43	19.35	34.78	29.67	25.61
	公园绿地	22.12	19.92	28.77	10.55	30.00	28.81	16.50	30.00	19.07	27.03	34.33	16.94	0.00	26.37	20.91
	农民自编自演的文艺晚会	49.56	47.84	56.60	46.18	41.54	46.89	49.00	55.00	53.95	51.35	47.76	43.55	32.61	50.55	48.78
2.13	亲身参与的文体活动	30.38	24.46	31.13	23.27	31.54	24.86	27.75	40.00	21.40	29.73	43.28	25.81	36.96	27.47	27.71
	村委组织的集体旅游	41.59	41.01	44.34	40.36	38.46	42.37	40.00	50.00	41.40	55.41	41.79	35.48	30.43	42.86	41.33
	政府组织的送电影下乡和送戏下乡	48.67	50.00	50.94	55.27	33.85	48.02	50.75	40.00	48.84	41.89	35.82	57.26	54.35	52.75	49.27

① 表格依据本章第一部分2.4、2.13、2.16、2.17、2.19共五题的主要统计结果整理而成。

（续表）

题号	项目	性别（%）		年龄（%）			收入（%）			受教育程度（%）						汇总（%）
		女性 n=339	男性 n=278	中年 n=212	老年 n=275	青年 n=130	中收入 n=177	低收入 n=400	高收入 n=40	初中 n=215	大专 n=74	本科及以上 n=67	小学 n=124	未受过正规教育及其他 n=46	高中、中专、高职 n=91	n=617
	政府组织的民俗趣味活动	30.09	28.42	28.30	21.09	48.46	44.63	22.00	35.00	27.44	40.54	52.24	16.94	19.57	29.67	29.34
	文化指导员下乡服务活动	28.91	21.22	23.58	25.82	27.69	27.68	25.00	20.00	24.19	31.08	25.37	20.97	23.91	30.77	25.45
	公共讲座	26.25	29.86	26.42	26.91	32.31	29.94	26.00	37.50	36.49	36.49	31.34	23.39	23.91	27.47	27.88
2.16	资金保障	66.08	65.11	68.87	60.00	72.31	74.01	60.75	77.50	66.51	78.38	80.60	51.61	58.70	64.84	65.64
	村民参与	73.75	67.63	76.89	64.36	75.38	73.45	69.50	75.00	70.23	71.62	77.61	72.58	69.57	65.93	70.99
	领导重视	59.29	62.23	62.74	65.45	46.92	53.67	63.25	65.00	67.91	58.11	53.73	54.03	54.35	62.64	60.62
	加大对农村文化设施的投入与建设力度	66.08	78.06	68.40	70.55	78.46	77.40	67.75	82.50	66.05	79.73	89.55	62.10	67.39	79.12	71.47
	指导开展各类文体活动	54.87	40.65	55.19	41.82	51.54	48.59	48.00	52.50	49.77	50.00	55.22	46.77	36.96	42.86	48.46
2.17	建设和发展农村特色文化	42.18	50.36	48.58	39.64	54.62	53.11	41.25	60.00	45.12	54.05	56.72	34.68	45.65	48.35	45.87
	增加政府的经费投入	51.62	50.36	52.36	47.64	56.15	58.76	46.25	65.00	48.37	55.41	70.15	31.90	60.87	52.75	51.05
	多听取群众意见	71.39	71.58	71.23	70.55	73.85	70.06	71.50	77.50	76.28	72.97	74.63	69.35	56.52	67.03	71.47
	多组织引导村民使用、参与	58.41	58.27	60.85	53.45	64.62	63.28	55.25	67.50	57.67	66.22	65.67	52.42	52.17	59.34	58.35
	加强农村文化骨干的培养	33.04	41.73	42.45	32.00	38.46	47.46	31.25	47.50	36.28	52.70	43.28	24.19	28.26	42.86	36.95
2.19	鼓励有关社会组织为村民提供更多的文化服务	27.73	21.94	24.53	19.27	38.46	31.07	21.50	35.00	18.14	29.73	46.27	25.00	19.57	25.27	25.12
	农村文化活动应更贴近村民	33.92	32.01	33.96	34.91	27.69	32.77	33.50	30.00	38.60	25.68	22.39	33.87	39.13	29.67	33.06

求呈现多元化、复杂化、差序化的趋势。对公共文化产品偏好的考察，有利于公共文化服务制定者为农民"量体裁衣"，更好地做好供给端。首先，从问卷结果来看，受访者的参与内容偏好娱乐休闲，这与蔡武进的研究较为一致，建设型公共文化参与远远滞后于享有型公共文化参与。[①] 这一点可以从老年群体排名前五项的文化活动可以管窥一二，即送戏下乡＞送电影下乡＞文化广场和健身器材＞村综合文化活动室＞乡村歌舞五类文化项目比较受老年群体和受教育程度较低的群体欢迎。其次，公共文化参与偏好呈现群体性差异[②]，即具体到交叉分析则会因年龄、性别、受教育程度、个人月收入不同而呈现较为明显的差异。如：在公共文化参与场地的偏好上，中青年群体和高收入群体更倾向于选择公园绿地、影剧院；老年群体、中等偏低收入群体更倾向于在村综合文化活动室进行文化活动。在公共文化参与内容方面，中老年群体、中低收入群体更倾向于选择送戏下乡、乡村歌舞演出等休闲娱乐类的文化活动；青年群体、受教育程度较高的群体、较高收入群体更偏好选择公共讲座、民俗活动、科普知识下乡、农民技能培训等以提升知识技能为目的的活动。由此可见，新时期农村公共文化服务需求所呈现出来的多元化、复杂化、差序化趋势，由政府主导的公共文化供给思路势必不能适应民众对文化的需求。因而，农村公共文化服务既需要政府供给的公共文化服务，如送戏下乡、文化广场和健身器材、公园绿地、公共讲座等；还需要市场供给的文化空间，如影剧院、集体外出旅游等；还要给农民搭建表达自我的公共文化平台，实现农村公共文化服务制度从"国家本位"到"农民本位"转变。[③]

---

① 蔡武进：《我国城镇公共文化参与的状况、特征及政策建议——基于我国 17 个省市 51 个社区居民调查之分析》，《文化软实力研究》2017 年第 2 期，第 65—74 页。
② 陈庚、崔宛：《乡村振兴中的农村居民公共文化参与：特征、影响及其优化——基于 25 省 84 个行政村的调查研究》，《江汉论坛》2018 年第 11 期，第 153—160 页。
③ 黄雪丽：《我国农村公共文化服务"悬浮化"的阐释——基于历史制度主义的分析视角》，《图书馆论坛》2018 年第 2 期，第 29—35 页。

二、公众对文化决策参与意愿度高与文化需求民主表达"边缘化"之间的矛盾

农民对公共服务的需求表达是民主政治架构赋予农民合法话语权的体现。农民和政府之间只有建立了顺畅的对话渠道，农民对公共服务的诉求才能通过直接或间接的方式，清晰而充分地表达出来，政府收到相应的信息后，将农民的诉求转化为具体的公共服务以满足农民的需要，从而实现较为完整的农村公共服务的供给循环。[1] 对公共文化服务决策的参与反映出受访者对于公共文化服务政策的敏感性。[2] 需求优先序问卷中：题为"本村实施公共文化服务项目时，您有什么建议？"其中"多听取群众意见"选项的普及率最高，达到了近72%。这说明上海农村地区的受访者的"问政"意愿度很高；在"您了解国家对农村的公共文化服务的相关政策吗？"一题中，尽管本问卷的受访者有44.57%以上是老年人群，但选择不知道的仅有16.05%。这与吴理财等人的研究结果不同。[3] 与此同时，在第四章的分析中，我们也看到受访者对公共文化政策的满意度受到"文化政策是否公开透明？"的影响较大。公众对上海农村公共文化服务政策满意度较低，一方面反映出上海农村公共文化服务没有市民参与的组织形式以及程序[4]，另一方面也反映出政府的选择性治理，即重城市、轻农村的二元供给模式。[5] 在题为："本村实施公共文化服务项目时，您有什么建议？"，选项"农村文化活动应更贴近村民"的响应率较高，未受过正

---

① 方堃：《当代中国新型农村奋共服务体系研究——基于"服务三角"模型的分析框架》，华中师范大学博士论文，2010年。
② 吴理财、邓佳斌：《公共文化参与的偏好与思考——对城乡四类社区的考察》，《中华文化论坛》2014年第8期，第27—33页。
③ 同上。
④ 童世骏、方松华等：《中国特色社会主义理论：上海的探索与实践》，上海社会科学院出版社2008年版。
⑤ 吴理财：《以民众参与破解选择性治理》，《探索与争鸣》2009年第4期，第29—30页。

规教育、初中学历的群体选择的比例分别是 39.13%、38.60%，明显高于平均水平 33.06%。这从另一个侧面反映了过往在实施公共文化服务项目时，基层政府一意孤行的做法，使得公共文化服务不符合农民的需求。

三、嵌入型公共文化服务和内生型乡村本土文化须互补与融合

陈庚和崔宛认为，乡村振兴的关键在于因地制宜地开掘在地资源，农村公共文化建设亦是如此，必须充分发挥不同地区的传统文化资源、人才资源、资金资源，形成内生动力。当前政府注重"送文化"而忽视"种文化"的传统供给方式已在大部分农村表现出适应性障碍。[①] 沙垚认为，"文化下乡"工程有悖于乡村本土文化的"内生性"逻辑，不利于群众表达自己的文化需求，也不利于农村文化的繁荣；认为只有当文化服务内容、传播媒介形态嵌入农村社会结构和变迁之中，才能发挥公共文化服务的真正作用。[②]"格式化"的文化输入与地方优秀农村文化存在有效对接和相互融洽的内在障碍，难以在农村社会这块沃土中生根、发芽、开花、结果，是一种"无根"的文化形式。[③] 王易萍认为文化下乡政策实践体现的是嵌入式的发展理念和简单的"送文化"行动逻辑，忽视了农村社会传统文化的深厚根基及农民在建设乡村文化方面的主体性，这是导致农民公共文化生活呈萎缩之势的重要原因。[④] 在题为："您希望村里开展什么样的文化娱乐活动？"选项："农民自编自演的文艺晚会、亲身参与的文体活动"的响应率和普及率都非常高。题为"您认为政府在农村文化建设中应该加大对哪方面的建设？"选项："建设和发展农村特色文化"的

---

① 陈庚、崔宛：《乡村振兴中的农村居民公共文化参与：特征、影响及其优化——基于25省84个行政村的调查研究》，《江汉论坛》2018年第11期，第153—160页。
② 沙垚：《乡村文化传播的内生性视角："文化下乡"的困境与出路》，《现代传播（中国传媒大学学报）》2016年第6期，第20—24、30页。
③ 吴理财：《农村公共文化日渐式微》，《人民论坛》2006年第14期，第33—34页。
④ 王易萍：《农村公共文化建设的内源式发展模式分析——以广西牛哥戏为个案》，《广西社会科学》2010年第10期，第143—146页。

响应率和普及率都非常高。发展乡土特色文化以及农民亲自参与文体活动都有助于缓解农村公共文化供需分割现象，以及绩效下降的现状。为此，将嵌入型公共文化服务与乡土特色文化充分融合，发挥其各自的运行优势并形成互补共生的关系，即在强化公共文化服务的基础上，将更多的乡土文化活动、形式、资源融入其中，使其转化为公共文化服务的供给内容，这样可以使公共文化服务更"接地气"，同时又能逐步扭转乡土文化宝贵资源不断流失、不断衰退的状态。[1]

四、基层政府对文化重视不够与公民文化需求增加的矛盾

学者艺衡、任珺、杨立青将公民"文化权利"总结为公民享有享受文化成果、参与文化活动、开展文化创造、其文化成果得到应有保护等四方面的权利。[2] 如果公民仅仅是享受文化成果，那文化权利还停留在基本的甚至被动的层面上。在文化生活中，公民不只是被动的欣赏者，还是直接的参与者，可以根据自身的审美需求或个人爱好，选择项目参与，抒发情感，展现才能。从题为"您希望村里开展什么样的文化娱乐活动？"选项"农民自编自演的文艺晚会、亲自参与的文体活动"的普及率较高。因此，政府应为不同层次的社会文化活动提供必要的设施与组织保障，最大限度地创造老少皆宜、各得其所的参与文化活动的条件与环境，鼓励农民参与文化建设，让农村公共文化呈现出多维度的发展。通过开展各种各样不同层次的文化活动，使广大民众能够得到充分的文化参与权利，让他们在文化生活中能够自我组织、自我管理、自我发展。基层政府应从"行政逻辑"转向"服务逻辑"，以文化内生性激发自觉性，实现农村公共文化服务的高效发展。[3]

---

① 聂永江：《乡村文化生态的现代化转型及重建之道》，《江苏社会科学》2020年第6期，第53—62页。
② 艺衡、任珺、杨立青：《文化权利：回溯与解读》，社会科学文献出版社2005年版。
③ 罗哲、唐迩丹：《农村公共文化服务的结构转型：从"城市文化下乡"到"乡村文化振兴"》，《四川师范大学学报（社会科学版）》2019年第5期，第129—135页。

五、公众对公共文化服务由"生存型"诉求转向"发展型"的高质量诉求

2021 年 6 月，文化和旅游部公布的《"十四五"公共文化服务体系建设规划》明确要求："以推动高质量发展为主题"，"努力提供更高质量、更有效率、更加公平、更可持续的公共文化服务"。这标志着我国公共文化服务体系建设从"缺不缺、够不够"向"好不好、精不精"的高质量发展阶段转变。① 从调研结果来看，上海农村公共文化服务设施的普及率虽然很高，但是离开"十四五"要求的"好不好、精不精"有很大的差距。笔者在调研走访过程中发现，上海农村公共文化设施，通过近年来的建设，基本实现全覆盖率。但与上海城市公共文化设施相比，大多数农村的公共文化空间建筑样式老旧，面积较小，功能单一，设备老化，数字化程度不高。农村公共文化设施的老旧与不足，使得农民参与公共文化活动的积极性不高，村民的文化需求因此得不到满足，文化权益得不到保障。这也是受访者在"您认为政府在农村文化建设中应该加大对哪方面的建设？"一题中，加大对农村文化设施的投入与建设力度＞增加政府的经费投入＞指导开展各类文体活动，三个选项的响应率和普及率排名前三位的主要原因。上海作为国内国际化程度最高的城市，在城区有着非常优质的公共文化服务设施与极其丰富的公共文化活动项目，与此同时，农村的公共文化服务供给却存在较大落差。在城乡融合的背景下、人口流动性较强的今天，上海农村居民充分意识到农村公共文化服务供给的"落后"，不管是硬件设施还是文化活动的供给，都出现严重的不足。以农家书屋为例：从 2019 年 12 月笔者调研的数据来看，上海农村村民去农家书屋阅读的频率并不高（见表 5-28），每周一次及以上的占比仅 15.88%，两周一次的占比是 12.97%，

---

① 彭雷霆、张璐：《公共文化服务高质量发展评价研究》，《宏观质量研究》2023 年第 2 期，第 90—101 页。

几乎不去的占比最高，达到了 44.41%。

表 5-28　受访者去农家书屋看书读报的频率

选项	小计	比例
一周一次或以上	98	15.88%
两周一次	80	12.97%
一个月一次	75	12.16%
两三个月一次	42	6.81%
半年一次	26	4.21%
一年一次	12	1.94%
几乎不去	274	44.41%
其他	10	1.62%
本题有效填写人次	617	

在该问题的"其他"一栏里填写的 67 条信息中，大多数农村村民都是因视力问题、不识字、看不懂等原因而不去农家书屋阅读，少部分是因网络发达，可以在手机上阅读而选择不去农家书屋。当问及"您对农家书屋的运行有什么建议"时，打开详细作答情况，受访者对农村公共文化服务的真实想法一跃而出，具体如下（见表 5-29）。

表 5-29　您对农家书屋的运行有什么建议？

序号	提交答卷时间	来源渠道	答案文本
13	12 月 24 日 20：20	微信	年轻人学习途径很多，不局限于书屋，村中老人普遍文化水平低、视力差，不太适合去书屋阅读
19	12 月 24 日 20：29	微信	农家书屋比较方便村宅周边的老年人阅读，建议可以多配送一些老年人喜欢的历史类书籍
34	12 月 24 日 20：52	微信	农家书屋的运行最好有专门的看管人员，随时都可以去，村里的书屋最受老百姓欢迎的书籍多是老百姓书籍
39	12 月 24 日 21：00	微信	书屋要有专职管理

（续表）

序号	提交答卷时间	来源渠道	答案文本
40	12月24日 21：09	微信	希望农家书屋的书种类更丰富一些
47	12月24日 21：19	微信	无
48	12月24日 21：20	微信	书籍不贴切，喜欢的少
55	12月24日 21：27	微信	增加图书藏量，分类别摆放，建立有效的规章制度
57	12月24日 21：32	微信	"我嘉书房"很有特色，图书也很符合需求，开放时间二十四小时，会开设英语角，进行阅读分享、绘画指导等各类特色活动
58	12日24日 21：32	微信	希望有更多样的活动

　　分析村民不去农家书屋阅读的原因，除了村民主观方面的原因外，农家书屋自身客观的原因也占比很高，阅读129条对农家书屋运行的建议，汇总如下：① 农家书屋没有建立有效的规章制度，没有专门的图书管理员，没有开放的借阅制度。② 图书的种类不够多，书籍不贴合农村村民的需求，图书翻新不够快。③ 农家书屋没有搜索书目的搜索引擎，摆放凌乱。④ 开展丰富多样的文化活动以及讲座。⑤ 增加适合孩子阅读的书籍。⑥ 开放时间不固定，开放时间和村民工作的时间错位。⑦ 年轻人的阅读途径很多，可以不依赖于农家书屋。这意味着，公共文化服务供给质量不高、公共文化活动较少或不足、公共文化场地和场馆的舒适度等问题仍然是影响居民文化参与满意度和文化参与质量的主要因素。① 农家书屋在移动互联网环境下，不能满足农村村民的

---

① 蔡武进：《我国城镇公共文化参与的状况、特征及政策建议——基于我国17个省市51个社区居民调查之分析》，《文化软实力研究》2017年第2期，第65—74页。

文化需求，导致一些村民群众基本文化权益无法得到保障[1]，亟需转型升级。

六、促进公共文化参与和"文化富农"需求的互通与互动

农村公共文化服务建设，需要尊重农民的基本利益。

表5-30 受访者很少去农家书屋的原因

选项	小计	比例
没有喜欢的图书/报刊	78	12.64%
设施、场地开放时间不合理	17	2.76%
不喜欢阅读	82	13.29%
在家里阅读更方便	147	23.82%
没有时间	250	40.52%
设施条件简陋	35	5.67%
场馆几乎不开放	9	1.46%
没有阅读需求	189	30.63%
其他	101	16.37%
本题有效填写人次	617	

从数据的表现来看，没有时间是受访者很少去农家书屋阅读占比最高的，为40.52%，在家里阅读更方便占比23.82%，12.64%的村民选择没有喜欢的图书和报刊。但究其深层次的原因是去农家书屋参与文化活动没能让受访者有"获得感"，即他们参与文化活动所获得收益与自己付出的欣赏成本不成正比。[2]"服从于必然性使得工人阶级倾向于实用的、功能主义的'审美'，而拒绝形式化的玩意儿以及为艺术而艺术的那套无

① 陈媛媛、王荔:《数字农家书屋公共服务与建设研究——以江浙沪皖地区为例》,《编辑之友》2022年第12期，第19—28页。
② 许波荣、金林南:《乡村治理中公共文化服务的实践逻辑、治理困境与路径创新》,《科学决策》2023年第6期，第175—187页。

用的东西，这同时也是所有日常生存选择的原则与一种反抗远离日常生活的专门化审美意图的生活艺术的原则。"[1] 正如受访者在表 5-29 中所反馈的：农家书屋书籍不贴合农村村民的需求。大众阶级只有少量的资本，他们追求生活必需品，偏好具有实用功能、自然和非形式化的消费品。[2] 列宁和布迪厄的理论对新时期农村公共文化服务建设提供了很好的视角。

农村公共文化服务具有综合性、乡土性和情感性的特点，以城市化为标杆的建设理念往往将农村视为需要被替代或改造的客体对象，农民自身的切身需求难以畅通表达，在供需难以精准对接的情况下必然会造成"名实分离"现象。[3] 当前，城市中出现的集学习、生活、娱乐、休闲于一体的文化空间即符合了当下公众对公共空间的需求，如诚品书店、钟书阁等文化空间。从中年群体偏好农民技能培训学校、公共讲座类的文化项目可知，因为进入职场的他们面临着激烈的竞争，迫切需要增加专业技能和信息技术方面的培训[4]，他们希望通过公共文化服务项目的参与，获得知识和技能，实现"文化富民"的想法。为此，可以将农村特色产业与公共文化建设相结合，促进农村公共文化的发展。对于农村特色产业，通过为产业赋予一定的文化内涵，体现独特性，形成核心竞争力。结合表 5-28、表 5-30 的数据以及受访者对农家书屋的运行建议（表 5-29）来看，反映出文化惠民工程与大多数农村村民的个体文化生活和日常交际不符，使本应承载村民地方认同和文化意义的文化惠民活动，异化为供给侧（政府）的"剃头挑子一头热"。[5]

---

① 马惠娣：《文化、文化资本与休闲——对休闲问题的再思考》，《自然辩证法研究》2005年第 10 期，第 68—73 页。
② 刘欣：《阶级惯习与品味：布迪厄的阶级理论》，《社会学研究》2003 年第 6 期，第 33—42 页。
③ 韩鹏云：《乡村公共文化的实践逻辑及其治理》，《中国特色社会主义研究》2018 年第 3 期，第 103—111 页。
④ 颜玉凡、叶南客：《大都市社区公共文化需求的代际差异与治理对策》，《南京社会科学》2016 年第 3 期，第 52—58 页。
⑤ 傅才武、王文德：《农村文化惠民工程的"弱参与"及其改革策略——来自全国 21 省 282 个行政村的调查》，《中国图书馆学报》2020 年第 5 期，第 54—73 页。

七、供需脱节、供给不足与供给过剩并存之间的矛盾

韩鹏云指出，当前农村公共文化服务多呈现的是国家"在场"下的"文化下乡"，而缺乏地方性文化体系村落"在场"下的"内生性文化"，其问题表现为"有增长而无发展"的内卷化逻辑，即缺乏完善的公共文化服务体系，供给模式重"送"轻"种"、服务效率低下等问题。[①] 以农家书屋为例，政府花费大量精力和财力投入建设的农家书屋空置率极其高。本次调研发现，在优先序的题目中，受访者选择农家书屋的频次为 0，而在问卷第四部分专门针对农家书屋的选题中，仅有 12.48% 的受访者选择了农家书屋，很多受访者表示农家书屋没有自己喜欢的图书 / 报刊和没有时间阅读（见表 5-30）。通过深度访谈发现：上海农村的老年人普遍受教育程度较低，不识字，没有阅读能力是不去农家书屋的根本原因；此外，老年人群由于身体素质较差，视力不好也是影响他们不能阅读的另一个原因。而对于中青年人群来说，很多受访者认为现在学习的途径很多，没有必要跑到基础设施简陋的农家书屋去阅读。由于没有专门的管理员，开放时间也不是很合理，农家书屋开放的时间与他们劳作的时间冲突，农村文化活动室的需求情况与农家书屋极其相似。此外，从调研结果来看，选择送电影下乡和送戏下乡主要集中于农村的老年人群，随着乡村振兴的进一步深入，未来会有更多的中青年群体返乡，中青年群体普遍对送电影下乡和送戏下乡无感。从现实来看，一方面如果继续沿着供不对路的老路子，可能会引发越来越严重的绩效困境；另一方面由于农村公共文化服务更多流于形式，工作效果欠佳，提供的设施与开展的活动呈现供需脱节，服务机构空转与服务效能低下的困境会越来越严重。

本章基于上海的 8 个区、23 个镇的 31 个村的 617 份农民问卷调

---

① 韩鹏云：《乡村公共文化的实践逻辑及其治理》，《中国特色社会主义研究》2018 年第 3 期，第 103—111 页。

查数据，对上海农村公共文化服务需求的优先序进行实证分析，采用多重响应分析法和交叉分析法分别从受访者的受教育程度、性别、年龄、个人月收入等差异性视角展开了讨论。通过比对，不同视角下的农村公共文化服务需求优先序存在一定的差异，得出以下结论：不论是采用多重响应分析法，还是基于受访者性别、个人月收入、年龄、受教育程度的交叉分析法，受访者对于现阶段上海农村公共文化服务人、财、物的供给需求有着高度的一致性。而对于公共文化服务的活动项目选择，则会受到性别、年龄、个人月收入、受教育程度等因素的影响，其优先序结果有较大的差异性。

由此，政府给农村地区制定政策或者供给产品时，不能图省事，采取"一刀切"的做法。尽管从调研数据来看，上海农村公共文化服务的基础设施已较完善，但与城区相比，农村地区的公共文化服务设施过于简陋。鉴于此前公共文化服务投入的"二元机制"，即对农村地区经费投入少、历史欠账太多的情况。乡村振兴战略背景下，应加大对农村公共文化服务人、财、物的供给力度，在供给侧和需求侧之间达到有效的平衡，以满足农民群众对公共文化服务的需求，保障公民的文化权益。

第六章

上海农村公共文化服务建设案例分析

第一节

社区营造：乡村文化复兴的有效路径
——基于待泾村的案例分析

乡村文化的复兴，不能仅仅通过政府自上而下的文化配送让老百姓被动的参与，而是一种需要提供适合农民参与的文化生活方式，让农民享受到与他们的生活环境相适应的文化系统，并且能够汲取传统文化、生态环境、农耕文化、乡村治理之精华。而社区营造致力于以生活文化为中心的人的改变和人与环境的关系协调，构建一种自下而上、多主体合作的社区治理的行动和话语体系，实现社区整体可持续发展。[1] 通过政府引导、民间自发、NGO 帮扶，使社区自组织、自治理，帮助解决经济发展、社会和谐、文化凋敝等问题。[2] 在乡村振兴的进程中，让乡土文化保持和而不同的多样性和丰富性，建设符合现代生活的伦理，在转型社会中发挥社区营造的作用。

为实现乡村文化再造，使上海的乡土文化迸发生机，运用社区营造

---

① 吴海红、郭圣莉：《从社区建设到社区营造：十八大以来社区治理创新的制度逻辑和话语变迁》，《深圳大学学报（人文社会科学版）》2018 年第 3 期，第 107—115 页。
② 罗家德、梁肖月：《社区营造的理论、流程与案例》，社会科学文献出版社 2017 年版。

的方式与方法，结合乡村振兴这一历史背景，为乡村文化注入新鲜血液，让乡土文化健康有序的发展。乡村社区营造需要注重文化多样性、社区生活重建、发展品牌农业等方面，为城乡融合找到新的思路，在这一过程中保存中华文化基因的丰富多样性。总之，乡村文化的复兴，就是在社区营造的过程中探索出环境友好、生态友好、人与自然和谐美好的生活方式，让农民的内心充实富足，实现生命的价值与意义，乡村只有保留并新生了特色文化，多元的中华文明才有实质的内容。

一、社区营造的发展历程

1887 年，"社区"一词最早被斐迪南·滕尼斯提出。英国作为世界上最早开始向工业化和城市化道路迈进的国家，城市建设过程中伴随着经济发展受挫、社会问题频出的衰败局面。19 世纪下半叶，"睦邻运动"在英国兴起，并得到了政府的关注。社区居民开始自发地组织社会性运动，而这一自下而上的自组织过程也受到了社会组织的关注。该阶段社区运动的盛行和社区组织的形成极大地促进了英国公共意识的形成，促进了社区服务的发展。[①] 人们试图通过这一运动来改变社会不平等的状况，并呼吁人道主义的回归。

与此同时，美国政府在社区治理方面的理念也产生了变化。1886 年，美国仿照英国建立了第一批社区睦邻中心。在这一时期，美国的中产阶级因中心城区的衰败而逐渐开始向郊区迁移，来自乡村的黑人大量进入中心城区。联邦政府为了使中心城区重焕生机，强调社区和第三部门的地位，弱化了自身作为社区治理主体的位置。19 世纪 80 年代，为了突破经济危机困境，美国还兴起了一场新公共管理运动，对社区发展起到了极大的推动作用。[②]

---

① 倪赤丹、苏敏：《英国社区发展经验及对当代中国的借鉴》，《理论界》2013 年第 1 期，第 53—56 页。
② 王汶：《美国社区发展公司的兴起与城市治理——以贝德福德和哈莱姆为例》，上海师范大学硕士论文，2017 年。

1952 年，在西方国家社区发展理论及社区实践的基础上，日本第一次提出了"社区营造"一词。二战之后，日本为推动国民经济快速发展，开始大规模实施开发计划。但因大规模开发导致乡村年轻人口流失、农村人口老龄化、环境恶化等社会问题，严重损害了公民的利益。在此背景之下，各类市民团体开始形成并亲身参与社区改造和城市建设。20 世纪 70 年代，旨在振兴乡村的"造町运动"开始兴起，"社区营造"这一概念也被更多人知晓，并得到了进一步的发展。

我国自 20 世纪 80 年代提倡社区服务起，实际已经着手在对社区进行"营造"。吴海红、郭圣莉指出：社区营造与我国官方的社区自治话语存在理念、目标的一致性，与已有的个别分散的社区自治实践存在精神和手法上的某种契合。[1] 如：党的十八大以来，我国城乡社区掀起了一轮创新社区治理的热潮。在各地方政府主导下，专家学者、社会组织、企业等外部资源大量涌入，带动居民参与社区治理，形成大量社区自组织，改善社区环境、建立议事规程、化解社区矛盾、提升社区资本。[2] 这一做法实际上与社区营造从社区资源和需求调查入手，以优势视角发掘和转化在地资源，发掘社区能人，进行社区自组织建设，进而改造社区议事规程，达致社区人与关系改变等理念不谋而合。

二、社区营造相关案例分析

1. 日本——古川町改造

古川町是日本关西地区的山城小镇，以林业和木材加工为主。随着日本城市化的发展，当地人口大量外流，劳动力的缺失使得这一传统村落失去了活力。古川町的经济水平大幅降低，村内环境因工业化发展受

---

① 吴海红、郭圣莉：《从社区建设到社区营造：十八大以来社区治理创新的制度逻辑和话语变迁》，《深圳大学学报（人文社会科学版）》2018 年第 3 期，第 107—115 页。
② 王鹏翔：《老旧小区的社区治理项目研究》，苏州大学硕士论文，2020 年。

到污染，传统的古川町祭祀仪式中断。为了让古川町重获往日生机，人们开始运用社区营造理念对古川町的环境、文化进行了改造。

赖户川曾是古川町的供水渠道，后因工业污染而成了一条臭水沟。在社区营造的过程中，古川町居民一同进行河道清理，并且策划了鲤鱼放养计划，他们逐渐开始将维护环境当做己任，将鲤鱼当成是居民的共同财产来爱护。此外，为了挖掘当地优势产业，树立特色招牌，古川町的木匠们运用飞驒工艺，使当地的传统建筑拥有了更深层的文化底蕴。古川町还建造了飞驒工匠文化馆，以此来复兴传统工艺。当地居民为了保证古川町传统建筑风貌的统一，在建造前期就考虑到了房屋的风格、颜色，使当地的传统建筑风格得以保留。文化在社区营造中占据着极其重要的位置，而古川町居民历来重视传统节庆，在外的青年们会在传统节日前回到家乡，与其他居民一同策划节庆活动。这些传统节日和习俗成了联结人与人、人与社区的纽带，也成为吸引游客前来参观的重要因素。

社区营造使得古川町的环境、建筑、文化得到了提升与发展，也增强了当地居民的凝聚力和自豪感，发展了这一地区的旅游产业。因此改造后的古川町也成了日本"故乡再造"的典范。

2. 韩国——新村运动

1962 年，为推动国内工业化的发展，韩国实施了第一个"五年计划"。十年之后，韩国的经济得到了快速发展，工业在国民经济中的占比迅速提升，但因政府对农业发展不够重视，导致工农业发展严重失衡。大量的农村人口前往城市寻找工作机会，劳动力的流失也使得韩国农村经济愈加落后，人口老龄化、城乡差距增大等社会问题困扰着韩国政府。为了改变农村落后的局面，1970 年，韩国面向全国制定并发起了"新村运动"。

新村运动分为四个阶段。第一是基础建设阶段，居民居住条件的改善成了该运动的主要目标，政府也提供相应的物资及资金，激发农民"勤劳、自立、合作"的精神；第二是全面发展阶段，农村的农业及产业结构得到了调整；第三是充分提高阶段，韩国政府尝试通过发展农产品加工业、畜牧业及特色产业来缩小城乡之间的差距；第四是国民自发运动阶段，新村运动的民间组织得到了发展，该运动逐渐由政府主导转向了民间指导。在国民自发运动阶段，新村运动完全实现了民间主导，并从乡村走向了城市，开始推崇"共同和谐生活"的理念。在新村运动的影响下，农民的积极性在居住环境、基础设施、产业等方面的优化得到了发挥，实现了民间主导的主体转变，推动了伦理精神建设，使农村经济得到了极大的提升。[①]

3. 中国——桃米社区

桃米生态村是中国台湾地区南投县的山村，环境优美，自然资源丰富。20 世纪 90 年代，农村人口的外流引发了一系列社会问题，村中经济日渐衰败。1999 年的 "9.21 大地震" 又使这个村庄遭受了致命性的破坏。社会组织 "新故乡" 文教基金会在灾后入驻桃米村，并运用社区营造理念，使这里焕发出了生机。

桃米村依山傍水，生态资源非常丰富，有 23 种青蛙和 56 种蜻蜓。在社会组织与政府的帮助下，桃米村将生态资源与文化产业相融合，以 "青蛙" 为主题设计卡通形象，用各类原生态材料制作成手工艺品，提炼出了桃米村的新文化符号——青蛙共和国。拥有了新文化符号的桃米村，逐渐变成了一个文旅与农业相融合的体验休闲区。

"纸教堂" 的落成也是桃米村社区营造中的重要一环。"纸教堂" 作为社区公共空间，逐步成为桃米人开展文化活动的社区中心。桃米村的社区营造之所以能够成功，是因为在这一过程中充分利用了本地原有的生态资源，挖掘出文化特色，打造了生态产业，增加了村民的收入。基金

---

① 张薇：《韩国新村运动研究》，吉林大学博士论文，2014 年。

会还通过培训，使村民参与社区的策划、建设过程，让桃米村在经济和文化发展方面都实现了巨大的突破。

三、金山区朱泾镇待泾村社区营造实践分析

伴随着城市化进程，上海农村传统的乡村房屋、农田、河浜、堤岸、道路、庙宇、祠堂的格局已严重地被破坏，传统江南水乡基本被肢解，只有在城市触角一时难以企及的远郊地区，尚能保留部分传统江南水乡的格局。[①]乡村的记忆在城市化的历史进程中消逝，乡愁也变得模糊。政府自上而下的文化配送，未考虑乡土社会中村民差异化的文化需求，缺乏村民的参与；商业主导的开发常常把社区连根拔起，使百年甚至千年的乡土文化消失殆尽。如果把社区营造的维度加进去，社区运用自组织抵御商业对本地文化、本地生活方式的侵蚀，将乡土文化和美丽乡村建设有机结合起来，明确乡土文化的保育保存和美丽乡村建设两者相辅相成、互相促进的关系，乡土文化基因的多样性才能被保存，文化创意产业才会有根基，和谐社会才得以落地。在充分了解乡土文化现状的基础上，寻找差距，分析问题，寻找有效的营造路径。

1. 待泾村简介

待泾村位于上海金山区朱泾镇，由秀泾和蒋泾合并而来。村域面积6.25平方千米，耕地面积6 335亩。近些年发展较快，从经济薄弱村成为金山区净资产最高的村落。待泾村在区、镇政府的支持下，村内相关基础设施逐渐完善，走向乡村振兴之路。2019年，待泾村依托"花开海上"生态园项目，在农用地转用、地价评估、点状供地、土地证办理等方面展开了一系列探索，于2020年9月成为上海首家实现农村集体经营性建设用地作

---

① 曹红亮、马佳：《关于上海实施乡村振兴战略的思考》，《江西农业学报》2020年第5期，第140—144页。

价入股的范例，通过几年的实践，走出了一条激活集体土地"沉睡资源"，促进镇村集体经济持续壮大的新路径。该项目已成为上海乡村振兴战略行动的新亮点和农旅结合的新品牌。该项目与村集体合作，10%的入园门票收益归村集体，村集体以分红的方式（股金）发放给村民，再加上农用地流转费（租金）、村民在生态园打工的收入（薪金）、农产品销售收入（现金）和养老金（保障金），村民因此实现了"五金"增收之路（见表6-1）。村民在参与的过程中获得了收益，提升了幸福感、自豪感和归属感。而镇村"两委"设计的《待泾村美丽乡村建设总体规划》和《待泾村郊野单元（村庄）规划（2017—2035年）》，使村庄各方面的治理进入新的轨道。

表6-1 待泾村"五金"农民收入构成表

收入性质	收入来源	2020年（元）	2019年（元）	增加值（元）
股金	人均集体分红	36	26	10
租金	家庭人均土地流转费	882	840	42
薪金	生态园务工收入	35 000	30 000	5 000
现金	生态园农产品销售收入	12 000	10 000	2 000
保障金	养老金	15 120	13 911	1 209

2. 待泾村社区营造实践分析

笔者于2019年12月、2021年1月多次前往待泾村进行调研，采访了村支书、"花开海上"的项目负责人、当地数位村民。以下将从社区营造的"人、文、地、产、景"五个方面阐述如何实现乡土社区的自我营造，运用村落的各种资源条件，引导村民参与，凝心聚力，重塑乡村魅力，实现乡土社会的可持续发展。

（1）人——焕新村民的集体记忆

社区营造的重点在于"人"，这一营造过程力求让居民与居民、居民与社区在原有的基础上产生更为自然和谐且深刻的联系，最终达到人社合一的状态。村民是农村的主体，而与此同时他们也是文化的创造者、传播者和接收者。村庄的发展历史最终凝结为村民的集体记忆，成为无形之中联结着他们的纽带，这也成了乡土文化重要的一部分。集体记忆通常可以从文化活动、传统风俗得以体现，这些非物质的外露表现形式就成为公共文化建设者了解当地群众需求的重要途径之一，找准村民的需求点，打通集体记忆和公共文化的壁垒。真正做到从群众的需求出发，为其提供匹配度高、反响度好的多元公共文化服务。而集体记忆的焕新，则能够让村民之间更有凝聚力。

村委会按照金山区的"老伙伴"计划，积极推行老人养老计划。金山区与心启航惠民服务社、普汇关爱服务社等6家社会组织签约。目前，几千名志愿者照顾一万高龄以及独居老人，慰藉老人。"志愿者每周进行不少于2次的上门探访或电话慰问，通过陪伴、陪聊、电话慰问等形式，缓解高龄老人尤其是独居老人孤独、消极等负面情绪，防止出现独居老人在家发生意外没有人发现的情况。"[1]笔者在待泾村实地走访时，遇到"老伙伴"计划的志愿者阿姨正好在服侍一位老人。通过交谈得知，待泾村与一家社会服务公司签约，工作的志愿者基本都是待泾村本地村民。村民志愿者基本都是四五十岁的阿姨，虽然不多的报酬但也能做公益，她们内心感到满足。可见，只有增加村民的参与感才能落实村民的主人翁地位，从而增加村民的获得感和幸福感。[2]

（2）文 —— 传承创新传统文化

文化是社区营造最为重要的一环，只有深入挖掘当地的传统文化，了解传统文化的历史源头和当地特色，为村庄搭建文化坐标，才能让乡土文化在农村真正生根发芽，在优秀传统文化的滋养下使村庄焕发出新

---

[1] 丁怡隽：《金山区四大举措全力推进养老事业发展》，东方网，2017年9月6日。
[2] 赵德余、代岭：《村庄主体差异对乡村振兴效用感知的影响》，《华南农业大学学报（社会科学版）》2022年第5期，第1—10页。

的生机。而不同的村庄因其地理位置、自然资源、人文特色的不同，最终会衍生出不同的传统文化。

待泾村文化资源丰富。第一是村委会积极创建公共文化活动空间，为村民服务；第二是保护和传承非物质文化遗产资源，即花灯的传承与保护；第三，定期组织开展各种类型的文化活动，如乡村音乐节、农民画展览等大型文化活动，"花开海上"生态园对村民实施免费入园政策，生态园里会经常做活动，如马戏游园会、田园音乐会、瑜伽大会，还有亲子露营、独立营、五天四晚的夏令营、冬令营等活动，村民都可以免费参与，极大地提升了生态园人气，带来了较大的经济效益的同时，也丰富了村民的文化生活；第四，为提升村民文明素质和文化素养建立读书角和开展全民阅读；第五，开展职业技术培训，培育职业农民。"花开海上"生态园每年还会开办三十场左右的公益活动，邀请专业的老师，围绕科普惠农项目，教村民如何种花、修剪树枝、如何防护病虫害等，村民职业素养得到提升的同时，也开阔了村民的眼界。

此外，待泾村村委会盘活资源，设立睦邻点、党群服务点。村民"曹伯伯"家里被村委会设立为村民睦邻点，有活动的时候村民积极参加，比如志愿者活动，节日包饺子活动、知识培训等。在村民家中设立文化活动场所这种方式，由于村民彼此都熟悉，更能激发村民参加的意愿。设立党群服务点，划分区域，每个区域责任到人。党群服务点成为社区党校教学点、青年中心、志愿者服务点、农家书屋等场所，根据不同的需求进行匹配，进一步丰富了村民的文化生活（见表6-2）。

表6-2　待泾村公共文化服务项目

序号	项目	具体内容
1	深化"家文化"建设理念	为村民搭建学习平台：借助社区学校资源，打造待泾花灯学堂，弘扬非遗文化，全面提升居民的修养和素质。

序号	项目	具体内容
2	完善农村"三室一站一点"	标准卫生室、文化活动室、老年活动室、综治服务站、便民服务中心点。
3	推进"五个一"工程建设	一个文化活动中心、一个文体广场、一个农家书屋、一面文化墙、一支文艺队伍。
4	挖掘宅基埭头上的"传家风、立家规、扬家风"的先进典型	制定村民公约、宅基公约，开展文明家庭、星级文明户创建，并将评定结果、优秀事迹等在"美丽朱泾频道"上公示，激发村民共建共享美丽家园的热情。
5	成立志愿服务队	"待步泾"新时代文化志愿服务队、党员志愿服务队、乡风文明宣导队等六支志愿服务队伍。

（3）地——挖掘当地文化特色

积极修缮农村历史民居、古建筑和文化遗迹，彰显乡村的人文魅力。上海农村有许多历史遗留的古建筑，它们是村庄发展的见证者，更是前辈留给后辈的历史文化财产，理应需要每一位村民对其进行保护。这种共同保护与协作的精神也是社区营造过程中所提倡的。而公共文化建设者应当更为重视农村古建筑的保护与开发，令其在新的社会环境下获得新的功能和定位。自然资源丰富且有一定旅游产业的村落，可以重新规划这些古建筑的内部空间，修缮外部破损，将其开发为民宿或旅游场所，将其与当地旅游产业开发相结合。而对普通的自然村落来说，可以利用古建筑的空间，将其打造为公共文化场馆，承载农村公共文化活动。

待泾村深挖村历史，宣传当地历史，增强村民的文化自信。古巷、古树、河流、老屋、传说，常常就是一个村落的独特记忆。在推进乡村振兴的过程中，待泾村深挖乡村文化符号，守住最美乡村，使浸润乡愁的村韵真正成为"心灵的港湾"。"清代古船舫遗址"就是发掘文化内涵的典型，极大地丰富了待泾村的历史文脉。

（4）产——打造农村文化产业

文旅融合，带动产业发展。上海农村的产业基础相差较大，大部分农村地区没有形成一定的产业体系，村民只能依靠外出务工或政府补贴维持家用。在社区营造中，"产"的营造是至关重要的一环，它要求人们要对当地特色的文化资源进行开发、包装和营销，并形成一定的规模效应和产业经济。

待泾村在区、镇政府的支持下，芳香小镇已入选国家级特色小镇名单。作为朱泾镇重点农旅建设项目，芳香小镇对标法国格拉斯小镇，未来将在苗木花卉和家庭园艺的基础上，发展芳香芳疗精油产业和农业文旅等产业。现阶段，正在推动芳香小镇商业街的配套工作，如：精品酒店和民宿等的建设，对接高校推进产学研项目，开展人才、技术等方面的合作，在芳香小镇培育一批高品质、专业化的芳香研学教育示范基地，也为高质量打造"食、宿、行、游、购、娱、怡、学、养"的芳香主题度假区提供更高层面的保障。[①] 详见表6-3。

表6-3　"芳香小镇"发展脉络

年份	步骤	项目
2014 年	第一步引进社会资本，投入 1.3 亿元，盘活 600 亩洼地。	通过招商引资方式一举将"低洼地"变成了"聚宝盆"。
2020 年	第二步盘活农村闲置土地。	上海花泾建设发展有限公司由镇集体＋村村集体＋社会资本成立，是上海用农村集体经营性建设用地的使用权，通过作价入股与社会资本合作开发的模式进行经营。
2021 年	第三步芳香小镇项目成功落地。	蓝城集团一直秉承以商业模式推动社会公益事业，深耕乡村农旅事业。现已有木守酒店、明月松间酒店、上海交通大学等企事业单位入驻。

产业兴旺是乡村振兴的关键环节，待泾村将村民的闲置用地，通过流转、租赁、作价入股等方式，由企业进行资源整合，提升闲置资产的效用，发展农文旅产业激活乡村的经济，为乡村振兴注入强劲的动能。

---

① 葛子长、沈羽：《金山待泾村"华丽蝶变"启示录"香"约"花开海上"生态园，看乡村振兴如何演绎"和谐奏鸣曲"》，《上海企业》2023 年第 6 期，第 7—13 页。

（5）景——优化农村公共空间

乡村公共空间的营造是公共文化发展的基础，在美化农村环境的基础上，还应当重视自然景观和人文景观的优化。农村除了村居之外，还有大片的田地，特别是政府实施宅基地平移后，部分村落的可利用面积得到了扩大。政府及公共文化建设者应当更加重视农村自然景观的营造，做到以人为本，强调它的实用功能，满足人们心理及视觉的需求。此外，还应当重视公共文化空间的塑造。在农村地区，村内的公共文化空间是村民交流、活动的重要场所。因此，必须以村民的日常需求为出发点，了解他们的兴趣喜好，并结合日常公共文化活动的展现形式，营造并优化农村公共文化空间。

据待泾村村支书说：待泾村在乡村振兴战略实施的过程中，除了产业的发展，农村基础设施和人居环境的改善始终是重中之重。待泾村在区镇两级政府的规划下，村内的道路建设、河道治理、基础设施建设等都有较大的提升。村里还培育了路长、河长、埭长、桶长等四支村民骨干，探索实施"值日生"制度——每周由一户村民值日，做好清理路边垃圾、上报安全隐患等工作，让每一位村民参与社区治理。此外，通过发掘乡贤和名人的寻根文化，以此激励和教育下一代，让乡愁可以记得住，历史和文化得以传承。通过各方面的努力，据待泾村村民介绍：待泾村以前是朱泾镇的垃圾场，非常脏乱差，村里的年轻人不愿意回来；但经过两年整治之后，家家户户门前干净整洁，环境变得十分友好，最近两年，年轻人周末都愿意回来度假和游玩。

表6-4　待泾村社区治理表

序号	项目	具体内容
1	五个推进工程、农田林网建设	人居环境整治、村容村貌美容工程，拆除违法违章建筑、整治黑臭河道和农民庭院、休闲广场、主干道路绿化工程。

（续表）

序号	项目	具体内容
2	全民参与，自治共治共享	推行"路长制、河长制、埭长制、桶长制"、一户一周轮岗"值日"、"三堂一室"民事民议等措施。构建以"站－埭－点"的三级时间体系架构，成立多支志愿者队伍。
3	"五统一"工程	"统一堆放宅前屋后物品，统一设置晾衣架，统一规划菜园果园，统一评选文明户，统一放置垃圾桶"。
4	"三全值守"制度，提升服务效能	村干部下楼办公，落实"接待全岗通、受理全方位、服务全天候"。
5	文明规范、阳光政务	村党务公开、村务公开、财务公开、平安社区。

本文应用"社区营造"理论分析了金山区待泾村在乡村振兴背景下文化复兴的问题，从"人、文、地、产、景"几个层面，探讨社区营造对文化复兴的优势与可能性。近年来，待泾村相继获得众多荣誉和奖项（见表6-5）。

表6-5 待泾村荣获奖项一栏表（2023年以前）

村落	获得荣誉
待泾村	第六届全国文明村
	中国美丽休闲乡村
	上海市建设健康城市2011年度健康村
	上海市拥军优属模范单位
	上海市平安农机示范村
	上海市美丽乡村示范村
	上海市文明村
	上海市乡村振兴示范村
	全国乡村治理示范村

这些荣誉都离不开待泾村全体村民的协作与努力，使村庄的自治能力得以激发，也从一个侧面证明了待泾村社区营造实践对复兴乡土文化的路径扎实有效。

第二节

党建引领农村公共文化建设的现实依据与实践机制
—— 以上海莲湖村为例

一、农村公共文化服务的几种研究视角与理论反思

近年来，随着乡村振兴战略的推进，农村公共文化服务建设取得了长足的进步，与此同时，很多学者对此进行了大量的研究，为农村公共文化服务的进一步发展奠定了良好的基础。主要集中于以下几种研究视角：公共产品的视角、公民文化福利的视角、文化治理的视角。

1. 研究视角

一是公共产品的视角。以公共产品的角度来审视，将基层公共文化建设视为政府提供文化性公共物品或服务的过程，关注点在于为寻找最高效的文化物品提供途径。这个观点强调了选择适当的提供主体和路径的重要性，旨在通过对比研究来确定最佳的文化物品供给策略。在这一视角下，相关文献强调了多元化的供给模式，其中包括：政府主导的权威型供给，即政府在基层公共文化建设中发挥主导作用，通过制定政策、投入资金和资源，组织文化活动和项目，为公众提供必要的文化服务和设施。商业型供给，即引入市场机制，通过商业模式提供文化产品和服务，以满足公众的多样化需求。这可能涉及商业化的文化活动、文化产品的销售、文化旅游等。志愿型供给，即鼓励社会各界自发参与基层公共文化建设，包括非政府组织、社区组织、志愿者等，他们通过自愿行动提供文化服务、组织文化活动，为基层文化建设注入新的活力和创意。

这种多元化的供给模式强调了政府、市场和社会各界的共同参与和合作，体现了一种"交互理性"的制度框架。在这个框架下，政府扮演着主导和协调的角色，市场机制提供了灵活性和效率，社会各界的参与则丰富了文化建设的内容和形式，使其更加符合公众的需求和利益。这种供给模式的建立需要政府、企业、非政府组织、社区等各方的共同努力和合作。通过建立灵活多样的供给体系，可以更好地满足基层公众的文化需求，促进基层公共文化建设的健康发展。

二是公民文化福利（权利）的视角。该视角源于近半个多世纪以来兴起的"文化权利"理论。深圳市在全国较早推行公共文化服务，"文化福利"最早见于深圳市的新闻报道，之后被全国其他媒体与政府官员采用，并成为该领域的研究热点。一些学者认为："现代公民只有在政治、经济和文化权利都得到保障，才能真正实现人的全面发展。"艺衡、任珺、杨立青认为，公民的文化权利包括"公民享有享受文化成果、参与文化成果、开展文化成果、其文化创造成果得到应有保护等方面的权利"。[①] 还有学者认为："政府公共文化权利应以尊重公民权利为前提，其本质应体现的是政府与社会公众之间的政治契约和政府为社会公众服务的承诺。"[②] 同时，也有学者认为：如果没有精神文化上的充实和丰盈，就不能说有真正幸福的生活和美好的人生。[③] 总的来看，大家基本达成共识，公民的"文化权益"是公民在社会文化生活中应该享受的不容侵犯的权利。[④] 此外，有些学者认为，在推动公民文化权利实践时，应该依法保护宪法和其他法律法规，以确保文化权利得到充分实现，真正实现依法行事。[⑤]

---

① 艺衡、任珺、杨立青：《文化权利：回溯与解读》，社会科学文献出版社 2005 年版。
② 范思凯：《公共权力转型期的政府公共服务》，《理论探索》2009 年第 1 期，第 103—105 页。
③ 云杉：《文化自觉　文化自信　文化自强》，《红旗文稿》2010 年第 17 期，第 4—9 页。
④ 王列生、郭全中、肖庆：《国家公共文化服务体系论》，文化艺术出版社 2009 年版，第 79 页。
⑤ 唐亚林、刘伟：《党建引领：新时代基层公共文化建设的政治逻辑、实现机制与新型空间》，《毛泽东邓小平理论研究》2018 年第 6 期，第 21—27+107 页。

三是文化治理的视角。文化治理是国家、社会和市场三种力量交替参与治理的过程[①]，近年来已成为现代治理的一部分，是在反思文化福利视角的基础上形成的。吴理财等学者认为：无论是"权利"还是"福利"，究其实质是一种个体化的东西，其对公共性具有消解的作用。[②] 乡村文化治理的公共性建构主要通过情感、关系和行动的构建，以培养公共精神、拓展公共空间和明确公共规范，从而重新塑造乡村的公共性。[③] 学者胡惠林指出：文化具有社会治理的功能与特征，文化产业也具有治理性。[④] 因此，必须把治理引向公共文化服务。还有学者强调应赋予地方文化行政部门更多的文化自主权，充分发挥社会组织的作用，从而实现从"文化管理"到"文化治理"的转变。[⑤] 目前，越来越多的学者已经把公共文化服务体系纳入文化治理视角进行研究，认为文化治理是一种集理念、制度、机制和技术于一体的治理形式与治理领域，这其中需要政府、企业、社会之间的互动与对话。总体而言，文化治理视角的出现丰富了对公共文化建设的研究视角，使研究者更加关注政府和社会之间的互动关系，以及政府如何更好地引导和促进公共文化的发展。这种视角不仅有助于深入理解文化治理的本质和机制，也为推动公共文化建设提供了新的思路和途径。

2. 理论反思

三种研究视角为我们理解农村公共文化服务主客体之间的关系，以

---

① 谢延龙：《"乡村文化"治理与乡村"文化治理"：当代演进与展望》，《学习与实践》2021年第4期，第116—122页。李建军、段忠贤：《乡村文化治理的主体特征与模式选择——以农村移风易俗为例》，《云南社会科学》2023年第1期，第170—176页。
② 吴理财等：《文化治理视域中的公共文化服务体系建设》，高等教育出版社2016年版。
③ 丁波：《乡村文化治理的公共性建构：一个分析框架》，《暨南学报（哲学社会科学版）》2023年第8期，第69—78页。
④ 胡惠林：《国家文化治理：发展文化产业的新维度》，《学术月刊》2012年第5期，第28—32页。
⑤ 祁述裕：《国家文化治理建设的三大核心任务》，《探索与争鸣》2014年第5期，第7—9页。

及乡村治理的逻辑与工作方式。理论诚然可以指导实践，但我们依然需要深入调研，才能理解乡村振兴背景下，党建引领农村公共文化服务建设的行动策略，以及背后的实践逻辑。

由于公共文化服务具有积极的外部效应，如对政治、经济、社会发展的推动力。王列生、郭全中、肖庆专门论述了公共文化服务"意识形态前置的问题"①。当然，研究中发现，由于受行政压力与政绩考核等的影响，在具体的实施过程中，公共文化服务的社会效益会出现各种偏差。但总体而言，基层文化部门的党政领导为了提升本部门的地位，通过"软性嵌入"等策略，以不断扩张自身的权力，在这一过程中，使得原来的文化管理转向文化治理，主动引入上述三个研究视角，进一步论证农村公共文化服务的正当性与合理性，并以此把党建工作与公共文化服务建设结合在一起②。通过"党建引领"视角，可以更好地理解基层公共文化建设的理论内涵和实践机制，突出了党在其中的核心作用和引领地位，有助于深入探讨新时代中国基层公共文化建设的发展路径和实践逻辑。

二、党建引领农村公共文化建设的现实依据与实现机制

1. 党建引领农村公共文化建设的现实依据

党建引领农村公共文化建设是由中国共产党的使命宗旨决定的，中国共产党的根本宗旨即全心全意为人民服务。而为农村提供公共文化产品、满足农民日益增长的文化需要，是兑现其对人民的政治承诺之一，以巩固党的长期执政基础。此外，中国共产党代表先进文化的发展方向，带领中国人民走向文化自信也是其使命之一，具体体现在以下几个方面：

①王列生、郭全中、肖庆：《国家公共文化服务体系论》，文化艺术出版社2009年版，第68页。
②何俊志：《制度等待利益：中国县级人大制度模式研究》，重庆出版社2005年版，第219页。

（1）始终坚持正确的政治性

当代中国基层公共文化建设体现在正确的政治方向和执政党的重要作用。主要体现在以下几个方面：第一，政治使命，即中国当前的基层公共文化建设首要任务在于满足日益增长的人民群众文化需求，实现党的"以人为本、为民服务"的承诺，同时巩固党的执政地位。这不仅是一项政治任务，更是对党的长期执政基础的维护和巩固。第二，文化自信，即执政党带领中国人民发展自己的文化传统、历史文化，以及当代文化发展所特有的自信和自豪感。这种自信源于中国悠久的文化传统和丰富的历史积淀，同时也体现在中国在当今世界文化舞台上的积极表现和影响力，通过坚持和发展中国特色社会主义文化，执政党增强了对文化发展的引领力，也内化为人民对中国文化的认同和自觉，表现为对中国价值观、文化标识和文化软实力的肯定和自信心，也体现为在跨文化交流中能够自信地展示和传播中国文化。第三，党建引领，即党建引领作为基层公共文化建设的政治逻辑，体现了执政党对文化建设的领导和引导作用。它不仅仅是简单的干预或建设，更是通过加强基层党建，确保文化建设方向正确、动力充足，即党建引领的功能包括保证文化建设方向正确、防止偏离正道，以及为相关主体提供充足动力，提高文化建设的整体水平。这需要党的组织力量和政策措施的有机结合，以确保文化建设朝着正确的方向前进。总的来说，基层公共文化建设的政治属性和党的领导作用，在理论和实践中都具有重要意义。基层公共文化建设不仅是文化满足需求的问题，更是政治目标的体现和实践过程的展现。

（2）始终坚持人民性的原则

人民性是马克思主义政党最鲜明的品格，人民立场是党的根本政治立场。党的十九大指出，现阶段我国的主要矛盾为人民日益增长的美好生活需要和不平衡不充分的发展之间的矛盾，而文化民生是通往美好生活的要义之一。因此，党建引领农村公共文化服务建设是执政党现阶段的任务之一。

　　长期以来，我国城乡发展的"二元结构"，造成了文化建设普遍存在"重城市、轻农村"的现象，农村文化基础设施投入不足、文化活动少，特别是农村的公共文化建设至今仍然是短板。而由于公共文化的特殊作用，对于农村个体而言，保障其文化权益，不仅可以维护其基本的尊严，更有助于提升他们的生活幸福指数，走出生存困境，获得更多的发展空间。而这些都是中国共产党治国理政的基本主题，即公平公正均等地满足城乡人民的基本公共需求，推动经济与文化协调发展，也是解决现阶段社会主要矛盾的重要抓手。此外，随着我国公共财政持续增长，人们闲暇时间的增多，对公共文化的需求也越来越凸显，由过去的数量型向质量型、单一结构向多元结构转变。为此，发挥党建的引领，深入了解农村公共文化需求，是破解农村公共文化建设的关键。

　　（3）始终坚持公共文化的社会治理性原则

　　文化治理日益成为现代治理体系的重要组成部分。党建引领农村公共文化建设不仅是乡村振兴的铸魂工程，而且在推动乡村治理体系创新方面也具有重要的价值与意义。

　　在马克思主义经典作家看来，文化治理往往具有政治面孔。文化学者葛兰西认为，意识形态是一种统治性观念，它具有"社会黏合剂"的作用。且随着现在国家治理的不断精细化，文化治理的技艺也需要不断地发展。因此，党建引领农村公共文化建设，一方面需要与时俱进，激发党组织的创新活力，提升党领导农村公共文化建设的效能；另一方面由于乡村治理的持续深化，也需要党建引领为农村文化建设提供政治保障，引导乡村规则秩序的建立，使传统文化、乡村习俗与现代文明价值里面深度融合，确保社会主义核心价值观深入人心。

　　坚持公共文化的社会治理性，调动社会各个方面的积极性、激发社会文化的活力与创造力，促进多元主体为农村村民提供多元化的公共文化服务，这些都需要党建引领，以深化农村公共文化服务体系改革。

2. 党建引领农村公共文化建设的实现机制

党的十九届三中全会审议通过的《中共中央关于深化党和国家机构改革的决定》指出，深化党和国家机构改革，要以加强党的全面领导为统领。在实践的过程中，党建引领要通过党组织嵌入机制、阵地建设机制、平台协商机制等载体来实现。

党组织嵌入机制。通常指的是将党的组织和党的领导机构融入各级政府和各类社会组织中，以确保党的政治领导地位得到有效贯彻和落实。这种机制的建立旨在加强党对各级政府和社会组织的领导，确保党的路线方针政策得到贯彻执行，同时促进各级政府和社会组织的正常运行。在中国共产党的领导下，党组织嵌入机制是一种重要的管理和治理模式，可以有效地实现党的集中统一领导。要求党政干部深入基层调研和指导农村公共文化建设，在这一点上，上海有很好的做法，自乡村振兴政策提出来以后，各区县派优秀的党政干部深入基层，扎根基层一线。

阵地建设机制。通常指的是在党的建设中，特定领域或单位内部建立党组织，以加强党的组织在各个工作阵地的领导和服务。这种机制旨在深化党的群众基础，确保党的组织在不同领域和单位中的全覆盖和全面贯彻。在实践中，阵地建设机制涉及以下几个方面的内容：第一，组织设置，根据工作需要，在各个领域或单位内部设立党组织，如企业、学校、军队、街道社区等，确保党的组织网覆盖到每个工作阵地。第二，队伍建设，加强党员队伍建设，提高党员素质和业务能力，确保党员在各自阵地上发挥模范带头作用。第三，指导服务，党组织在各个阵地中发挥指导服务作用，帮助各单位做好党的建设工作，推动党的方针政策贯彻落实。第四，监督检查，加强对各个阵地党组织建设的监督检查，确保党的建设工作不断向纵深发展，防止出现形式主义、官僚主义等问题。通过阵地建设机制，可以加强党的组织在各个领域和单位中的领导地位，推动各项工作不断向党的方针政策要求靠拢，实现党的集中统一领导。

平台协商机制。通常指的是在特定的平台或者组织内部建立起来的一种协商、沟通和决策机制。这种机制旨在促进平等、民主、开放的意见交流，协调各方利益，解决问题，达成共识，并最终推动相关工作的顺利进行。平台协商机制通常包括以下几个要素：第一，参与主体，涉及的各方利益相关者，可能包括政府部门、企业、非政府组织、专家学者、社会团体等。这些主体共同参与平台的运作和决策。第二，会议机制，平台通过定期或不定期召开会议的方式，让各方在会上就共同关心的问题进行意见交流、协商磋商，并最终形成共识或决策。第三，信息共享，各方在平台上进行信息共享，共同了解相关情况和问题，以便更好地进行协商和决策。第四，决策机制，平台通常会有一定的决策机制，可以是共识原则、多数决定原则等，用于最终确定行动方案或决策。第五，执行机制，确定了决策之后，平台需要有相应的执行机制，确保决策能够得到有效贯彻落实。平台协商机制在社会治理、企业管理、政府决策等方面都有广泛应用。这样的机制可以更好地调动各方的积极性和创造性，推动问题的解决和工作的开展，促进社会和谐稳定。

一些学者认为，实现党政引领还需要重新整合乡土社会在组织、统战和宣传等方面的角色。通过引导核心价值理念，增强执政党的影响力，推动形成共同的价值共识，从而促进社会的整体融合。[①]贾昕珊、潘云龙和傅承哲认为，党建引领的核心在于以社工机构的党组织为核心，通过支部共建和资源联动等方式，拓展社工机构的横向网络和纵向联系。在组织合作和服务开展中，重点建设群众联系平台，提升政策执行力，推动规范化发展。最终，加强组织内部协同和外部信任，实现社工机构的

---

① 孙柏瑛、邓顺平：《以执政党为核心的基层社会治理机制研究》，《教学与研究》2015年第1期，第16—25页。

党建协同效应。[1]结合新时代党建要求以及社会经济人民需求的变化，党建引领首先要不断增强"四个意识"、坚定"四个自信"、做到"两个维护"。在此基础上，加强党组织嵌入机制、阵地建设机制、平台协商机制。

三、党建引领农村公共文化服务建设的生动实践：基于上海莲湖村的个案分析

莲湖村坐落于上海市青浦区金泽镇，靠近美丽的大莲湖，是青西郊野公园内唯一的行政村。它由三个自然村组成，即西谢庄、东谢庄和朱舍村，总面积为4.25平方千米。这个村庄的环境优美，为居民提供了宜人的居住环境。莲湖村党支部下设党小组九个，现有党员九十余名，其中，在职党员三十余名，离退休党员六十名。[2]

近年来，在党的领导下，莲湖村通过美丽乡村建设，不仅改善了当地的生产和生活环境，而且为乡村振兴示范村的发展打下了坚实的基础（见图6-1）。

图6-1 党建引领莲湖村发展脉络图

在创建上海市乡村振兴示范村的过程中，莲湖村加强基层党组织建

① 贾昕珊、潘云龙、傅承哲：《党建合力：党建引领何以提升社会组织胜任力——基于2019年中国社工动态调查数据的混合研究》，《中共福建省委党校（福建行政学院）学报》2023年第1期，第34—44页。
② 金璐：《基层党建引领乡村振兴的实践探索——以上海市青浦区金泽镇莲湖村为例》，《上海农村经济》2020年第6期，第18—20页。

设，构建 1+1+3 的工作模式，助力乡村振兴示范村的创建工作。村庄文化氛围良好、百姓安居乐业，得益于莲湖村近些年推行的"党建引领"的文化发展路径。

1. 依托党组织嵌入机制，助推农村公共文化建设

制度、治理与生活三个概念及其彼此间的联系，是思考国家治理、社会治理与美好生活需要现实问题的理论基础。

莲湖村党支部依托党组织嵌入机制，建立网格化的治理模式（即基层党建网与城市管理网、综合治理网），形成"1+3+X"的工作模式（"1"是莲湖村党群服务站、"3"即西谢庄、东谢庄和朱舍村的3个党群服务点，"X"是村庄内睦邻点、党员家中等新型公共空间中的若干个党群服务点）。在此基础上，莲湖村建立"心莲心"党员联系群众机制，构建四级党建管理模式（党支部—自然村—党小组—党员）；此外，莲湖村划分了7个党建网格，涵盖了村两委干部、党员网格长、村民监理、施工方，以及妇女、青年等各类志愿者队伍。莲湖村社区治理体系中，党建引领一条心，网格组成员主动深入走访群众，宣传党的政策，倾听民意，深入细致地做好群众工作，加强对群众的教育和引导，如新建孝文化墙、村训墙、家风展示区，通过"贤"文化引领乡风文明。

2. 搭建区域化平台协商机制，发挥各类主体的优势

莲湖村党支部联合驻村单位共建区域化党建体系，开展"村企结对"助力莲湖村的经济发展与文化建设。让各类市场主体的负责人兼任莲湖村党政干部，协助开展相关工作。落实好市委、市政府的"结对百镇千村，助推乡村振兴"要求，发挥企业主体的资源优势。

此外，莲湖村党支部在上级党建服务中心、妇联和团委的支持下，成立了多支志愿者服务队伍，一起推动莲湖村的文化建设。一是成立"莲湖红马甲"党员先锋队。莲湖村党支部将村落里面经验丰富、威望较高、党

性较强的三十余名党员联合在一起，成立"莲湖红马甲"党员先锋队，其工作任务主要是配合村党支部到群众家里做政策宣讲，建立良好的党群关系。二是组建了七支公益服务队伍，包括巾帼志愿者、青年突击队、环境治理、护绿护水、治安巡逻、助残扶老以及矛盾调解等，志愿者人数超过两百人，合力营造良好的村落文化氛围。三是积极挖掘当地人才参与乡村治理。发布"我们在莲湖等你"乡贤召集令后，吸引了二十余位乡贤响应，其中有教师、医务人员和年轻学生。随后，举办了一系列专题座谈活动，如"我为莲湖献计"等。为青年人才搭建创业平台、为农村妇女开展技能培训等，引导社会各界人士共同推动莲湖村的文化建设。

3. 力推阵地建设机制，拓展党建引领下的公共文化阵地方阵

"乡村建设的重点是文化建设"[①]，党建引领的公共文化建设要求每个村落都要有文化阵地和文化团队。莲湖村除了农家书屋、文化广场、阅报栏等常规的文体设施外，每个自然村至少设置1处室外村民益智健身苑，有条件的村落还利用存量建筑改造，设置综合文化活动室。公共文化空间的建设对农民的生产生活、度过有意义的闲暇时光、文化的传承与传播、弘扬时代文明新风等都具有重要的意义。[②]村民在观赏文艺演出的同时，也可以丰富精神生活，进行情感交流，有利于村民保持身心健康。

首先，莲湖村通过改造村民中心和增设儿童乐园等公共空间，形成公共文化活动中心，并定期开展文化活动，提升居民的生活品质，在广场中心放置一些儿童娱乐设施，给儿童提供游戏娱乐的空间。同时，在广场周围设计一些可供成年村民休息聊天的座椅设施，一方面，儿童需要成年人的监护，另一方面，成年人在监护儿童的过程中，可以在这个

---

① 贺雪峰：《乡村建设的重点是文化建设》，《广西大学学报（哲学社会科学版）》2017年第4期，第87—95页。
② 张耀：《美丽乡村建设背景下的传统村落人居环境改造设计研究——以上海青浦区莲湖村为例》，上海师范大学硕士论文，2020年。

区域休息、聊天。通过这些举措，促进了人与人之间的交往频次。其次是加强景观营造。莲湖村在双桥广场打造民俗文化广场，使之成为村落中的特色文化空间，村落中增加了编结工坊，运用公共艺术营造的方法设置了农作文化雕塑小品、文化壁雕等，为了让游客能够买到特色的文创产品，又开设了乡村特产展销商店等。再次，弘扬时代新风是促进乡风文明建设的有效举措，莲湖村通过开设各类主题教育活动，让家风家训深入人心；同时，通过接入资源，在村庄的外立面墙上增加具有莲湖主题特色的彩绘和文明主题的景观小品，这些举措大大丰富了党建文化主题的宣传与传播。最后，戏台在乡村社区中扮演着至关重要的角色。除了提供娱乐和社交功能外，它还是重要的文化传承平台。莲湖村拥有丰富的传统文化资源，如打莲湘、荡船湖、田山歌等，需要一个公共文化场所来展示和传承这些宝贵文化遗产。[1]

由此可见，村庄生活涵盖多个层面：人际交往、物质文化、社会风尚和精神信仰。这些生活意义不仅限于村庄内部，而是与周边世界息息相关。

四、结论

上海莲湖村的党建引领基层公共文化建设的生动实践为我们提供了宝贵的经验，其中一个重要的鲜活经验是：他们将基层党建与公共文化建设有机融合，使之成为居民日常生活的一部分，形成了日常生活党建的新模式。这种方式全面拓展了党建引领基层公共文化建设的新路径，取得了实效，并获得了居民认可。具体来说，莲湖村党建工作体现在以下几个方面：第一，莲湖村的党建工作紧密结合居民的日常生活需求和习惯，将党建活动和文化建设融入居民的日常生活。例如，组织丰富多彩的文化活动、文艺演出、书法比赛等，使居民在家门口就能享受到丰富

---

① 张耀：《美丽乡村建设背景下的传统村落人居环境改造设计研究 —— 以上海青浦区莲湖村为例》，上海师范大学硕士论文，2020 年。

的文化生活。第二，打造文化活动品牌，增加吸引力。莲湖村通过打造具有特色的文化活动品牌（如传统文化节、民俗文化展示等），吸引了更多的居民参与，使文化建设更具吸引力和影响力。第三，强化党组织在文化建设中的领导作用。党组织在莲湖村的文化建设中发挥着重要的领导作用，组织动员居民参与各项文化活动，同时积极引导居民树立正确的文化价值观念，增强文化自信。第四，注重基层公共服务与文化建设的融合。莲湖村将基层公共服务与文化建设有机结合，如在文化活动中加入健康讲座、法律咨询等服务内容，使居民不仅能享受到丰富的文化生活，还能获得实用的服务。第五，加强与居民的沟通和互动。党组织与居民之间建立了密切的联系和互动机制，定期召开座谈会、民主评议会等活动，听取居民的意见和建议，积极响应居民的需求，增强了党组织的凝聚力和号召力。这种日常生活党建模式有效地将党建工作和基层公共文化建设紧密结合起来，使文化建设更贴近居民的生活和需求，提高了党建工作的实效性和影响力，为推动基层公共文化建设注入了新的活力。

由此可见，日常生活党建不仅是一种工作方法，更是一种战略理念，旨在通过将党建工作融入日常生活，实现党的领导下的社会主义现代化建设的目标。它不仅是党建的重要内容，更是超越了党建本身，涉及社会治理、公共服务等方方面面。在实践中，日常生活党建是党建引领基层公共文化建设、提升基层社会治理水平的根本支撑，是中国共产党领导社会主义现代化建设事业的重要方法和发展战略。

习近平总书记在党的十九大报告中指出："党的基层组织是确保党的路线方针政策和决策部署贯彻落实的基础。"在这一背景下，日常生活党建被视为一种有效的突破口，具有多重意义和作用，有助于推动基层组织的建设，提升基层公共文化建设质量。这种模式是全面推进以提升组织力为核心的党的基层组织建设的有效手段。随着社会主要矛盾的变化和人民生活水平的提高，公共文化已成为人民幸福生活的重要组成部分。日常生活党建模式为提升基层公共文化建设质量提供了制度性保障，使公共文化建设更贴近人民的生活需求，更好地满足人民群众对美好生活的向往。通过日常生活党建模式的推进，执政党能够更好地获得广大人民群众的认同和支持，建构起长期稳定的执政基础。因此，日常生活党建模式在当前新时代的背景下具有重要的战略意义和实践价值，对于推动党的基层组织建设、提升基层公共文化建设质量以及构建长期稳定的执政基础都具有重要作用。

第三节

新乡贤参与农村公共文化服务建设的机制与案例分析

上海在乡村振兴战略推进的过程中，农居相对集中行动计划已开展多年，积累了很多宝贵的经验。村落中的哪些公共空间、公共文化设施该如何布局才是合理的？一方面，由政府供给的公共文化空间与公共文化设施存在失灵现象，不能满足村民对公共文化的日常需求；另一方面，由于村民对文化消费不够旺盛，市场供给动力不足；社会主体的供给也相对缺位。为此，农村公共文化服务的供给模式、服务效能等，是推进城乡公共文化服务体系一体化建设的重要方式，它对于丰富农民群体的业余生活、提升幸福指数、保障农民的文化权利有着积极的作用。调研结果发现：新乡贤对于农村公共文化服务的有效供给是一条有益的路径。

一、新乡贤：农村公共文化服务发展的中坚力量

1. 乡贤的概念

在传统社会中，乡贤或乡绅是基层社区的治理主体，他们一般是地方上有钱有财、有文化、威望比较高的人，在解决村民之间的矛盾纠纷、

培育文明乡风、维护乡村秩序等方面有着突出贡献的人。此后，由于科举制的废除，开始推行"乡政村治"模式，实施村民自治制度，国家力量对乡村进行全面控制，传统乡贤逐渐退出历史舞台。[①]

近些年来，在工业化、城镇化发展的进程中，乡村精英远离故土，涌入城市，导致乡村空心化，内生性权威流失，治理主体缺位。[②]而在农村社会，由于外来文化的侵扰，使得传统文化与乡规民俗对乡村治理起到的作用越来越小，导致乡村民心涣散、民风凋敝等诸多问题。乡村中所呈现出来的这些现实困境，都需要乡贤和乡贤文化的回归，协助基层社区治理。新时代、新使命催生了新乡贤群体，"新乡贤"也应运而生，成为实现"治理有效"的有益社会力量。[③]新乡贤并不是一个全新的概念，而是对传统乡贤的继承与发展。由于所处的环境不同，使得两者在治理乡村的方式上有所差异。且两者的内涵也有所不同，传统乡贤主要是村落中德高望重的人，而新乡贤的概念更加宽泛，即：在城乡中国的社会背景下，自愿拥护党的领导，拥有高尚的人格品质、法治意识较强，且有意愿为乡村建设做出贡献的社会各界人士，都可以是新乡贤。当然，不管乡贤身份如何演进，乡贤作为社会治理的协同力量，有助于弥补乡村社会变迁过程中治理力量不足的问题。[④]

2. 新乡贤：乡村治理的中坚力量

"党的十八大以来，中央一号文件多次提及乡贤概念，强调要重构乡

①葛佳慧、陶丽萍：《文化新乡贤助推非遗传承：价值、限度与实现路径》，《文化软实力研究》2022年第6期，第98—108页。
②许欢科、滕俊磊：《乡村振兴中新乡贤培育的障碍及其对策》，《南京邮电大学学报（社会科学版）》2019年第1期，第35—42+67页。
③王红：《弘扬新"乡贤"文化为乡村治理注入新活力》，《农村发展》2023年第6期，第71—72页。
④张军：《新乡贤的嵌入与乡村治理结构的转型——基于两个村庄的比较分析》，《社会发展研究》2023年第1期，第191—206+245—246页。

村文化，深入挖掘乡贤文化所蕴含的治理智慧和经验，充分发挥新乡贤在新时代我国乡村治理实践中的内生性作用。"[1]张烁和闵婕认为：乡贤是基层治理的重要参与主体，现实且深刻地影响和形塑着中国乡村的秩序生活。[2]目前，学术界对新乡贤参与乡村治理的研究主要侧重于两个方面，即新乡贤治村的困境与挑战，以及新乡贤在治村中所扮演的角色和发挥的作用。[3]王红认为：新时代提高乡村治理的有效性，必须在自治、法治、德治结合的基础上，发挥新乡贤的作用，才能在乡村经济社会发展中实现"四两拨千斤"的作用，最终实现乡村善治。[4]而乡村善治又依赖于文化治理的作用，相关学者的研究认为，当下农村社会根本问题是文化失调，使得乡土社会治理难度加大。且从目前来看，乡村对文化建设的重视不够，使得文化治理乡村的作用发挥有限。因此，可以发挥新乡贤的文化治理作用，让他们在文化传播、文化保护、文化传承方面发表自己的见解，由此重构乡村文化秩序，培育乡土文明。善用乡贤的文化素养和文化资源服务于乡土社会，起到示范、引领作用，助力乡村发展。各级政府要加强新乡贤的文化建构，让新乡贤发挥出更大效能。[5]

"唯经济论"的乡村治理模式不可持续，只有让全社会认识到新乡贤在乡土社会治理中的重要作用，才能渐进式地改变农村文化土壤。通过构建新乡贤的再生机制，促进乡村经济、社会、文化等方面齐头并进，从而加快乡村治理体系和治理能力现代化进程。

---

① 孙健、何紫菱：《新时代新乡贤参与乡村治理的逻辑思路及文化向度》，《西北农林科技大学学报（社会科学版）》2023 年第 5 期，第 13—20 页。
② 张烁、闵婕：《基层治理体系现代化：以新乡贤全面推进乡村振兴》，《四川行政学院学报》2023 年第 5 期，第 1—13 页。
③ 张琳、唐一焱、张凤华：《行动者网络视角下新乡贤治村的动力机制研究》，《社会治理》2023 年第 3 期，第 1—14 页。
④ 王红：《弘扬新"乡贤"文化为乡村治理注入新活力》，《农村发展》2023 年第 6 期，第 71—72 页。
⑤ 李传喜：《多重建构：新乡贤身份建构的逻辑与路径研究》，《中共宁波市委党校学报》2023 年第 3 期，第 65—76 页。

二、乡村公共文化资源具有整合与凝聚功能

乡村治理现代化，不仅需要多元主体的"共谋、共建、共治、共享"，还需要从中国传统文化中探索文化治理的智慧与实现路径。乡村治理需要人力、物力、财力、智力的综合支持，是一个系统工程。首先，从组织层面来说，村委会在管理村庄方面起到重要的引领作用。而村庄中的乡贤，大多有意愿为自己的家乡做贡献，较为简单的方法是：村委牵头组织，乡贤出物资、出经费、出创意，再由村委会落实和执行。但现实中的情况是：村委会成员由于时间不足或者能力有限，无法有效地整合外部资源。在这种情况下，如果要推动村庄的有效治理，则需要村委会善用社会资源和乡村公共文化资源，并引导村民去开展一些公共文化活动，起到文化治理村落的效果。

从调研的数据来看，上海农村有着较为充裕的公共文化资源（如文化空间和文化设施）。它们在乡土社会中，不仅可以具有公共交往、文化传承、信息传播等功能，还可以促进村民合作，强化身份认同，对于推动传统文化的传承发展有着重要的作用。李志农和乔文红认为：乡土社会本是一个由多元公共空间造成的集合体，传统村落公共文化空间以其丰富的内涵和独特的形式对村庄政治、社会、文化乃至经济发展都产生了重要的影响。[1]基于社区公共空间而凝聚的地缘群体，既有共同的地方文化认知，又有共同利益为纽带，乡贤支持家乡建设，正是在这种社会团结的基础上产生的。这种社会团结、社区互惠是乡村社会运行的重要机制。由此可见，社区公共文化资源、公共文化空间既是乡村传统文化的传承载体，又是乡村居民在人际交往过程中所形成的文化特色和生活场域，值得我们深入的开发与营造。

---

[1] 李志农、乔文红：《传统村落公共文化空间与民族地区乡村治理——以云南迪庆藏族自治州德钦县奔子栏村"拉斯节"为例》，《学术探索》2011年第8期，第61—65页。

三、新乡贤参与公共文化服务建设的机制与实例

上海的乡村社区治理中，公共文化起到了重要的社会整合功能。日常生活的闲暇时间，村民在村落的宗祠、综合文化活动室、文化广场、文化礼堂、村史馆等公共空间娱乐休闲、商议社区公共议题，起到社区互助、社区自治的作用。在节庆期间，其功能主要体现在营造浓厚的地域认同，吸引村民返回乡村建设家乡。杜赞奇在《文化、权力与国家：1900—1942年的华北农村》中写道：乡村文化组织为乡村社会权力结构提供框架，村庄头面人物通常也是乡村宗祠文化组织的负责人。[①]朱哲毅认为，应发挥新乡贤的文化引领和示范作用，公共文化活动的组织开展、文化空间的修缮等都离不开新乡贤的支持与帮助。[②]笔者在调研走访的过程中，总结新乡贤参与公共文化建设的方式如下：

1. 新乡贤与图书馆合作，推动农村公共文化服务发展

案例1：上海嘉定区的"百姓书社"是嘉定基层文化的重要载体，为城乡公共文化服务均等化发展打下了良好的基础。"百姓书社"一部分是由使用率较高的居委（村）图书室转型而成，另一部分则是由村里的新乡贤（如退休教师、文化工作人员等）愿意无偿提供自家房屋打造而成。书社所需的文献、基础设施由嘉定区文化馆统一采购、编目和配送。这种方式不仅弥补了图书馆服务的空白点，可动态地适应城乡人口结构变化，而且选点直接面向弱势人群，保障了公民的文化权益。[③]

笔者在嘉定区调研走访的过程中，走进南翔镇新丰村的百姓书社，

---

① ［美］杜赞奇：《文化、权力与国家：1900—1942年的华北农村》，王福明译，江苏人民出版社1996年版。

② 朱哲毅：《上海推进乡村振兴示范村建设的若干思考》，《科学发展》2021年第6期，第97—101页。

③ 黄莺、张军玲、段宇锋：《百姓书社：都市乡村的书香风景》，《图书馆论坛》2020年第4期，第18—21页。

该书社由村里的新乡贤朱振芳夫妇负责，夫妻俩退休之前是中小学教师，他们利用自己家里的住房和嘉定区图书馆合作，在家成立了百姓书社。据朱振芳夫妇介绍，他们的一双儿女都已成家立业，非常支持他们为村里做公益事业。夫妻二人严格遵守嘉定区《百姓书社借阅制度》，并主动承担起"百姓书社管理员岗位职责"，几乎每天都对外开放，并按照《中国图书馆分类法》索书号整理排架、保持借阅记录完整，为了保障阅读环境舒适安全，夏天冬天都会给读者开空调，并有茶水供应。除了借阅图书以外，百姓书社还是乡村的文化生活阵地。如：在百姓书社开展迎接上海世博会、文明城区创建等学习活动，成为全新的政府宣传平台；此外，百姓书社也自发策划特色活动，朱振芳夫妇在传统节日为村民举办聚会，为村民搭建表演的平台。百姓书社以书为媒、以书会友，成为村民文化交流的阵地。

在嘉定区，自2006年以来，共建100余家百姓书社，类似朱振芳夫妇这样的新乡贤还有很多，他们为农村社区村民营造了和谐的精神文化家园。百姓书社的运营与发展大多依靠新乡贤出物资、出力、出创意，方便附近的村民能在自家附近借阅图书报刊，并得到了各界的肯定和赞誉。

2. 新乡贤可通过创办公共文化空间，助力乡村振兴

案例2：蒲实等主张吸引青年返乡创业，并为之提供资金和政策支持，可以为乡村振兴增添活力。[①]青浦区林家村的农家书屋"薄荷香文苑"的创始人就是返乡创业的代表，运用文化振兴推动乡村振兴，发挥文化的媒介作用。"薄荷香文苑"由村里的新乡贤陈君芳夫妇自建，大部分图书由爱心人士捐赠，于2016年4月正式对外开放。之后，夫妇俩又依靠

---

① 蒲实、孙文营：《实施乡村振兴战略背景下乡村人才建设政策研究》，《中国行政管理》2018年第11期，第90—93页。

自己的人脉，邀请很多艺术家入驻林家村。其中，一部分农宅被艺术家租赁下来，改造成艺术家的工作室，另一部分则被改造成可以举办画展、讲座等功能的公共艺术空间。

最美农家书屋＋艺术家集聚，为林家村带来了流量，使一个原本孤寂贫困的村落活跃起来，为了抓住"流量"，林家村开始进行改造。2020年，将公共环境艺术化，在村里的公共区域打造"一环三街"，一环即稻田景观环用以提升乡村的艺术氛围；三街即庭院水街（即公共休闲水街，包括建造艺术桥梁等）、花园内街（主要对农户庭院、公共环境进行提升）、稻田外街（包括艺术公共活动中心、艺术大师工作室），经过"一环三街"的打造，村落变成了前有街景、后有水景的个性化庭院。除此之外，流量红利也使传统的水稻种植上了一个新的台阶。林家村部分村民联合起来于2017年成立了一家农业专业合作社，运用新的种植技术，培育优质水稻，并使水稻大米品牌化（即薄荷香大米），用新媒体互联网的方式进行销售，比普通大米亩均增收一倍的价格。林家村大米的品牌化也得益于艺术村流量红利。

林家村的新乡贤让艺术作为媒介，呼朋唤友让艺术家集聚这里，艺术家带来资源和创意，打造全新的文化产业链条。一方面通过引入社会资本，让村民就近就业；另一方面通过出租存量空间、闲置土地和培育优质水稻，增加村民的经营性收入和红利分配。此外，随着上海乡村振兴战略的进一步推进，青浦区将联合朱家角古镇，发挥资源优势统一部署，在青浦区的7个特色村庄中整体规划，打造"南张马、北林家"的乡村振兴标杆区。"薄荷香文苑"给我们的启示是：新乡贤可以通过打造公共文化空间的方式，让艺术介入乡村，也是乡村振兴的一种工作方法。当乡村和艺术融合，可以产生很好的化学反应。艺术家的艺术创作需要静谧的乡村，乡村振兴需要艺术的滋养，"稻香林家，艺术乡村"正是林家村在乡村振兴中想要走的路径。

3. 新乡贤通过开展丰富多样的活动，助力乡村社区治理

案例3：待泾村党委带领村庄里的新乡贤，把议事空间置于新乡贤家中。共同制定村庄自治的程序、责任、制度、考核清单，运用各种村规民约、公开墙、红黑榜等形式，引导村民参与公共决策，促进民事民管、公事我管，激发基层自治活力。如：李惠英阿姨，是待泾村3组的村民小组长，也是一名老党员，她把自住房的堂客间，打造成了"最美党建服务站"，村民在走邻访友时就可以在一起讨论村庄的自治议题，如村庄的垃圾分类监督、环境卫生保洁、邻里矛盾调解等。经过几年的实践，村落的乡风民风得到很大的改善。除此之外，党建服务站也成为了村民日常的公共活动空间，如村庄里热心人士在端午、中秋等传统节日时，也会聚集在党建服务中心做各种美食，策划各种文化活动，给村落中的孤寡老人带来陪伴和温暖，一起守护美丽的乡村家园。

充分利用村落中的公共空间，调动新乡贤开展丰富多样的活动。待泾村依托朱泾镇社区学校资源，邀请社区学校老师定期在党群服务站开展形式多样、丰富多彩的动手实践活动，比如"我画画我快乐"纸质金山农民画绘画暑期活动，让孩子们一边听老师讲述金山农民画的历史，一边学习金山农民画的技艺；"家庭劳动小能手"通过动手实践、职业体验等环节，既促进了家长与孩子之间的交流，也增强了孩子们"发现身边的美、制造身边美"的能力。为丰富青少年防疫知识，培养良好的卫生习惯，待泾村组织开展健康卫士之公共防护课堂暑期活动，内容丰富，干货满满。比如，组织开展健康讲座"身体的秘密""学卫生知识，做健康卫士""饮食安全知多少"等暑期活动，通过让青少年探索人体奥秘，熟悉身体部位，了解食品安全等，助力青少年全面成长和发展。组织开展暑期团活动特色课堂"花灯制作"，向青少年宣传"朱泾花灯"市级非物质文化遗产项目，了解朱泾独特的乡土文化。此外，还组织开展"永不消逝的电波"科普活动，为青少年详细介绍了无线电的相关知识，理论与实践、动手与动脑结合，营造了积极向上的科普氛围。

除此之外，待泾村的为老服务也深受村民的欢迎，村里组织了一群年纪较轻的老人为高龄老人提供洗衣、做饭、陪伴等服务，推动农村社区的"埭—家"互助式养老服务，提升村民的幸福指数。

4. 新乡贤改建自住房屋，为村落提供公共文化空间

案例4：崇明岛建设镇建设村的"林芝书屋"，是由村里的新乡贤陆勇峰和堂弟陆培一起将家里的老宅改造而来的。陆勇峰东南大学毕业以后一直在上海市区从事城乡规划方面的工作，参与过上海各区域的乡村规划工作。陆培曾是上海市区的一名小学老师。前几年，兄弟二人为表达对祖母的思念，将祖母生前居住的老宅改建成了一间向村民免费开放的书屋，并以祖母的名字命名为"林芝书屋"。

"林芝书屋"自初创开始就确立了几个功能。首先，它是一个面向周边村民开放的阅览室、观影厅、睦邻点。每天由父母亲开门，邻居们经常会过来聊聊家常，成为村落里的议事空间，堂弟陆培常在空闲时间开设亲子国学公益课堂，重塑乡村的精神文化空间。其次，"林芝书屋"也是社区营造空间。兄弟二人会定期邀请村里的老人、孩子、返乡创业者开展分享会、读书会，一起学习崇明方言、回顾崇明童谣、讲述贤达能人的故事，展示地方手艺等，类似的活动都非常受欢迎，并激发起大家对家乡的认同感和自豪感，小小书屋慢慢成为城乡链接的据点。[1]

"林芝书屋"从设想到改建，再到落地和开放，一致秉承着一个理念，即一定要尽可能地让村民一起参与进来，形成造血机制，起到"授人以渔"的作用，这也是乡村振兴的关键所在。

四、新乡贤参与农村公共文化建设的后续思考

新乡贤是具有特殊才能、在某个方面或某项活动中表现出杰出能力的

---

[1] 柳森：《从书屋到乡间美术馆》，《解放日报》2021年7月5日。

人所组成的整体。毋庸置疑，新乡贤参与农村公共文化建设，对农村来说具有重要作用，但在调研过程中，也有一些值得我们更进一步探讨的问题。

1. 新乡贤参与公益文化事业何以可持续发展

案例 1 中的朱振芳夫妇和案例 4 中的陆勇峰、陆培兄弟二人不仅提供公共空间，还要负责运行和管理，示范作用很强。但笔者在采访朱振芳夫妇时，也隐约感受到了这种模式的痛点，新乡贤除了出空间、出精力，每个月还要耗费大量的财力才能持续运营该空间。正如朱振芳夫妇俩说的：邻居来家里看书、看报、办活动，冬冷夏热不给邻居开个空调又不好意思，但由于书社的空间比较大，每天开空调意味着每个月都要花费"巨额"的电费。如果政府能够出台补偿机制，对致力于乡村文化建设的乡贤有所补贴，"百姓书社"的这份爱心才能够持续下去。

2. 农村公共文化建设，造血比造壳更重要

案例 2 的陈君芳夫妇不仅负责空间的管理，还要为家乡接入社会资源，多方位支持家乡的公益事业。但在调研采访的过程中，笔者也发现："薄荷香文苑"有点"外热内冷"的情况，即它成为媒体、年轻人打卡的网红点，获取了很可观的流量。但村民对该书屋评价很低，从笔者采访村民及观察来看：首先，该书屋提供的文化产品过于"阳春白雪"，如书屋提供的理论书籍，农民压根不需要；书法作品以草书为主，村民压根"看不懂"，书画作品不能贴近农民的需求。其次，按照村民的说法，该书屋的创办人在创办活动时从来就是走"上层"路线，自始至终很少与村民沟通交流，不了解村民的文化需求，不咨询村民的建议，没有唤醒村民的共建、共创、共享的意识。

3. 善于运用社会机制，激发村民共建共创

案例 3 中的李惠英发挥自身的余热，联合村落中的老人，为村民献

爱心。但在这个案例中有一个很好的机制,即通过村委领导自上而下的宣传、引导,运用一些奖励机制、积分机制激发村民的善意,一起参与农村社区的公益事业,可持续性较强。

新乡贤供给范式基本上能够有效地解决政府供给和村民文化需求之间所存在的缺位、错位矛盾。[①] 在供给的过程中,切记从乡村实际出发,不要妄图使一个传统社会按现代化原则或标准在一夜之间就告别自己的过去而迈入现代社会。[②] 因此,新乡贤要和村民交朋友,广泛运用参与式营造,否则后续会遇到很多的困难与问题。要做好乡村社区公益事业,唤醒社区共同体成员的责任意识、公益情怀,就显得非常重要。[③]

---

① 甘满堂、余炳勇:《吸引乡贤参与乡村振兴的可行性路径探索 —— 基于传统公共文化空间与乡村公益事业发展的视角》,《治理现代化研究》2021年第2期,第75—81页。
② 王广辉:《比较宪法学》,北京大学出版社2007年版,第159页。
③ 甘满堂、余炳勇:《吸引乡贤参与乡村振兴的可行性路径探索 —— 基于传统公共文化空间与乡村公益事业发展的视角》,《治理现代化研究》2021年第2期,第75—81页。

第七章

上海农村公共文化服务建设政策优化建议

中共中央办公厅、国务院办公厅印发《"十四五"文化发展规划》，推进城乡公共文化服务体系一体建设，推动公共文化数字化建设，创新实施文化惠民工程，提升基本公共文化服务标准化均等化水平，更好保障人民基本文化权益。改革开放以来，我国农村地区的经济、社会发生了翻天覆地的变化，进入21世纪，党和国家高度重视农村的发展，先后提出社会主义新农村建设、美丽乡村建设，再到党的十九大报告的乡村振兴战略，中国农村地区的文化需求、文化消费结构以及社会文化环境都发生了很大的变化。计划型自上而下的农村公共文化供给模式造成农村居民文化权利的失落。首先表现在文化选择权上，格式化的文化供给造成文化项目的单一性，农村村民的选择范围十分有限；其次是由于农村地区地域广阔、村落之间较为分散，部分较为偏远的村落在文化项目的数量和丰富性方面更是受到很大的挑战，使得文化权益均等难以实现。为此，农村公共文化服务必须从政府计划型供给（项目制）转向市场契约型供给，以适应不同地区、不同类型的农村基层公共文化需求。[1]亟需运用数字技术手段解决农村公共文化服务供需错配、文化权益均等化等问题，促进文化系统内部的沟通与协作。

乡村文化包括物质文化和精神文化。但乡村文化的物质层面主要

---

[1] 傅才武、刘倩：《农村公共文化服务供需失衡背后的体制溯源——以文化惠民工程为中心的调查》，《山东大学学报（哲学社会科学版）》2020年第1期，第47—59页。

是与农业生产相关的器具、耕作方式、农村建筑、村落布局等；而与农业生产相关联的生活方式、道德观念、思维模式、民俗节庆、神话谚语等，都属于精神文化层面。[1]同时，农民的文化层次决定了其所需要的公共文化产品与服务是要比较直观的、生动有趣的产品与形式，必须贴近于农村的生活实践，反映农村的时代风貌，这样农民才有一种亲切感，能够认同，特别是与农村传统生活习惯和文化传统相适应的文化服务内容。[2]可以看出，乡村文化与城市文化具有有一定的差异。如果公共文化服务形式与内容过于城市化，农民群众不熟悉，或者说与农村的生活实践脱节太严重，农民群众对这种服务与文化产品就不感兴趣。但是，长久以来，以城市为中心的思维模式根深蒂固，整个社会主流意识也把城市看作先进发达的代名词，把农村看作贫穷落后的代名词。体现在发展方式上，是用城市去改造农村、消灭农村，或者说以城市为优先，农村发展让位于城市发展，而不是以村落为中心去发展农村，振兴乡村，在发展农村公共文化服务时，亦是如此。因此，在为农村地区供给公共文化产品时，必须按照农村区域的生态特点，供给与农村生产生活相适应的文化产品。如前文所述，上海农村公共文化服务整体上以政府供给为主，社会力量供给在农村地区还处于起步阶段。单一的供给方式无法满足农民对文化的需求，需要整合多方力量，从思维理念、体制机制、技术突破等方面给上海农村公共文化服务的供给困境提供解决方案，进而"提高公共文化服务效能"，形成符合上海区域的文化治理策略，让乡村公共文化服务在农村治理方面发挥更大的作用。

---

[1] 曹红亮、吴颖静、俞美莲：《乡村振兴视野下上海近代以来农耕文化的流变》，《上海农业学报》2020 年第 2 期，第 125—130 页。
[2] 王富军：《农村公共文化服务体系建设研究》，福建师范大学博士论文，2012 年。颜玉凡、叶南客：《我国现阶段农村公共文化服务困境解析——以 H 社区为例》，《艺术百家》2014 年第 6 期，第 23—29 页。

第一节

财政支持：保障农村公共文化服务人、财、物的供给

相关研究表明，政府的财政投入是提高农村公共文化服务满意度的直接来源。[①] 如前所述，公众对于公共文化服务已由"生存型"的基础诉求转向"发展型"的高质量诉求。不可否认，上海农村公共文化服务存在城乡发展不平衡、文化设施薄弱、服务主体单一、供需脱节、文化内生动力不足、文化人才缺失等问题。这些都不利于乡村振兴的发展。因此，需要建立稳定的农村文化投入保障机制，保证一定数量的转移支付资金用于乡镇和村的文化建设。确保农村基层文化建设设施的运营，文化活动文化项目的资金需求，尽快形成完备的农村公共文化服务体系。

一、加强农村文化设施建设，建立公共文化服务平台机制

未来，上海农村公共文化设施的提质优化应该被纳入政府工作日程，实现高质量供给。第一，优化实体空间。依托文化礼堂、农家书屋等实体空间，打造具有艺术临场感与体验感的空间装置。如上海北管村以"乡情"定位开放的"我嘉书房"是在"农家书屋"的基础上升级而成。不仅有丰富的藏书，更打造全区第一个"听书室"，主打数字化概念，让读书更贴近百姓需求，更符合新时代的特点。年纪大的村民戴上耳机，就可以从300多

---

① 王永莉、梁城城、王吉祥：《财政透明度、财政分权与公共服务满意度——中国微观数据与宏观数据的交叉验证》，《现代财经（天津财经大学学报）》2016年第1期，第43—55页。

个有声读物中选择听自己喜欢的故事。村民董志浩说："年纪大了，视力不好，看书费劲。戴上听书机，就可以轻松'看'书。我从小就喜欢听各种故事，听书机里的历史故事、传记都很喜欢，约上几个好友过来听听书、喝喝茶，很开心。"第二，创建在线虚拟文化空间。北管村的农家书屋主打数字化概念，还配备了电子书借阅机、数字移动大数据分析平台、自动借还系统，方便阅读者阅读以及了解相关信息。同时，为了将阅读服务触角全覆盖，书屋还设置了亲子阅读区、翰墨工作室等，并实现了全区域无线网络覆盖，读者只要用手机 Wi-Fi 连接"北管村数字移动平台"，打开浏览器，就能登录"掌上图书馆"首页，体验"全民阅读""有声读物""时政新闻"等服务功能。第三，创办线下兴趣课程。北管村的农家书屋除了阅读功能，村里还定期请"老法师"来开设书法、剪纸等课程。通过对接社会组织，定期开展插花，扎染、手工艺制作等活动，提高书屋人气。第四，结合多元化的村民结构，设计文化项目。通过深入对接专业的社会机构，设计出活动内涵丰富、辐射人群广泛的各类阅读体验活动，强化书屋的服务功能，逐步打造符合新时代特点的阅读场所。配置的书籍将涉及各地风土人情、民俗等方面，让新村民感受到家的温暖，同时，配置有关上海特有的海派文化类的书籍，让来沪人员也能融入上海文化。

二、着力发展农村特色文化，建立公共文化服务内生机制

蒋昕和傅才武认为：文旅分治时期，乡村文旅基于市场倒逼而自发地实现了项目化的融合发展，但在文化维度上不能突破乡村文化传承困境，在经济维度上不能解决旅游经济漏损问题，无法形成内生发展的动力机制。因此，需要加强对农村优秀民族民间文化资源的系统挖掘、整理和保护。[①]李少惠和崔吉磊认为：在农村公共文化服务的建设中立足农

①蒋昕、傅才武：《公共文化服务促进乡村文旅融合内生发展的动力机制研究——以宁波"一人一艺"乡村计划为例》，《江汉论坛》2020 年第 2 期，第 43—50 页。

村，以广大农民群众为主体，充分发掘农村本土文化资源。[①] 在这一过程中，必须深入探究农村居民参与"种文化"的影响因素，以促进农村内生文化的发展及农村文化的迭代创新，进一步提升农村居民文化获得感，推动农村文化建设，从而助力乡村振兴。[②] 城乡一体化不是城乡一样化，要遵循乡村自身发展规律，保护村庄肌理、粉墙黛瓦、小桥流水的江南特色。要把体现上海乡村文化特色的符号和元素提炼出来，让乡村有风貌更要有韵味，有入眼的景观又要有走心的文化。

三、加强农村文化队伍建设，建立公共文化服务保障机制

采取有效措施，稳定和发展专兼职结合的农村文化队伍，逐步提高队伍的整体素质。除了专职人才队伍外，李少惠和王晓艳认为：培养农村适用的相关人才，发挥农村文化骨干、文化能人、文化名人、民间艺人的积极作用；加强农村业余演出队、业余电影放映队、文化中心户、农家书屋、农村义务文化管理员等业余队伍的培训；重视乡镇文化站的选人用人问题，建立一支扎根基层、服务群众的专兼职公共文化队伍。[③] 上海作为国际大都市，在城乡融合、乡村振兴的背景下，"市民农民化"和"乡贤回归农村"不仅丰富了农村的文化生活，还丰富了农村的人才储备，但是如何吸引人才支持农村建设是一个值得研究的课题，需要相应的制度建设。此外，对于外来人口相应的权利也是值得关注的，满足其参与政治生活和经济生活的需要也有利于发现和培养乡村振兴人才。[④]

---

① 李少惠、崔吉磊：《论我国农村公共文化服务内生机制的构建》，《经济体制改革》2007年第5期，第175—178页。
② 戴艳清、田璐怡：《农村文化的迭代创新：农村居民参与"种文化"影响因素与启示》，《图书馆论坛》2023年第1期，第1—11页。
③ 李少惠、王晓艳：《社会资本视角下的农村公共文化建设研究》，《西北师大学报（社会科学版）》2009年第6期，第66—70页。
④ 赵德余、代岭：《村庄主体差异对乡村振兴效用感知的影响》，《华南农业大学学报（社会科学版）》2022年第5期，第1—10页。

第二节

融合发展：发挥农村公共文化服务的治理功能

农村公共文化服务是促进乡村振兴的重要保障，涉及文化惠民工程自上而下的产品供给、农村文化产业发展、乡土特色文化的传承与保护、农民思想政治教育等内容。应统筹兼顾、协调发展，促进公共文化与产业兴旺、社会治理的融合发展。

一、宏观上，注重文化顶层设计与配套基础设施建设

第一，规划农村社区乡村文化建设，形成区域特色文化。基于对上海农村公共文化进行的调研和分析，对农村优势文化的发展进行有效保障。发展规划包括短期的文化保留、中期的文化弘扬和长期的文化绩效三个层面。从规划上明确农村社区公共文化的发展方向，把公共文化建设深度嵌入乡村振兴的各个环节，有助于提升农民的社区归属感和互助团结意识，丰富农民的精神生活。

第二，为地方特色农业注入文化符号。结合上海地区农业产业特色和农业企业的技能需求，在农村社区开展农业技能培训，为特色农业注入农村文化符号，提升农民对本地特色产业的认知度和自豪感，无形中增加农民加入特色农业发展的意愿，使公共文化和农村社区经济深度融合。

第三，充分发挥互联网＋公共文化的作用，进行公共文化供给结构的调整。随着互联网的发展以及大数据、人工智能等技术的广泛运用，对农民的行为偏好、兴趣爱好、公共文化参与度等通过信息技术

手段可以得到较为可靠的参考数据。政府推动信息基础设施的建设，全面了解社区农民的实际需求，按需定制公共文化服务，提高社区农民的满意度，减轻社区治理的民意阻力，同时还可以为社区带来商业性的发展机会。

二、中观上，升级农村区域公共文化的服务业态

在服务业态上，改变过去公共文化主要由政府提供的传统服务业态，转变为多主体参与、多方资源共享、多种服务形式的新业态。

具体来说，一方面，鼓励农村公共文化与社区民主自治有效结合。农村社区治理要依靠农民的互助与自治，充分发挥农民的主观能动性。农民互助形式的公共文化，如生活困难互助、养老帮扶互助、农业技能互助、农村传统艺术社区传播等，可以大幅增加社区文化活动的范围，而且成本低廉，可以加大力度推广；另一方面，随着区域农村社区治理能力的提升，社区人的聚集产生的各种精神文化需求，会吸引城市社会资本介入，提供更丰富的文化产品。社会文化力量需要政府的合理引导，也需要政府通过资源共享等形式降低其进入农村社区的初始成本，从而使农村公共文化服务业态呈现百花齐放的局面。城市社会力量提供的公共文化产品，持续向社区输入，会进一步促进社区治理的城乡融合，活跃农村社区的物质及精神文明生活。

三、微观上，创新公共文化服务模式

在中观上明确了多主体参与农村公共文化建设的服务业态，在微观上对服务模式进行完善和创新，从而更好地服务于乡村振兴。

第一，农民互助共享型服务模式。在公共文化建设宣传农民互助、资源共享的基础上，社区提供一定的配套设施。这些基础设施，可以是志愿农户家里的闲置房间，还可以是社区活动室等，由参与互助的农民，进行传统舞蹈、手工、绘画等传统文艺活动或者是技能培训活动等。社

区管理者充分利用农民的自主能力，从服务者的角度，进行引导和配合，这样既能节省农村公共文化建设的成本，又能与社区居民充分互动，提升社区服务质量。另外，通过信息化管理的形式，针对农民的性格特点，对农民参与的各项公共文化活动进行行为登记和打分，在物质或精神上奖励活跃农民，并鼓励活动意愿低的农民充分参与，不断扩大农村公共文化服务的覆盖范围。

第二，"公益＋商业"服务模式。农村公共文化服务要强调公益性，即商业性的公共文化供给应保持微利、长期可持续。进入农村社区的社会资本，通过对农民衣食住行等方面需求的满足获取一定的商业利益，并通过该利益反哺其在公共文化方面的投入。创新利用互联网思维应用于农村公共文化建设，以公共文化投入获得农民信任，再利用其他商业行为获取利润。公益与商业结合的方式，既保证农村公共文化服务公益性的特征，又能为农村公共文化服务提供商业上的资金支持，有助于农村社区公共文化的长期发展，同时也有利于扩大社区农民的就业范围，提升农村居民的幸福感。①

第三，产业引领型服务模式。对于较为贫困的农村地区，财政资金的使用会偏重于农民脱贫和贫困户的生活帮扶，其他方面的资金如公共文化建设的资金非常匮乏。同时，贫困地区农民的文化需求普遍较低，配套基础设施薄弱，难以吸引社会资金提供公共文化服务，这就形成了贫困地区公共文化贫瘠的状况。

产业引领型服务模式，是在政府大力支持农村产业化扶贫和乡村振兴的背景下，将农村特色产业与公共文化建设相结合，促进农村公共文化的发展。对于农村特色产业，通过赋予其一定的文化内涵，体现独特性，形成核心竞争力。文化内涵可以是历史文化传承、农村社区传统特

---

① 颜玉凡、叶南客：《我国现阶段农村公共文化服务困境解析——以 H 社区为例》，《艺术百家》2014 年第 6 期，第 23—29 页。

色，还可以是一种社区农民兢兢业业、产品优质、服务至上的象征，目标是提升农产品的市场认可度与品牌知名度。

四、公共文化参与农村社区治理的服务链条

农村社区治理是一项长期复杂的事业，农村公共文化参与社区治理的过程中，会出现各种类型的问题。反馈与及时处理是关键的服务机制，及时收集和整理存在的各类问题，形成可循环更新完善的参与治理服务链条，可以有效促进农村社区治理迭代式向前发展。

具体的服务链如图7-1所示。第一，宏观上，社区的乡村习俗与行为惯性会对文化符号的设计与推广具有参考价值，符合民意又具有文化价值的公共文化会受到较小的发展阻碍，社区农村居民也会易于接受。第二，中观上，农村公共文化在社区"自治"的服务业态组织上注重乡村优良传统与互帮互助的发扬，强调对社区居民自治组织的思想规范，在不违规、不触犯法律、不触碰社会底线的前提下，形成社区治理的民众合力；在社区"他治"的服务业态组织上更注重的是民主与共治，强调对社区居民呼声的快速响应。另外，城乡融合的文化服务业态，则注重的是公共文化的包容，强调对现代化发展理念与农村社区观念的融合。第三，在微观上，具体的农村公共文化参与社区治理的服务模式，是根据服务业态演化而来，注重公共文化服务模式的创新，强调对社区居民个性化需求的满足。第四，公共文化参与社区治理微观模式遇到的制度、观念、资金、标准不统一等问题通过向宏观及中观的反馈，调整文化特色与服务组织，作用于微观，不断迭代改进服务模式，使公共文化得以更好地服务于社区治理。

正是得益于这种服务链条，农村公共文化能够动态可持续发展，使农村公共文化既能呈现区域特色和服务于地区经济发展，又能丰富社区居民的文化生活，完善社区治理体系，提升社区凝聚力。

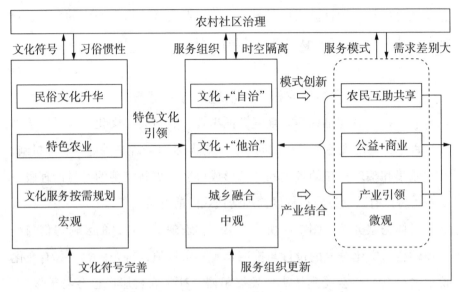

图 7-1　农村公共文化参与社区治理的服务链

第三节

制度创新：完善农村公共文化服务体系的体制机制

农村传统观念在广大农民群众中有着深刻的思想痕迹，比如男尊女卑、养儿防老、小农生产、公共卫生意识薄弱、新事物接受度低等。而在农村社区的现代化治理理念中，一个重要的内容就是构建多元化的协同治理体系，在治理手段上强调信息化与智能化，在治理理念上强调农民互助与政府支持。农民在社区居住，若无法在思想上同步改变，不愿参与和配合社区公共文化活动，不愿接受先进的信息化技术与理念，会给农村社区治理带来较大的沟通与管理成本。比方说：农民对社区公共卫生的不注意、对公共设施的不爱护等问题，会增加公共支出压力；特别是传统的只依靠政府的服务观念，无法适应经济社会发展的要求。随着我国劳动力转移的发展和农村老龄化的到来，农村老年人的养老、帮扶、提升生活质量等方面的问题，由于政府财政支出支持养老的能力有限，农村老人对基层政府养老服务的满意度普遍较低。

除此之外，改革开放后社会生活高度流动，不再是终老是乡。第二代农民工在空间上脱离了农村社会，在感情认同上对农业生产、农村生活、农民身份等都有较深隔阂，在农村公共文化服务的供给上，需要形成城市新需求和农村新供给的有效结合，满足人民日益增长的美好生活需要。这种形势下，文化领域以政府为主的单一治理模式和计划管理模式已经远远不能适应农民对文化精神生活的多元需求。这就要求公共文化服务领域必须转向市场经济主导下，各方社会力量参与的多元治理模式。从现实来看，这种自上而下和自下而上的两种运行规则是解决目前农村公共文化建设的基本路径，通过汲取双方的有益成分，构建起兼容国家行政治理和基层群众力量两种治理逻辑的制度环境。上海城市区域的公共文化建设，近年来经过体制机制的创新，各方力量参与公共文化建设取得了很好的效果。而农村地区，限于公共文化的公益性，社会资本大都不愿意参与，整体上仍然以政府供给为主。

一、重塑文化体制环境

第一，重构"行动纲领"，强化战略目标。如前所述，公共文化在乡村治理中起到至关重要的作用。为此，国家高度重视农村地区公共文化项目的供给，主要涉及图书报刊、戏曲电影、农家书屋、广播影视、信息技术、文化广场和健身器材等，促进城乡公共文化服务均等化。这些项目分属图书情报、表演艺术、广播影视、文化体育等不同的领域，在资金来源上更是对应文化和旅游部、国家广电总局、国家电影局以及新闻出版总署等。各个文化部门之间的条块分割、交叉重复、主体封闭等因素，造成农村公共文化服务的低效率、碎片化、裂解化，导致农村居民文化权利的"失落"。

农村公共文化服务的低效率困境部分是由于碎片化治理的结果。改进的策略是要用结构性思维和整体性理念。[1] 希克斯认为，建构"一套容忍性制度"，即通过建立一套对所有成员都有约束力的制度，来推动组织之间形成互相包容、彼此适配的关系模式。[2] 其方向是确保各个参与主体的目标一致。

在当前农村公共文化服务体系建设中，国家行政系统的各个文化部门的价值目标分立，对农村公共文化服务的有效供给形成了较大的障碍，需要构建农村公共文化服务供给网络的责任目标体系，统筹兼顾各个参与主体利益诉求的基础上进行操作落实，重构上海农村公共文化服务的"行动纲领"，打破"条块分割"。从实际操作层面来看：行动纲领可以细化为农村公共文化服务发展的战略目标—发展规划—政策体系。首先，明确以农村公共文化服务发展的战略目标，即围绕乡村振兴所提出的发展战略，发挥文化的引领作用。其次，根据战略目标完善农村公共文化服务的中长期规划"路线图"，形成统筹各个参与主体的发展规划。最后，整合与完善农村公共文化服务各具体领域的政策体系。

第二，政府职能转型：整合与下放。新公共服务理论推崇公共服务精神，重视公民在国家中的身份与权益，重视政府与公民之间的沟通、合作与共治。在这样的背景下，政府或公务员的首要作用是帮助公民表达并实现公共需求与利益，而不是控制或凌驾于公民的权利之上。要实现这一目标，应加快政府职能的转变，厘清各个主体的权责匹配。

传统的公共文化服务的提供方式，从根本上都是以政府为主导，并以政府兴办的文化服务机构和文化配送为实施主体，自上而下的单向度

---

[1] 傅才武、刘倩：《农村公共文化服务供需失衡背后的体制溯源——以文化惠民工程为中心的调查》，《山东大学学报（哲学社会科学版）》2020年第1期，第47—59页。
[2] 潘炜：《中国农村公共文化服务供给中的碎片化困境研究》，武汉大学博士论文，2020年。

输送过程。因此要改变传统的公共文化服务提供模式，破解政府因财政困难而难以承担的公共责任，缓和因垄断公共文化服务而带来的"政府失灵"，必须从政府职能的转变开始，在市场经济环境中，重新厘清政府的职能定位。政府职能转变，包含两个基本维度：一是政府职能的调整和机构的精简；二是政府职能的转移（分权或下沉），即公共文化服务的社会化供给，以此来强化对农村公共文化服务多样化、多层次需求的回应。

二、完善制度设计

第一，供给侧＋互联网＋需求侧：以需求侧创新引导供给侧改革。目前，上海农村地区的公共文化服务主要以文化惠民项目为核心的供给，政府自上而下的格式化的动作导致农村公共文化服务出现严重的"政府失灵"。政府竞争压力的缺乏、激励机制的限制和信息系统的不完善是"政府失灵"的根本原因。要纠正供给侧与需求侧之间的矛盾，必须做好制度安排，从需求侧的角度出发，依托数字信息技术进行制度创新，积极引导社会组织和市场组织参与公共文化服务供给，倒逼供给侧改革。当前文化惠民工程项目中的"被动参与"现象，受到供给侧和消费侧许多根深蒂固的制度制约和习惯制约。[1] 理论与实践表明，政府主导下的农村文化服务供给可在补短板、消除服务空白、实现空间正义方面发挥明显的优势。[2] 尽管送电影下乡、送戏下乡、农村文化活动室、农家书屋等惠民工程在促进农村文化普及与保障公民文化权利的过程中，曾经发挥过积极的作用。但随着互联网技术的普及、农村经济社会的发展，供需错位等现象已经凸显出来。这种由政府主导的自上而下的"极端简单化设计"，

---

[1] 傅才武、刘倩：《农村公共文化服务供需失衡背后的体制溯源——以文化惠民工程为中心的调查》，《山东大学学报（哲学社会科学版）》2020 年第 1 期，第 47—59 页。
[2] 闫小斌：《贫困地区文化扶贫之价值目标：走向空间正义》，《图书馆建设》2017 年第 1 期，第 40—45 页。

老百姓用脚投票的现状来看，已经不能适应市场经济环境下公民对文化的需求。随着上海乡村振兴战略的不断深入，上海农村区域的人口结构将在未来发生很大的变化，这种国家主导的格式化供给模式会导致结构性失效，农村公共文化服务供给进入了全面改革的关口。[①] 因此，必须形塑政府、市场、社会的沟通机制，农民公共文化服务的"被动参与"只是制度的"映射"。建议通过文化消费侧的制度创新引导供给侧改革，即"自治+他治"[②]政府主导公共文化建设，优化传播渠道与服务，构建政府主导、多元治理主体参与农村公共文化建设。

虽然，上海各个区县在公共文化服务的数字化建设方面，都做了积极的尝试，部分区域的数字化平台创新力度非常大，以需求侧为切入点改革供给模式。但平台设计、内容安排上更适合上海城市的居民，对于农村地区的公共文化服务而言，应考虑农村地区的文化特点，再设计，即形成"农村公共文化管理服务云平台"，真正落实农村村民的文化选择权，优化供给机制。探索乡镇公私混合型文化主题模式，建设农村基层新型文化共享空间。

第二，线上线下对接整合：创新公民参与的协同机制。根据社会契约理论，公共权力源于公民的"普遍同意"。由于公共权力的性质，政府向公民提供服务的过程中，其服务范围、内容与方式必须充分尊重公民的意愿，根据公民需要的内容与形式提供公共服务。曲解民意、漠视公共需求的做法已经背离了公共服务的契约性要求，不但不能让公众满意，反而会造成社会资源的巨大浪费。[③]公共文化服务中的公民参与，主要涉及公共文化服务体系建设中的规划决策、建设投入、产品生产、管理服

---

① 傅才武、刘倩：《农村公共文化服务供需失衡背后的体制溯源——以文化惠民工程为中心的调查》，《山东大学学报（哲学社会科学版）》2020 年第 1 期，第 47—59 页。
② 陈建：《超越结构性失灵：农村公共文化服务供给侧改革研究》，《图书馆建设》2017 年第 9 期，第 37—43 页。
③ 范思凯：《公共权力转型期的政府公共服务》，《理论探索》2009 年第 1 期，第 103—105 页。

务、绩效评估等关键环节。这一过程，需要借助现代信息技术，构建线上线下互通有无的沟通机制。

首先，在规划决策与建设投入方面，如农村公共文化空间的设计与建设、乡村文化节庆的创办等，都需要充分听取研究农村治理方面的专家和村民的意见，通过现代信息技术，进行线上线下的沟通协商，不断提高农村公共文化服务决策的专业化和民主化水平。村民在参与过程中，加深了对公共文化决策的认知度，有助于消除个人或者集团的认知偏见，减少决策实施过程中的执行障碍，降低政府的协调成本。其次，在决策制定上，通过公共文化数字平台的对接互动，召开座谈会、专家咨询会、听证会、论证会、社会公示等多种方式，建立农村公共文化政策制定的协商机制。要实现多元主体协商对话，首先政府信息需要公开，让公民获得信息的渠道足够通畅；其次是建构参与渠道的制度化与程序化，进而提升公共文化参与的科学性与有效性；最后，促进基层民主参与对提高农村公共文化服务满意度具有积极的影响作用。[1]

第三，约束与激励：完善农村公共文化服务的绩效评估机制。在激励和约束机制不健全的情况下，资源配置效率和社会福利将不可避免地遭受损失[2]。农村公共文化评价体系是农村社区和谐发展的保障。构建公共文化建设的绩效评价体系和资金跟踪体系，对公共文化供给方的行为、绩效、资金使用等进行有效管理。农村公共文化绩效评价体系主要指标包括传统文化发展、城乡公共文化融合、文化基础设施、农民参与度与满意度、社区服务效率这五个方面。具体来说，弘扬传统文化，建立农村区域文化自信，有助于改善农民精神面貌，提高对城市新文化的接受度；农民广泛参与评价体系，有助于充分调动社区农民的积极性，使评

---

① 陈世香、谢秋山：《居民个体生活水平变化与地方公共服务满意度》，《中国人口科学》2014年第1期，第76—84页。
② 张梁梁、金亮：《中国式分权、社会资本与农村公共服务满意度》，《审计与经济研究》2023年第1期，第116—127页。

价体系依托于农民、服务于农民，避免出现与农民精神文化需求脱轨的绩效考核；利用农民对公共文化活动的充分"自治"，可以有效降低评价体系运行的成本，督促基层社区组织者专注于服务，提升服务效率。

资金评价体系要注重资金的透明度、对社会的引领作用和使用有效性。资金使用账目的公开透明，有助于提升民众信任度和凝聚力；灵活使用政府公共文化建设资金，利用其政策导向作用，引导民间资本投入农村公共文化建设；有效性在于加强资金投入的长期社会效应，营造社区公共文化氛围，激发农民自组织文化活动的积极性，形成长效的社区公共文化亮点。从现状来看，当下的绩效评估大都流于形式，仅仅以公共文化活动的公众参与率来说，有很多文化活动项目的参与率是极其低的，面对这种情况，公共文化服务的供给仍然未能改观。因此，应该建立绩效评价与领导干部的任用、晋升相挂钩，倒逼相关主体部门提高公共文化服务绩效水平。

第四节

技术突破：创建农村公共文化服务云平台

2019年5月，中共中央办公厅、国务院办公厅印发《数字乡村发展战略纲要》，强调了数字乡村是乡村振兴的战略方向，必将深化数字信息技术对农村、农民的影响。党的二十大报告中明确指出："实施国家文化数字化战略，健全现代公共文化服务体系。"

互联网和现代科技已经成为公共文化服务转型升级的重要突破口。据统计，党的十八大以来，我国互联网行业实现了一系列突破性进展，取得了一系列标志性成果。产业发展稳步增长，用户规模持续扩大，网民规模达 10.67 亿，5G 移动电话用户数超 6.5 亿。互联网是信息化时代民众获得政府公共服务信息的重要渠道，政府政务信息公开制度的完善，政务微信、微博的推广普及，使得居民在享受便捷公共服务的同时，提高了对政府公共服务绩效的评价，从而提高政府公共服务满意度。

然而，在已有的公共文化服务云平台中，大多数云平台对农村区域的公共文化展现较少，其平台设置不符合农村地区村民的使用习惯，更不用说文化内容和文化项目与农村村民实际需求的匹配度与关联度。这些都是导致农村村民较少使用现有文化服务云的主要原因。诚然，造成农村公共文化服务供需不匹配的原因是多方面的，除上述以外，还有制度性的因素和思维模式上的因素，即各个区域一直以来都是以城市为中心的思维模式去改造农村，实现城乡统筹发展，而不是以农村为中心去建设"美丽乡村"，实现乡村振兴。制度性因素在短期难以突破的情况下，尝试使用技术手段，或许是打破行政体制和思维壁垒的有效方法，也是整合企业和其他社会力量共同为农村公共文化助力的根本动力，倒逼制度改革，形成制度与技术共同发力的重要动因。农村公共文化服务搭建云平台在技术上与城市公共文化云平台差异不大，上海各个区域都有着非常丰富的经验，因此不再赘述。以下，我们将从农村公共文化服务云的内容定位、跨界合作、协同治理加以讨论。

一、基于内容偏好：送文化与种文化协同发展

文化是一种社会软实力，是经济发展的黏合剂。乡村文化是农村地区长期形成的、独特而具有生命力的文化形式，它代表了农村地区的历史、传统、风俗和价值观。[1]它与城市文化相比，有着较大的差异，在农村的经济社会发展中扮演着重要的角色。农村公共文化主要有两层含义，

---

[1] 魏媛斯青：《乡村文化与农村公共文化服务协同发展研究》，《村委主任》2023 年第 3 期，第 142—144 页。

一是政府对于公共文化服务的供给，二是各地区农民长期生活习惯形成区域特色的公共文化。这两方面的特征决定了农村公共文化建设需要与农民日常生活有较好的融合才能发挥作用。农村公共文化建设的目标是实现公共服务的均等化，提升农民对于公共服务的获得性和满足感。农村公共文化建设是农村物质文明和精神文明协调发展的推动力量。鉴于此，农村公共文化服务云平台，应该整合乡村文化与农村公共文化协同发展，让两者相互支持，共同治理农村社区，这将对乡村振兴有着重要的推动作用。

首先，乡村文化作为农村地区独特的文化遗产，具有相对稳定性、地域性和时代性特征，随着农村地区农民闲暇时间的增多，对精神文化需求也逐年增大。因此，农村公共文化的发展可以结合当地的乡村文化资源，开展受群众欢迎的喜闻乐见的文化产品，既可以丰富农村地区的公共文化产品，又可以提高农民的文化参与性。其次，乡村文化资源为农村公共文化服务提供发展契机。由政府统一配送的公共文化具有格式性的特征，即种类相对固定，千篇一律，内容上不够丰富，对农民缺乏吸引力。而乡村文化具有显著的地域性特征，对城市居民具有较大的吸引力，这种特征通过包装整合传播，可以为农村发展带来很大的经济效益。总之，乡村文化与农村公共文化协同发展，两者可以在相互支持的过程中，起到社会整合、教育塑造，对乡村起到"文化善治"的积极作用。

二、基于合作共治：整合资源适应新需求

合作共治主要是指公私部门之间的联结与协同，既强调政府部门内部的纵向整合，也包括横向之间的联结。当前上海农村公共文化服务存在的问题之一就是体制内部以及体制与外部主体间的联结关系过于分散。因此，"有限政府—合作共治"模式是未来农村公共文化服务建设的目标。有限政府是指政府在宏观上把握农村公共文化服务的总体方向，合作共治是指社会市场多元主体的参与与加强自身建设。在此基础上，相互依

赖、协同发展，在平等沟通、兼顾各方利益的过程中共同促进农村公共文化服务的建设。

目前，由于我国条块治理的行政体制，乡镇文化资源主要分布和沉淀在文旅、新闻出版、教育、科技、农业农村部分等系统。[1]首先要将分散在各部门的农村文化建设资源集中嵌入区一级的农村公共文化服务云平台。其次，上海市农业农村委员主持的乡村振兴局，承担统筹实施乡村振兴战略、组织推进乡村振兴有关工作。乡村振兴局作为统筹推进乡村振兴的主要部门，在乡土文化的挖掘、传承与保护、乡风文明的培育上面都起到积极的推动作用。再次，上海有相当多的优秀教育资源，高等学校和科研院所的参与对农村社区的生态文明建设、农业技能培训服务、村规民约等，村民通过学习，能了解与农村农业生产相关的知识，这对于有效维护社区秩序等农村公共事务都会产生相当大的影响，对改变农村社区居民参与公共事务治理的态度和观念起到决定性的作用。[2]这说明农村公共事务治理需要多方协同，需要文化、教育、科技、科研院所、农业农村部门的强强合作，一起致力于农村公共文化服务的建设，共同推动乡村振兴的发展。

三、基于服务需求：建构基层网络治理格局

治理有效是乡村振兴的重要内容。帕特南的社会资本理论强调了民众在非政治领域的互动（比如结社、互惠互利的行为）会发展出政治后果，具体而言，即作为社会资本核心要素的人际信任能够产生"溢出"效应，人际信任能够促进公民组织中的合作，形成社会网络，进而投射到

---

① 李娟：《整合和利用农村公共文化资源的对策研究——以湖南岳阳市农村公共文化建设为例》，《文史博览（理论）》2014 年第 8 期，第 67—68、77 页。
② 滕明兰：《农村社区公共事务满意度的影响因素分析——以广西为例》，《经济研究参考》2017 年第 3 期，第 101—105 页。

政治制度上，形成政治信任的公民文化^①。在农村公共服务供给实践中，我国仍面临着权责主体冲突加剧、互惠合作体系缺失、村民参与网络失效、普遍信任日益淡薄等乡村治理难题。随着农民生计模式和农村社会结构的同步变迁，乡土社会建构不仅需要国家层面的制度供给和资源输入，还依赖于乡村社会自身的秩序生产能力。因此，健全党建引领下的自治、共治、德治、法治的"四治"基层网络治理格局，可以促进农村公共文化服务建设的便利化和精细化，且对乡村振兴的影响也是持久而深远的。上海在乡村振兴实践的过程中，多元共治被各个示范村高度重视并深入挖掘。如奉贤区以党建为引领，着力推行"乡贤+"模式，开展乡村软治理，解决农村"硬难题"，开辟了一条政府治理与村民自治之间的"善治"之路。此外，在国家统一部署下，各个示范村家风家训也得到很好的传承和发扬。多个主体共建、共创、共享的治理方式，让多元主体都能感受到自豪感、成就感、获得感，并发挥主人翁的意识，进一步提升乡村振兴各个主体的内在动力。

四、基于有效治理：线上线下协同合作

借助数字信息技术平台建立"国家—个体"文化消费激励机制，确立消费侧制度创新引领文化惠民工程转型的政策路径。互联网的使用过程也是公共文化服务供给者与消费者之间良性互动与信息交换的过程，在多元主体的参与共建过程中，公共文化服务的消费者通过网络渠道积极提出诉求与意愿，为公共部门制定公共文化服务政策提供良好的实践依据。另一方面，政府等公共政策制定主体可以通过网络平台准确了解农村居民的文化消费偏好，缩短政策制定的成本和时间，从而提高政策制定的效率，促进了公共文化服务政策制定、执行的顺畅，进而提高政府

---

① 卢春龙、张华：《公共文化服务与农村村民对基层政府的政治信任——来自"农村公共文化服务现状调查"的发现》，《政法论坛》2014年第4期，第20—28页。

公共文化服务的满意度。[①]

通过加强农村公共文化信息管理系统建设，互联网技术快速收集和响应不同年龄层次农民的公共文化需求。建立农村公共文化活动大数据，分析农民的日常行为偏好，有针对性地进行公共文化活动设计和宣传；通过区块链技术的运用，使公共文化资金使用、农民向社区提供的服务、农民获得的社区服务等长期保存、真实可信，从信息系统层面确保资金不被挪用，保障农民参与公共文化活动的投入与回报的公平性；打造公共文化服务平台，线上多样化互动，24 小时在线，加强农民之间的互动交流，丰富社区公共文化的交流方式。针对农村社会的权力形态相对分散，基层组织数量多但规模小、布局分散、运行封闭等问题，可以发挥网络化治理在构建多元合作性网络上的优势，网络化治理是"跨界合作的最高境界"。[②]

综上，随着互联网技术的发展，大数据、区块链等技术给农村公共文化建设带来新的发展契机。互联网技术的本质是充分利用公众的能力服务公众，大幅降低交易成本，这与农村公共文化建设打造平台、充分依靠公众的理念完全匹配。

第五节

产业互助：农村公共文化服务可持续发展的保证

在当下中国，作为政策执行和政府治理的基本单位的基层政府信任

---

① 曾鸣：《互联网使用与农村公共文化服务满意度》，《华南农业大学学报（社会科学版）》2018 年第 4 期，第 84—94 页。
② 田星亮：《网络化治理：从理论基础到实践价值》，《兰州学刊》2012 年第 8 期，第 160—163 页。

缺失，乡镇政府更是面临着相对严重的信任危机，提升农村居民对基层政府的政治信任可以用软性的制度设计，如建立文化扶持资金，用文化支持农村产业建设以增强政府的社会资本。国外学者普遍认可社会资本是基层组织能够有效运行的前提条件，公共秩序与集体行为对社会资本存在较强的路径依赖。

一、构建农村产业的文化支持体系

农村产业发展是乡村振兴的根本，但政策支持产业发展容易出现重经济收入和短期利益，轻精神文化和长期利益的局面。究其原因，一方面经济效益和农民收入增加可量化程度高，是政绩考核的要求；另一方面，缺少对公共文化促进经济长期、高效发展的认识。农村产业融合主要有生态有机农业、乡村旅游业、乡村手工业、乡村农副产品生产与加工业，这些都需要文化为产业加持。尤其是乡村手工业，属于非物质文化遗产，是乡村经济的重要方面，也是产业融合的重要内容，具有变废为宝、循环利用的价值。2018年中央一号文件明确指出，要振兴乡村传统工艺，要培育一批家庭农场、手工作坊、乡村车间，为乡村产业融合提供前所未有的发展空间。农村产业除了具有农产品的价值以外，还有生态价值、景观价值、体验价值和教育价值等。从传统农产品生产功能拓宽到农业生态、生活、休闲、度假、教育与创意产业，拓宽农业收入空间，实现农文旅的融合。

发展农村产业的目的是增加农民的收入，培养农民综合利用农业资源的素质和能力，进而激发农民从事农业生产的积极性，产业融合的主体应该是农业生产者，发展融合农业不应该排斥农民。

构建农村产业的文化支持体系需要政府、农业企业、社区服务人员、农民的多方参与。政府引导和鼓励农业产业化企业，构建自身的文化特色，是文化赋能产业发展的重要突破口。第一，要充分发挥农业企业自身的资源优势，积极探索农村传统特色文化与农业企业的结合点，打造有丰富文化内涵的产品，提升企业的市场竞争力和农村特色产业的发展；第二，加强对社区农民的职业态度、环保意识、职业技能的公开宣传教育，促进农民形成积极参与农村产业发展的意识。通过公共文化发展为农村产业发展打下良好的人力资源基础；第三，培育有影响力的农村文化服务企业和社区文化服务组织，形成企业、社区、家庭多元化的发展载体和支撑体系。

二、建立支持农村公共文化发展的社区服务体系

政府需要政策的倾斜，支持农村社区充分发挥其农民住所聚集地的组织服务能力，推动公共文化在农村社区的发展。政策在优化社区服务体系建设上，可以尝试从多层次推进。第一个层次，形成农村社区公共文化服务的扶持基金，政府担保和兜底，吸引社会资金投资农村社区的公共文化项目，扩大农村社区公共文化的供给；第二个层次，形成农民民意的收集与快速响应通道；第三个层次，对于参与社区公共文化服务的农民，建立社区服务积分制度，以服务积分兑换和享受社区公共服务，提高农民的互帮互助的服务意识。对于农村的能人，要给予更多的支持与信任，在文化活动组织、服务等方面提供便利，发挥其模范带头作用，并给予资金上的奖励与支持；第四个层次，推进社区服务的公开透明，强化社区组织者的服务意识，依托农民的积极参与，多维度拓展服务范围和扩大服务半径。

在社区资金和社区项目来源上，把农村社区作为服务人、服务项目、联系政府的纽带。鼓励农村在外经商、务工人员把城市的资源、项目带回农村社区创业，政府提供一定的补贴，丰富农村社区的经营服务能力。在公共文化服务上做好社区新项目的宣传，引导农民积极参与，提高社区新项目的认可度，在一定程度上保障项目的有效落地。通过优化社区服务体系，打造农村社区公共文化服务高地，使经济利益和社会利益得到有效融合。

综上所述，农村公共文化建设有助于乡村振兴的发展，能有效提升农村社区治理的现代化服务能力，加深社区与农民的情感联系，提升农民的集体荣誉感和社区凝聚力，扩大农村产业的文化影响力。通过分析农村公共文化服务建设的特殊性，可以向政府和社区组织管理者提供实践参考和对策措施。在未来发展趋势上，农村公共文化作为农民思想建设阵地的作用仍会不断加强。伴随农民收入的增加，精神文化需求会逐渐增加，特别是在农村经济彻底摆脱贫困，城乡一体化发展程度逐步提高的情况下，农村公共文化的作用和影响会更加突出。

农村人口老龄化现象在我国已较为普遍，未来这一问题将更为突出。在农村老人的养老方面，文化生活是一项重要的福利指标。依靠公共文化服务平台打造农民互助、和谐的农村社区氛围，为互助养老的推广打下坚实的基础。撬动农村养老及大健康产业的市场蓝海，需要公益性与商业性的有效结合，公共文化建设也将在其中发挥关键作用。另外，随着国家在人工智能、物联网领域的投入和在农村试点地区经验的积累，公共文化服务智能化、个性化程度会不断提高，未来农村公共文化服务建设的发展可期。

第八章

结论与展望

第一节

研究结论

一、继续加大对农村公共文化服务的财政支持

从调研结果来看，受访者一致认为政府对农村公共文化服务的投入不足，以至于影响到受访者对公共文化政策与文化项目的满意度评价。上海农村公共文化设施，通过近年来的建设，基本实现全覆盖率。不可否认的是，与上海城市公共文化设施相比，大多数农村的公共文化空间建筑样式老旧，面积较小、功能单一、设备老化，数字化程度不高。农村公共文化设施的老旧与不足，使得农民参与公共文化活动的积极性不高，因此村民的文化需求得不到满足，文化权益得不到保障。且随着乡村振兴战略的不断推进，农村人口多元化将成为一种新的趋势，这在一定程度上有助于农村文化生活的复兴，但也给农村公共文化服务供给提出了新的挑战，即农村总体公共文化服务需求呈现多元化、复杂化、差序化的趋势。[1]正是这种趋势，使得公众对于公共文化服务已由"生存型"的基础诉求转向"发展型"的高质量诉求。为此，需要建立稳定的农村文

---

[1] 何晓龙：《家庭制度转型与农村公共文化服务供给机制创新》，《南京农业大学学报（社会科学版）》2023年第7期，第94—106页。

化投入保障机制，保证一定数量的转移支付资金用于乡镇和村的文化建设。确保农村基层文化建设设施的运营，文化活动项目的资金需求，尽快形成完备的农村公共文化服务体系。

二、农村公共文化服务满意度与政策支持、社区治理能力呈正相关

从研究结果来看，美丽乡村示范村、乡村振兴示范村的建设，以及国家公共文化示范区（示范项目）的建设，会正向地影响受访者对农村公共文化服务的满意度。由于这些政策对农村地区资金注入相对较高，经过一段时间的建设，对于村容村貌、乡风文明、公共空间、文化生活的建设都有很大的促进作用。随着农村经济收入的持续增长，农村村民对公共服务设施的需求也不断增加[1]，对产品质量也不断提高。优质的公共文化设施会增强村民的参与度与满意度。

结合相关数据，以及对 L 村和 G 村的个案分析，基层党组织的治理能力也会影响到村民对文化政策和文化生活的满意度评价。农村是基于熟人的社会，集互助利他的亲情文化、家风教化与家规家训于一体的乡土文化，其社会网络、秩序规范以及邻里信任明显区别于城市。农村公共文化供给能力不足、文化设施和文化活动相对滞后于城市地区，有效的社区治理能力必然展现出更加强大的文化整合作用。基层党组织的治理能力会影响到村民对政府的信任度，有效的组织能力和动员能力可以增强农民对公共文化的参与度和满意度。

此外，从调研结果来看，上海农村地区受访者的"问政"意愿度很高，受访者对文化政策是否公开透明，公共财政资金支出是否合法合规等相关问题非常敏感，进而影响到满意度评价。公众对上海农村公共文

---

[1] 郭瑶：《基于农户满意度的济南市莱芜区农村公共文化服务研究》，山东农业大学硕士论文，2020 年。

化服务政策满意度较低，一方面反映出上海农村公共文化服务没有市民参与的组织形式以及程序，另一方面也反映出政府的选择性治理，即重城市、轻农村的二元供给模式。

三、"供需错配"现象源于对农村公共文化服务的片面理解

乡村文化是农村地区长期形成的、独特的、具有生命力的文化形式，它代表了农村地区的历史、传统、风俗和价值观。[①] 与城市文化相比，乡村文化有着较大的差异，在农村的经济社会发展中扮演着重要的角色。农村公共文化主要有两层含义，一是政府对于公共文化服务的供给，二是各地区农民长期生活习惯形成区域特色的公共文化。这两方面的特征决定了农村公共文化建设需要与农民日常生活有较好的融合才能发挥作用。

因此，农民希望通过公共文化服务项目的参与，获得知识和技能，实现"文化富民"。但目前的文化惠民工程与大多数农村村民的个体文化生活和日常交际不符，使本应承载村民地方认同和文化意义的文化惠民工程，异化为供给侧（政府）的"剃头挑子一头热"。为此，农村公共文化的发展可以结合当地的乡村文化资源，开展群众喜闻乐见的文化形式，既可以丰富农村地区的公共文化产品，又可以提高农民的文化参与性，为农民搭建表达自我的公共文化平台，实现农村公共文化服务制度从"国家本位"到"农民本位"转变，从"送文化"到"种文化"的转变。

四、整合资源，创建农村公共文化服务云平台

理论与实践表明，政府主导下的农村文化服务供给可在补短板、消除服务空白、实现空间正义方面发挥明显的优势。文化惠民工程曾在促

---

① 魏媛斯青：《乡村文化与农村公共文化服务协同发展研究》，《村委主任》2023年第3期，第142—144页。

进农村文化普及与保障公民文化权利的过程中发挥过积极的作用。但随着互联网技术的普及、农村经济社会的发展，供需错位等现象已经凸显出来。这种由政府主导的自上而下的"极端简单化设计"，老百姓用脚投票的现状来看，已经不能适应市场经济环境下公民对文化的需求。随着上海乡村振兴战略的不断深入，上海农村区域的人口结构将在未来发生很大的变化，这种国家主导的格式化供给模式会导致结构性失效，农村公共文化服务供给进入了全面改革的关口。因此，必须形塑政府、市场、社会的沟通机制，构建政府主导、多元治理主体参与农村公共文化建设。

借助数字信息技术平台建立"国家—个体"文化消费激励机制，确立消费侧制度创新引领文化惠民工程转型的政策路径。互联网的使用过程也是公共文化服务供给侧与消费侧之间良性互动与信息交换的过程，在多元主体的参与共建过程中，公共文化服务的消费者通过网络渠道积极提出诉求与意愿，为公共部门制定公共文化服务政策提供良好的实践依据。另一方面，政府等公共政策制定主体可以通过网络平台准确了解农村居民的文化消费偏好，缩短政策制定的成本和时间，从而提高政策制定的效率，促进公共文化服务政策制定、执行的顺畅，进而提高政府公共文化服务的满意度。[①]

五、构建文化服务与农村产业相互支持的政策体系

农村产业发展是乡村振兴的根本，但政策支持产业发展容易出现重经济收入和短期利益，轻精神文化和长期利益的局面。究其原因，一方面经济效益和农民收入增加可量化程度高，是政绩考核的要求；另一方面，缺少对公共文化促进经济长期、高效发展的认识。农村的产业融合需要文化为其加持，从传统农产品生产功能拓宽到农业生态、生活、休

---

① 曾鸣：《互联网使用与农村公共文化服务满意度》，《华南农业大学学报（社会科学版）》2018 年第 4 期，第 84—94 页。

闲、度假、教育与创意产业，以增加农业收入空间，实现农文旅的融合。构建农村产业的文化支持体系需要政府、农业企业、社区服务人员、农民的多方参与。政府引导和鼓励农业产业化企业，构建自身的文化特色，是文化赋能产业发展的重要突破口。其次要加强对社区农民职业素养教育，培育有影响力的农村文化服务企业和社区文化服务组织，形成企业、社区、家庭多元化的发展载体和支撑体系。

政府需要政策的倾斜，支持农村社区充分发挥其农民住所聚集地的组织服务能力，推动公共文化服务在农村社区的发展。政策在优化社区服务体系建设上，可以尝试多层次推进。如：建立政府担保和兜底的扶持基金，建立参与社区公共文化服务的积分制度，发挥能人的带头作用等。在社区资金和社区项目来源上，把农村社区作为服务人、服务项目、联系政府的纽带。鼓励农村在外经商、务工人员把城市的资源、项目带回农村社区创业，政府提供一定的补贴，增强农村社区的经营服务能力。在公共文化服务上做好社区新项目的宣传，引导农民积极参与，提高社区新项目的认可度，在一定程度上保障项目的有效落地。通过优化社区服务体系，打造农村社区公共文化服务高地，使经济利益和社会利益得到有效融合。

第二节
研究不足与研究展望

一、研究不足

由于本人研究水平有限，文章只是从宏观和微观上对上海农村公共文化服务满意度绩效、供需匹配和政策优化进行研究，梳理了造成满意度绩效较低的原因，以及供需匹配优先序的成因剖析，并提出了相关的对策与建议。研究尚存在许多不足，有待后续进一步深入探讨。

首先，从研究过程来看，笔者于2020—2022年期间，多次赴农村进行参与式观察，但受疫情影响，大多数文化空间要么不开放，要么不允许人员聚集，使得文化项目与文化活动少之又少，更不用说参与活动的人员，这对于研究者后续的分析研究受到一定的局限，剖析的深度不够。

其次，本次研究主要聚焦上海的农村区域，在预调研和收集数据时，发现大多数村委综合文化活动室的经费主要来源于村委会、村委自筹等。2016年财政投入共4 038.844万元，每个村委平均3.130 8万元，经费投入有制度文件明确规定的村委仅有115个，占比10%。笔者所及村落，大多数没有对文化方面的数据指标。因此，取而代之的是让村落填写村级稳定收入与村级补助收入，但具体到这些经费是否用在文化项目或者文化活动上，具有一定的模糊性。这对于文化政策与文化生活的满意度和绩效评价的精准度存在一定的影响。基于此，可能在对策建议的操作性和有效性上有待于进一步论证。

二、研究展望

鉴于上述的局限性，未来将从以下几个方面进行优化。

第一，研究的内容更趋完整。农村公共文化服务体系从内容涵盖上来说，范围十分广泛，后续对农村社区的自办文化以及非物质文化遗产等研究都应该深入探讨。未来在案例考察上加大投入力度，持续跟踪，对受访者进行长期的参与式观察，有助于讨论的深度。本次数据收集主要集中于上海区域的村落，未来的研究将会扩大调研范围，为上海农村公共文化服务建设提出更有针对性的建议。

第二，在今后的研究中，尤其是在农村文化建设的财政投入和绩效评估指标的设计中，需要运用历史的纵向对比和国别或地区的横向对比，还要借助计量化的工具科学合理地确立影响因子，强化文化在农村可持续发展中的根本地位。

　　总之，农村公共文化供给服务水平和质量的提升，有赖于现实文化体制改革的推进和供给机制的创新。但这一进程不单涉及文化体制领域，它也与现行的财政分权体制、城乡二元的发展体制、地方政府绩效及官员政绩考核体制改革密切相关。文化体制改革不是一个单独的系统，必须与经济、政治和社会体制的改革协同起来，需要有一个包括整体目标和先后顺序的顶层设计。这样的设计必然会对社会格局和利益分配产生重大而深远的影响，但从民本和科学发展的视角出发，发生在农村的这场深层体制变革确实是值得期待的。

主要参考文献

一、中文文献

（一）专著（含译著）

《马克思恩格斯文集》第 3 卷，人民出版社 2009 年版。

《马克思恩格斯选集》第 1 卷，人民出版社 2012 年版。

《列宁全集》第 36 卷，人民出版社 1985 年版。

《邓小平文选》第 3 卷，人民出版社 1993 年版。

费孝通：《江村经济》，上海人民出版社 2007 年版。

费孝通：《乡土中国》，人民出版社 2015 年版。

傅才武、陈庚：《艺术表演团体管理学》，湖北人民出版社 2013 年版。

傅才武、宋丹娜：《文化市场演进与文化产业发展 —— 当代中国文化产业发展的理论与实践研究》，湖北人民出版社 2008 年版。

傅才武：《近代中国国家文化体制的起源、演进与定型》，中国社会科学出版社 2016 年版。

韩永进：《中国文化体制改革 35 年历史叙事与理论反思》，人民出版社 2014 年版。

何俊志：《制度等待利益：中国县级人大制度模式研究》，重庆出版社 2005 年版。

何俊志：《制度等待利益：中国县级人大制度模式研究》，重庆出版社 2005 年版。

贺雪峰：《新乡土中国》，北京大学出版社 2019 年版。

贺雪峰：《治村》，北京大学出版社 2017 年版。

黄恒学、张勇：《政府基本公共文化服务标准化研究》，人民出版社 2011 年版。

黄凯锋、朱静波：《现代公共文化服务体系建设——上海的实践与思考》，学林出版社 2017 年版。

蒯大申、饶先来：《新中国文化管理体制研究》，上海人民出版社 2015 年版。

李军鹏：《公共服务型政府》，北京大学出版社 2004 年版。

梁漱溟：《乡村建设理论》，上海人民出版社 2011 年版。

刘波、李娜等：《地方政府治理》，清华大学出版社 2015 年版。

陆扬、王毅：《文化研究导论》，复旦大学出版社 2009 年版。

罗家德、梁肖月：《社区营造的理论、流程与案例》，社会科学文献出版社 2017 年版。

毛少莹：《"文化权利"与"治理"——公共文化的核心理念与关键性制度安排》，社会科学文献出版社 2009 年版。

荣跃明主编：《上海公共文化服务发展报告（2017）》，上海人民出版社 2017 年版。

荣跃明主编：《上海公共文化服务发展报告（2018）》，上海人民出版社 2018 年版。

荣跃明主编：《上海公共文化服务发展报告（2019）》，上海人民出版社 2019 年版。

荣跃明主编：《上海公共文化服务发展报告（2020）》，上海人民出版社 2020 年版。

童世骏、方松华等：《中国特色社会主义理论：上海的探索与实践》，上海社会科学院出版社 2008 年版。

王列生、郭全中、肖庆：《国家公共文化服务体系论》，文化艺术出版社 2009 年版。

王亚南主编：《中国公共文化投入增长测评报告（2020）》，社会科学文献出版社 2020 年版。

王志弘等：《文化治理与空间政治》，群学出版社 2011 年版。

温铁军、张孝德主编：《乡村振兴十人谈——乡村振兴战略深度解读》，江西教育出版社 2020 年版。

吴理财等：《文化治理视域中的公共文化服务体系建设》，高等教育出版社 2016 年版。

徐锦江主编：《上海公共文化服务发展报告（2021）》，上海社会科学院出版社 2021 年版。

徐锦江主编：《上海公共文化服务发展报告（2022）》，上海远东出版社 2022 年版。

徐清泉主编：《上海公共文化服务发展报告（2016）》，上海社会科学院出版社 2016 年版。

叶取源：《中国文化产业评论》，上海人民出版社 2004 年版。

艺衡、任珺、杨立青：《文化权利：回溯与解读》，社会科学文献出版社 2005 年版。

于水：《村治理与农村公共产品供给：以江苏为例》，社会科学文献出版社 2008 年版。

［美］罗伯特·阿格拉诺夫、迈克尔·麦圭尔：《协作性公共管理：地方政府新战略》，李玲玲译，北京大学出版社 2007 年版。

［英］齐格蒙特·鲍曼：《个体化社会》，范祥涛译，上海三联书店 2002 年版。

［法］齐格蒙特·鲍曼：《共同体》，欧阳景根译，江苏人民出版 2003 年版。

［美］尼尔·波兹曼：《技术垄断：文化向技术投降》，何道宽译，北京大学出版社 2007 年版。

［美］杜赞奇：《文化、权力与国家：1900—1942 年的华北农村》，王福明译，江苏人民出版社 1996 年版。

［美］斯蒂芬·戈德史密斯、威廉·D. 艾格斯：《网络化治理：公共部门的新形态》，孙迎春译. 北京大学出版社 2008 年版。

［德］尤尔根·哈贝马斯：《公共领域的结构转型》，曹卫东等译，学林出版社 1999 年版。

［美］曼纽尔·卡斯特：《网络社会的崛起》，夏铸九、王志弘等译，社会科学文献出版社 2003 年版。

［法］亨利·列斐伏尔：《空间与政治》，李春译，上海人民出版社 2008 年版。

［美］凯文·马尔卡西：《公共文化、文化认同与文化政策》，何道宽等译，商务印书馆 2017 年版。

［美］罗伯特·帕特南：《独自打保龄：美国社区的衰落与复兴》，刘波等译，北京大学出版社 2011 年版。

［美］莱斯特·萨拉蒙：《公共服务中的伙伴：现代福利国家中政府与非营利组织的关系》，田凯译，商务印书馆 2008 年版。

［德］费迪南·滕尼斯：《共同体与社会》，林荣远译，商务印书馆 2010 年版。

（二）期刊

蔡璐、伍艺：《农村公共文化信息服务网络平台的构建》，《农业现代化研究》2009 年第 2 期。

蔡武进：《我国城镇公共文化参与的状况、特征及政策建议 —— 基于我国 17 个省市 51 个社区居民调查之分析》，《文化软实力研究》2017 年第 2 期。

曹红亮、马佳：《关于上海实施乡村振兴战略的思考》，《江西农业学报》2020 年第 5 期。

曹红亮、吴颖静、俞美莲：《乡村振兴视野下上海近代以来农耕文化的流变》，《上海农业学报》2020 年第 2 期。

曹凌、杨玉麟、林强：《人的发展：文化共享工程效果反思》，《中国图书馆学报》2014 年第 2 期。

曹文、邹婷：《我国公共文化供给的政府缺位与改革》，《山东艺术学院学报》2011 年第 2 期。

曾鸣：《互联网使用与农村公共文化服务满意度》，《华南农业大学学报（社会科学版）》2018 年第 4 期。

陈波：《二十年来中国农村文化变迁：表征、影响与思考 —— 来自全国 25 省（市、区）118 村的调查》，《科技与社会》2015 年第 8 期。

陈庚、崔宛：《乡村振兴中的农村居民公共文化参与：特征、影响及其优化 —— 基于 25 省 84 个行政村的调查研究》，《江汉论坛》2018 年第 11 期。

陈建：《超越结构性失灵：农村公共文化服务供给侧改革研究》，《图书馆建设》2017 年第 9 期。

陈世香、谢秋山：《居民个体生活水平变化与地方公共服务满意度》，《中国人口科学》2014 年第 1 期。

陈媛媛、王荔：《数字农家书屋公共服务与建设研究 —— 以江浙沪皖地区为例》，《编辑之友》2022 年第 12 期。

程娜：《我国农村公共文化与经济协同发展研究》，《财经问题研究》2011 年第 6 期。

储梦凡：《后乡土社会农村公共文化供给：问题与对策 —— 以安徽省 Y 县为例》，《山西农业大学学报（社会科学版）》2016 年第 4 期。

戴艳清、田璐怡：《农村文化的迭代创新：农村居民参与"种文化"影响因素与启示》，《图书馆论坛》2023 年第 1 期。

丁波：《乡村文化治理的公共性建构：一个分析框架》，《暨南学报（哲学社会科学版）》2023 年第 8 期。

董磊明、郭俊霞：《乡土社会中的面子观与乡村治理》，《中国社会科学》2017年第8期。

樊丽明、骆永民：《农民对农村基础设施满意度的影响因素分析——基于670份调查问卷的结构方程模式分析》，《农业经济问题》2009年第9期。

范逢春、李晓梅：《农村公共服务多元主体动态协同治理模式研究》，《管理世界》2014年第9期。

范思凯：《公共权力转型期的政府公共服务》，《理论探索》2009年第1期。

范周、侯雪彤：《"十四五"时期公共文化服务高质量发展的内涵与路径》，《图书馆论坛》2021年第10期。

冯献、李瑾、崔凯：《移动互联视域下乡村公共文化服务可及性框架与评价——以10个数字乡村试点县为例》，《图书馆》2022年第10期。

傅才武、陈庚、彭雷霆：《现代公共文化服务体系建设中的财政保障标准研究》，《福建论坛（人文社会科学版）》2015年第4期。

傅才武、侯雪言、申念衢：《"双失灵"背景下建设新型文化共享空间的理论与实践——以湖北乡镇"点播影院"试点为中心的考察》，《福建论坛（人文社会科学版）》2018年第8期。

傅才武、刘倩：《农村公共文化服务供需失衡背后的体制溯源——以文化惠民工程为中心的调查》，《山东大学学报（哲学社会科学版）》2020年第1期。

傅才武、王文德：《农村文化惠民工程的"弱参与"及其改革策略——来自全国21省282个行政村的调查》，《中国图书馆学报》2020年第5期。

傅才武、许启彤：《基层文化单位的效率困境：供给侧结构问题还是管理技术问题——以5省10个文化站为中心的观察》，《山东大学学报（哲学社会科学版）》2017年第1期。

甘满堂、余炳勇：《吸引乡贤参与乡村振兴的可行性路径探索——

基于传统公共文化空间与乡村公益事业发展的视角》,《治理现代化研究》2021 年第 2 期。

葛佳慧、陶丽萍:《文化新乡贤助推非遗传承:价值、限度与实现路径》,《文化软实力研究》2022 年第 6 期。

葛子长、沈羽:《金山待泾村"华丽蝶变"启示录"香"约"花开海上"生态园,看乡村振兴如何演绎"和谐奏鸣曲"》,《上海企业》2023 年第 6 期。

耿达、卫雅琪:《国家公共文化服务体系与乡村文化自组织双向嵌入研究》,《图书馆建设》2022 年第 12 期。

郭兵、袁菲、谢智敏:《基于 DEA 方法的上海市财政科技投入绩效评价研究》,《中国管理学》2012 年第 S1 期。

郭高晶:《基于 DEA 方法的省级政府政务微博运营绩效评价》,《现代情报》2017 年第 10 期。

郭苏建、王鹏翔:《农村社区治理模式转型的探索与实践 —— 基于对湖北省 QL 农村社区的调研》,《社会科学研究》2018 年第 5 期。

韩鹏云:《乡村公共文化的实践逻辑及其治理》,《中国特色社会主义研究》2018 年第 3 期。

韩庆华、卢希悦、王传荣:《论文化与经济的相互融合 —— 把握文化经济的历史发展机遇》,《山东大学学报(哲学社会科学版)》2010 年第 1 期。

韩永红:《我国体育运动基本权的宪法建构》,《体育科学》2014 年第 1 期。

何精华、岳海鹰、杨瑞梅、董颖瑶、李婷:《农村公共服务满意度及其差距的实证分析 —— 以长江三角洲为案例》,《中国行政管理》2006 年第 5 期。

何晓龙:《国内学界农村公共文化服务供需失衡研究述评》,《国家图书馆学刊》2021 年第 5 期。

何晓龙:《家庭制度转型与农村公共文化服务供给机制创新》,《南京农业大学学报（社会科学版）》2023 年第 4 期。

何晓龙、韩美群：《农村公共文化供需空间壁垒及其治理转向》，《图书馆论坛》2022 年第 11 期。

贺冠雄：《文化与经济融合发展新论》，《重庆社会科学》2022 年第 4 期。

贺雪峰：《乡村建设的重点是文化建设》，《广西大学学报（哲学社会科学版）》2017 年第 4 期。

胡惠林：《国家文化治理：发展文化产业的新维度》，《学术月刊》2012 年第 5 期。

黄雪丽：《我国农村公共文化服务"悬浮化"的阐释——基于历史制度主义的分析视角》，《图书馆论坛》2018 年第 2 期。

黄莺、张军玲、段宇锋：《百姓书社：都市乡村的书香风景》，《图书馆论坛》2020 年第 4 期。

贾昕珊、潘云龙、傅承哲：《党建合力：党建引领何以提升社会组织胜任力——基于 2019 年中国社工动态调查数据的混合研究》，《中共福建省委党校（福建行政学院）学报》2023 年第 1 期。

江朦朦、张静：《中国基本公共文化服务的财政支出效率测度》，《江汉论坛》2017 年第 3 期。

蒋昕、傅才武：《公共文化服务促进乡村文旅融合内生发展的动力机制研究——以宁波"一人一艺"乡村计划为例》，《江汉论坛》2020 年第 2 期。

金栋昌、王宇富、徐梦真：《中国式现代化进程中推动公共文化服务高质量发展的理论逻辑与实践进路》，《图书馆论坛》2023 年第 5 期。

金璐：《基层党建引领乡村振兴的实践探索——以上海市青浦区金泽镇莲湖村为例》，《上海农村经济》2020 年第 6 期。

寇垠、刘杰磊：《东部农村居民公共文化服务满意度及其影响因素》，《图书馆论坛》2019 年第 11 期。

李传喜：《多重建构：新乡贤身份建构的逻辑与路径研究》，《中共宁波市委党校学报》2023年第3期。

李锋：《农村公共文化产品供给侧改革与效能提升》，《农村经济》2018年第9期。

李国新：《完善农村公共文化服务政府购买政策与机制》，《行政管理改革》2019年第5期。

李海舰：《文化与经济的融合发展》，《企业经济》2011年第10期。

李红：《"互联网+"下城市公共文化服务的正外部性及实现》，《湖南科技学院学报》2017年第12期。

李建军、段忠贤：《乡村文化治理的主体特征与模式选择——以农村移风易俗为例》，《云南社会科学》2023年第1期。

李敬涛、陈志斌：《财政透明、晋升激励与公共服务满意度——基于中国市级面板数据的经验证据》，《现代财经（天津财经大学学报）》2015年第7期。

李娟：《整合和利用农村公共文化资源的对策研究——以湖南岳阳市农村公共文化建设为例》，《文史博览（理论）》2014年第8期。

李乐为、佘生梅：《乡风文明建设中农村公共文化服务的难题及其破解——基于张家界等地5村的调研分析》，《吉首大学学报（自然科学版）》2019年第3期。

李少惠、崔吉磊：《论我国农村公共文化服务内生机制的构建》，《经济体制改革》2007年第5期。

李少惠、王婷：《多元主体参与公共文化服务的行动逻辑和行为策略——基于创建国家公共文化服务体系示范区的政策执行考察》，《上海行政学院学报》2018年第5期。

李少惠、王晓艳：《社会资本视角下的农村公共文化建设研究》，《西北师大学报（社会科学版）》2009年第6期。

李少惠、邢磊：《社会组织嵌入：农村基层公共文化服务效能提升路径研究》,《图书馆学研究》2021 年第 10 期。

李新安:《文化权利:公民权利的社会基础》,《上海行政学院学报》2010 年第 1 期。

李燕凌、曾福生:《农村公共产品供给农民满意度及其影响因素分析》,《数量经济技术经济研究》2008 年第 8 期。

李永友、张帆:《垂直财政不平衡的形成机制与激励效应》,《管理世界》2019 年第 7 期。

李志农、乔文红:《传统村落公共文化空间与民族地区乡村治理——以云南迪庆藏族自治州德钦县奔子栏村"拉斯节"为例》,《学术探索》2011 年第 8 期。

李祖佩:《乡村治理领域中的"内卷化"问题省思》,《中国农村观察》2017 年第 6 期。

廖晓明、徐海晴:《新时代农村公共文化服务供需问题探析》,《长白学刊》2019 年第 1 期。

林万龙:《中国农村公共服务供给需求的结构性失衡:表现及成因》,《管理世界》2007 年第 9 期。

刘德吉:《民生类公共服务财政支出规模的影响因素研究——基于中国省级面板数据的分析》,《华东理工大学学报(社会科学版)》2011 年第 6 期。

刘飞、杨盼琳、王欣亮:《财政分权、地方政府行为偏向与公共服务效率损失——来自文化服务供给的证据》,《东南大学学报(哲学社会科学版)》2020 年第 6 期。

刘晶、金晓斌、范页婷等:《基于"城—村—地"三维视角的农村居民点整理策略——以江苏省新沂市为例》,《地理研究》2018 年第 4 期。

刘晓东:《打造公共文化服务创新实践的示范样板——国家公共文化服务体系示范区创建的成效、经验与创新意义》,《图书馆论坛》2021 年第 7 期。

刘欣：《阶级惯习与品味：布迪厄的阶级理论》，《社会学研究》2003年第6期。

卢春龙：《我国农民对农村公共文化服务的满意度调查——来自全国九个省市的发现》，《中国政法大学学报》2014年第2期。

卢春龙、张华：《公共文化服务与农村村民对基层政府的政治信任——来自"农村公共文化服务现状调查"的发现》，《政法论坛》2014年第4期。

卢春天、权小娟：《媒介使用对政府信任的影响——基于CGSS2010数据的实证研究》，《国际新闻界》2015年第5期。

陆自荣、张颖：《城市社区感知融合度的影响因素——基于三个群体的比较》，《城市问题》2016年第3期。

罗娟：《过程型逻辑：数字乡村建设背景下农村公共文化服务可及性的实现机制》，《农村经济》2022年第10期。

罗哲、唐迩丹：《农村公共文化服务的结构转型：从"城市文化下乡"到"乡村文化振兴"》，《四川师范大学学报（社会科学版）》2019年第5期。

骆世广、李华民：《广东科技金融绩效评价——基于NonICA特征约简的DEA方法研究》，《金融理论与实践》2012年第12期。

吕芳：《资源约束、角色分化与地方政府的政策执行——基于公共文化服务示范区建设的案例研究》，《管理世界》2023年第2期。

吕蕾莉、刘书明：《西北民族地区村庄权力结构下的乡村精英与乡村治理能力研究——对甘青宁三省民族村的考察》，《政治学研究》2017年第3期。

马海涛、程岚：《完善财政政策，促进公共文化服务体系建设》，《中国财政》2009年第5期。

马洪范、王瑞涵：《完善农村公共文化服务体系建设的财政研究》，《中国财政》2010年第11期。

马惠娣：《文化、文化资本与休闲——对休闲问题的再思考》，《自然辩证法研究》2005 年第 10 期。

马菊花：《共同富裕视角下我国公共文化服务的财税政策研究》，《税务与经济》2023 年第 2 期。

马艳霞：《公共文化服务供给模式研究综述》，《图书情报工作》2013 年第 23 期。

毛雁冰、龙新亚：《农村地区公共文化服务供给的影响因素——利用固定效应模型的实证检验》，《理论研究》2018 年第 4 期。

孟天广、杨明：《转型期中国县级政府的客观治理绩效与政治信任——从"经济增长合法性"到"公共产品合法性"》，《经济社会体制比较》2012 年第 4 期。

莫纪宏：《论文化权利的宪法保护》，《法学论坛》2012 年第 1 期。

倪赤丹、苏敏：《英国社区发展经验及对当代中国的借鉴》，《理论界》2013 年第 1 期。

聂永江：《乡村文化生态的现代化转型及重建之道》，《江苏社会科学》2020 年第 6 期。

潘允康、关颖：《社区归属感与社区满意度》，《社会学研究》1996 年第 3 期。

庞娟：《新型农村社区治理满意度的影响因素分析——以广西农村社区为样本》，《广西社会科学》2017 年第 4 期。

庞立生：《布迪厄与马克思：社会实践理论的契合与分野》，《东北师范大学学报（哲学社会科学版）》2010 年第 4 期。

彭雷霆、张璐：《公共文化服务高质量发展评价研究》，《宏观质量研究》2023 年第 2 期。

蒲实、孙文营：《实施乡村振兴战略背景下乡村人才建设政策研究》，《中国行政管理》2018 年第 11 期。

祁述裕：《国家文化治理建设的三大核心任务》，《探索与争鸣》2014

年第 5 期。

秦国伟、李瑶、任克强：《数字乡村建设的现实矛盾与优化路径——基于多重政策关系视角》，《云南民族大学学报（哲学社会科学版）》2023 年第 1 期。

曲延春：《农民满意度、需求偏好与农村公共产品供给侧改革——基于山东 546 份调查问卷的分析》，《东岳论丛》2017 年第 11 期。

沙垚：《乡村文化传播的内生性视角："文化下乡"的困境与出路》，《现代传播（中国传媒大学学报）》2016 年第 6 期。

邵明华、刘鹏：《数字赋能农村公共文化服务高质量供给：价值意蕴、动力机制与路径创新》，《图书馆论坛》2022 年第 10 期。

申悦、李亮：《年龄分层视角下医疗设施可达性对居民就医行为的影响——以上海市崇明岛为例》，《人文地理》2021 年第 2 期。

宋元武、徐双敏：《国外农村公共文化服务供给实践与经验借鉴》，《学习与实践》2016 年第 11 期。

孙柏瑛、邓顺平：《以执政党为核心的基层社会治理机制研究》，《教学与研究》2015 年第 1 期。

孙健、何紫菱：《新时代新乡贤参与乡村治理的逻辑思路及文化向度》，《西北农林科技大学学报（社会科学版）》2023 年第 5 期。

唐亚林、刘伟：《党建引领：新时代基层公共文化建设的政治逻辑、实现机制与新型空间》，《毛泽东邓小平理论研究》2018 年第 6 期。

滕翠华、许可：《供给侧改革视域下城乡文化一体化发展问题研究》，《天津行政学院学报》2016 年第 6 期。

滕明兰：《农村社区公共事务满意度的影响因素分析——以广西为例》，《经济研究参考》2017 年第 3 期。

田星亮：《网络化治理：从理论基础到实践价值》，《兰州学刊》2012 年第 8 期。

王红：《弘扬新"乡贤"文化为乡村治理注入新活力》，《农村发展》

2023 年第 6 期。

王军魁:《文化改革发展中的政府与市场边界》,《重庆社会科学》2011 年第 12 期。

王秋:《农村公共文化服务满意度及其影响因素研究 —— 基于昆明市 32 个乡镇 69 个村的实证分析》,《图书馆理论与实践》2018 年第 7 期。

王涛、王丹:《示范区创建对公共文化服务均等化的示范引领作用》,《图书馆论坛》2023 年第 4 期。

王习明、彭晓伟:《缩小城乡差别的国际经验》,《国家行政学院学报》2007 年第 2 期。

王习明:《美丽乡村建设之国际经验 —— 以二战以来美、法、日、韩和印度克拉拉邦为例》,《长白学刊》2014 年第 5 期。

王晓红、王雪峰、翟爱梅等:《一种基于 DEA 和多指标综合评价的大学科研绩效评价方法》,《中国软科学》2004 年第 8 期。

王易萍:《农村公共文化建设的内源式发展模式分析 —— 以广西牛哥戏为个案》,《广西社会科学》2010 年第 10 期。

王永莉、梁城城、王吉祥:《财政透明度、财政分权与公共服务满意度 —— 中国微观数据与宏观数据的交叉验证》,《现代财经（天津财经大学学报）》2016 年第 1 期。

魏媛斯青:《乡村文化与农村公共文化服务协同发展研究》,《村委主任》2023 年第 3 期。

温晓婷:《我国 R & D 绩效评价研究综述》,《统计与咨询》2012 年第 6 期。

吴高、韦楠华:《公共文化财政投入现状、问题及对策研究》,《图书与情报》2018 年第 2 期。

吴海红、郭圣莉:《从社区建设到社区营造:十八大以来社区治理创新的制度逻辑和话语变迁》,《深圳大学学报（人文社会科学版）》2018 年第 3 期。

吴浩然、吴祁宗：《地方财政公共文化服务支出的效率评价——基于三阶段 DEA 窗口模型》，《数学的实践与认识》2017 年第 3 期。

吴雷：《基于 DEA 方法的企业生态技术创新绩效评价研究》，《科技进步与对策》2009 年第 18 期。

吴理财：《把治理引入公共文化服务》，《探索与争鸣》2012 年第 6 期。

吴理财：《非均等化的农村文化服务及其改进策略》，《华中师范大学学报（人文社会科学版）》2008 年第 3 期。

吴理财：《公共文化服务的运作逻辑及后果》，《江淮论坛》2011 年第 4 期。

吴理财：《积极推进城乡公共文化服务均等化——基于 20 省 80 县（市区）的问卷调查分析》，《湘潭大学学报（哲学社会科学版）》2014 年第 4 期。

吴理财：《农村公共文化日渐式微》，《人民论坛》2006 年第 14 期。

吴理财：《以财政标准化投入推进农村公共文化服务均等化发展》，《行政管理改革》2019 年第 5 期。

吴理财：《以民众参与破解选择性治理》，《探索与争鸣》2009 年第 4 期。

吴理财、邓佳斌：《公共文化参与的偏好与思考——对城乡四类社区的考察》，《中华文化论坛》2014 年第 8 期。

吴理财、吴孔凡：《美丽乡村建设四种模式及比较——基于安吉、永嘉、高淳、江宁四地的调查》，《华中农业大学学报（社会科学版）》2014 年第 1 期。

吴理财、张良：《乡村治理转型视域下的文化体制改革》，《社会主义研究》2012 年第 5 期。

夏国锋、吴理财：《公共文化服务体系研究述评》，《理论与改革》2011 年第 1 期。

解学芳：《公共文化产品供给绩效与文化消费生态研究——以上海为

例》,《统计与信息论坛》2011 年第 7 期。

谢延龙:《"乡村文化"治理与乡村"文化治理":当代演进与展望》,《学习与实践》2021 年第 4 期。

熊莉:《基于 DEA 方法的产业技术创新战略联盟绩效评价 —— 以木竹产业技术创新战略联盟为例》,《财会月刊》2017 年第 29 期。

熊正贤:《旅游特色小镇同质化困境及其破解 —— 以云贵川地区为例》,《吉首大学学报(社会科学版)》2020 年第 1 期。

许波荣、金林南:《乡村治理中公共文化服务的实践逻辑、治理困境与路径创新》,《科学决策》2023 年第 6 期。

许欢科、滕俊磊:《乡村振兴中新乡贤培育的障碍及其对策》,《南京邮电大学学报(社会科学版)》2019 年第 1 期。

闫小斌:《贫困地区文化扶贫之价值目标:走向空间正义》,《图书馆建设》2017 年第 1 期。

颜玉凡、叶南客:《大都市社区公共文化需求的代际差异与治理对策》,《南京社会科学》2016 年第 3 期。

颜玉凡、叶南客:《认同与参与 —— 城市居民的社区公共文化生活逻辑研究》,《社会学研究》2019 年第 2 期。

颜玉凡、叶南客:《我国现阶段农村公共文化服务困境解析 —— 以 H 社区为例》,《艺术百家》2014 年第 6 期。

杨卫东:《切实践行"绿水青山就是金山银山"理念 —— 奋力推进生态宜居城市建设的安吉实践》,《国家治理》2023 年第 4 期。

杨莹:《我国农村文化产业发展路径探析》,《农村经济》2017 年第 8 期。

姚林香、欧阳建勇:《我国农村公共文化服务财政政策绩效的实证分析 —— 基于 DEA-Tobit 理论模型》,《财政研究》2018 年第 4 期。

叶兴庆:《论农村公共产品供给体制的改革》,《经济研究》1997 年第 6 期。

易明、张莲、杨丽莎、付丽娜：《中国科技金融效率时空分异特征及区域均衡性》，《科技进步与对策》2019 年第 10 期。

于韬、蒲娇：《社会转型期背景下新乡贤当代价值的建构与重塑》，《吉首大学学报（社会科学版）》2019 年第 S1 期。

云杉：《文化自觉　文化自信　文化自强》，《红旗文稿》2010 年第 17 期。

张纯威、柴彦：《北京城市老年人社区满意度研究 —— 基于模糊评价法的分析》，《人文地理》2013 年第 4 期。

张建欣：《促进我国公共文化服务体系发展的财政政策研究》，《当代经济》2010 年第 15 期。

张军：《新乡贤的嵌入与乡村治理结构的转型 —— 基于两个村庄的比较分析》，《社会发展研究》2023 年第 1 期。

张立荣、李军超、樊慧玲：《基于收入差别的农村公共服务需求偏好与满意度研究》，《中国行政管理》2011 年第 10 期。

张良：《政府主导、社会参与、市场配置：农村公共文化服务体系建设的理想模式》，《理论与现代化》2012 年第 4 期。

张梁梁、金亮：《中国式分权、社会资本与农村公共服务满意度》，《审计与经济研究》2023 年第 1 期。

张琳、唐一焱、张凤华：《行动者网络视角下新乡贤治村的动力机制研究》，《社会治理》2023 年第 3 期。

张烁、闵婕：《基层治理体系现代化：以新乡贤全面推进乡村振兴》，《四川行政学院学报》2023 年第 5 期。

张孝德：《从城市到乡村的"新回乡运动"》，《中国乡村发现》2016 年第 4 期。

张孝德：《关注"新回乡运动"，走城乡双向流动城镇化之路》，《小城镇建设》2017 年第 3 期。

张孝德、张亚婷：《建立动力内生乡村环境治理机制》，《中国党政干部论坛》2021 年第 2 期。

赵德余、代岭：《村庄主体差异对乡村振兴效用感知的影响》，《华南农业大学学报（社会科学版）》2022 年第 5 期。

钟华、安新颖、汪凌勇：《国家 R＆D 投入产出效率评价的实证分析——DEA 方法》，《重庆大学学报（社会科学版）》2011 年第 1 期。

周锦、张银芬、郭新茹：《公共文化服务数字化赋能文化消费水平提升——基于城乡视角的对比分析》，《农村经济》2023 年第 7 期。

朱冬亮、朱婷婷：《乡村社区公共文化建设路径探析——以社区能力建设为视角》，《厦门大学学报（哲学社会科学版）》2019 年第 3 期。

朱燕群、刘昶、刘霞：《推进生态宜居乡村建设的对策研究》，《产业与科技论坛》2022 年第 19 期。

朱玉春、唐娟莉、罗丹：《农村公共产品供给效果评估：来自农户收入差距的响应》，《管理世界》2011 年第 9 期。

朱哲毅：《上海推进乡村振兴示范村建设的若干思考》，《科学发展》2021 年第 6 期。

邹林、方章东：《完善农村公共文化基础设施建设保障机制》，《内蒙古农业大学学报（社会科学版）》2011 年第 4 期。

（三）学位论文

陈丽丽：《上海市社区文化活动中心发展现状与对策研究》，上海社会科学院硕士论文，2014 年。

崔桐：《阶级惯习、阶级品味与阶级轨迹——布迪厄的阶级理论研究》，东北师范大学硕士论文，2011 年。

方堃：《当代中国新型农村奋共服务体系研究——基于"服务三角"模型的分析框架》，华中师范大学博士论文，2010 年。

高岳峰：《马克思主义农村发展理论与社会主义新农村建设》，武汉大学博士论文，2014 年。

刘丹：《基于 DEA 的投资基金绩效评价方法及应用》，湖南大学硕士论文，2007 年。

欧阳建勇：《乡村振兴战略下我国农村公共文化服务建设的财政政策研究》，江西财经大学博士论文，2019 年。

潘炜：《中国农村公共文化服务供给中的碎片化困境研究》，武汉大学博士论文，2020 年。

孙浩：《农村公共文化物品有效供给研究》，武汉大学博士论文，2011 年。

田树珊：《以戏台为中心的村落公共空间研究 —— 以晋东南寺河村为例》，南京师范大学硕士论文，2018 年。

王富军：《农村公共文化服务体系建设研究》，福建师范大学博士论文，2012 年。

王鹏翔：《老旧小区的社区治理项目研究》，苏州大学硕士论文，2020 年。

王汶：《美国社区发展公司的兴起与城市治理 —— 以贝德福德和哈莱姆为例》，上海师范大学硕士论文，2017 年。

吴亚平：《城际交通出行特性及满意度研究 —— 以广佛城际出行为例》，华南理工大学硕士论文，2018 年。

辛静：《新公共服务理论评析 —— 兼论对中国服务型政府建设的启示》，吉林大学博士论文，2008 年。

张梅：《新时代乡村文化建设现状及优化路径研究》，西安科技大学硕士论文，2020 年。

张薇：《韩国新村运动研究》，吉林大学博士论文，2014 年。

张耀：《美丽乡村建设背景下的传统村落人居环境改造设计研究 —— 以上海青浦区莲湖村为例》，上海师范大学硕士论文，2020 年。

赵青：《上海市居（村）委综合文化活动室发展研究》，上海社会科学院硕士论文，2019 年。

二、外文文献

（一）专著

H. John Bernardin, Richard W. Beatty, *Performance Appraisal: Assessing Human Behavior at Work*, Boston: Kent Publishing Company, 1984.

Robert Denhardt, Janet Denhardt, *The New Public Service: Serving, not Steering*, Armonk, NY: M.E.Sharpe, 2003, p.173.

（二）期刊与其他文献

Svanhild Aabø, "Are public libraries worth their price? : A contingent valuation study of Norwegian public libraries", *New Library World*, 2005, 106(11/12): 487–495.

S. Anand, M. Ravallion, "Human Development in Poor Countries: On the Role of Private Incomes and Public Services", *Journal of Economic Perspectives*, 1993, 7(1): 133–150.

Alberto Batinti, Andrea Filippetti, Luca Andriani, "Why does social capital increase government performance? the role of local elections across Italian municipalities", Management Working Papers 13, Birkbeck Department of Management, revised Apr 2017.

Gregory G. Dess and Richard B. Robinson, Jr., "Measuring Organizational Performance in the Absence of Objective Measures: The Case of the Privately-Held Firm and Conglomerate Business Unit", *Strategic Management Journal*, 1984, 5(3): 265–273.

Soogwan Doh, "Social Capital, Economic development, and the quality of government: How interaction between social capital and economic development affects the quality of government", *Public Administration*,

2014, 92(1): 104–124.

Herbert J. Kiesling, "Pedagogical Uses of the Public Goods Concept in Economics", *Journal of Economic Education*, 1990, 21(2): 137–147.

Jacques de Maillard, "Les travailleurs sociaux en interaction Politiques sociales urbaines, mobilisations des professionnels et fragmentations", *Sociologie du Travail*, 2002, 44(2): 215–232.

Sandra Mottner, John B. Ford, "Measuring nonprofit marketing strategy performance: the case of museum stores", *Journal of Business Research*, 2005, 58(6): 829–840.

Martin Petrick, Andreas Gramzow,"Harnessing Communities, Markets and the State for Public Goods Provision: Evidence from Post–Socialist Rural Poland", *World Development*, 2012, 40(11): 2342–2354.

Bobby M. Politicians and Providers:The Latin American Experience With Service Delivery Reform [R]. Draft report of Washington, D.C, 2006.

Robert D. Putnam, "Tuning In,Tuning Out: The Strange Disappearance of Social Capital in America", *Political Science & Politics*, 1995, 28(4): 664–683.

附 录

问卷编号：☐☐☐☐

访问员姓名：_____

访问员学号：_____

联系电话：_____

乡村振兴战略下我国农村公共文化服务供需匹配及政策优化研究

农户问卷调查表

尊敬的　　　　　女生 / 先生：

我是××××的学生。我们正在开展一项关于"乡村振兴战略下我国农村公共文化服务供需匹配及政策优化研究"的调研，您的意见对本次调研十分重要。问卷中的问题没有对错之分，所有回答仅供我们分析使用，并且我们会根据相关法律要求，保护您的个人信息，绝不泄露，您可以放心回答。非常希望得到您的配合和支持。

在回答问卷之前，请您签名（正楷）：_____，联系电话：_____感谢您的耐心回答！

✻✻

访问员承诺：

◇ 我清楚本人的访问态度对调查结果的影响。

◇ 我保证本份问卷的各项资料都是由我本人按照规定的访问程序进行访问和记录，绝对真实有效。

◇ 如若发现一份作假，本人访问的所有问卷将全部作废，须重新访问。

◇ 请在认为合适的答案数字上打"○"（用钢笔或圆珠笔填写）。

问卷审核记录	
第一审核（组长）	
第二审核（班长）	

访问员签字：＿＿＿＿＿＿＿＿＿＿

××××

2019 年 11 月

※※※※※※※※※※※※※※※※※※※※※※※※※※※※※※※※※

以下内容，请【访问员】填写：

1. 调查对象的地址：＿＿＿＿省（市）＿＿＿＿区（县）＿＿＿＿镇（乡）＿＿＿＿村。（请访问员务必填写）

2. 受访对象所在村落，村级稳定性收入为＿＿＿＿元／年，补助性收入为＿＿＿＿元／年。（请咨询村委会）

3. 受访对象所在村落的地形属于：＿＿＿＿。

A. 高原　　　B. 盆地　　　C. 平原　　　D. 丘陵　　　E. 山地

4. 受访对象所在的村庄常住人口为：＿＿＿＿人；

外出务工的比例为：＿＿＿＿%。（请咨询村委会）

5. 受访对象所在的村庄，是否为当地民政部门所评定的贫困村落：＿＿＿＿。（请咨询村委会）

A. 是　　　　B. 不是　　　C. 其他（如：经济薄弱村或者富裕村落）

6. 受访对象的村庄，是否是镇（乡）政府所在地：＿＿＿＿。

A. 是　　　　B. 不是

7. 受访者所在地区，是否参加了国家公共文化服务体系示范区（示范项目）创建工作？＿＿＿＿。

A. 是，国家级　　　　　B. 是，省级　　　　　C. 不是

调研日期：＿＿＿＿年＿＿＿＿月＿＿＿＿日

访问员签名：＿＿＿＿联系电话：＿＿＿＿。

上海·制表

第一部分：个人及家庭基本情况

首先，我想了解一些您个人的基本情况。

1.1 请问您的性别：_____。   A. 男   B. 女

1.2 请问您的年龄：_____。

A. 12 岁以下   B. 13 岁—15 岁   C. 16 岁—18 岁

D. 19 岁—23 岁   E. 24 岁—29 岁   F. 30 岁—35 岁

G. 36 岁—40 岁   H. 41 岁—47 岁   I. 48 岁—53 岁

J. 54 岁—59 岁   K. 60 岁—65 岁   L. 66 岁—75 岁

M. 76 岁以上

1.3 您的民族是：_____。

A. 汉族   B. 少数民族

1.4 您的教育程度是：_____。

A. 未受过正规教育   B. 小学   C. 初中

D. 高中 / 中专 / 高职   E. 大专   F. 大学本科及以上

G. 其他（请注明）_____

1.5 您的婚姻状况是：_____。

A. 未婚   B. 已婚   C. 离异

D. 丧偶   E. 再婚   F. 同居

1.6 您的政治面貌是：_____。

A. 中共党员   B. 共青团员   C. 民主党派

D. 无党派人士   E. 少先队员   F. 群众

1.7 您的职业是：_____。

A. 农民   B. 农村文化骨干

C. 乡镇干部（含乡镇事业单位）   D. 乡镇文化员

E. 学生   F. 企业职员   G. 国家公务员

H. 离退休人员　　　　I. 其他（请注明）_____

1.8 您的户籍状况是：_____。

A. 本地户口　　　　B. 外地城镇户籍　　　C. 外地农村户籍

1.9 目前与您同住的一共有几个人？_____人，分别是哪些人？（可多选）

A. 配偶　　　　　　B. 儿子　　　　　　C. 儿媳妇

D. 女儿　　　　　　E. 女婿　　　　　　F. 孙子 / 孙女

G. 外孙 / 外孙女　　H. 父亲　　　　　　I. 母亲

J. 其他亲属（请注明）：_____

1.10 家庭社会资源（选择相应的字母画"○"）【此题请访问员认真解释，不要遗漏】

您家户籍中是否有（包括曾经做过）			您家老人养老依靠（可多选）	您家医疗保障（可多选）
党员	本村干部	村以外干部	A. 居民养老保险 B. 商业养老保险 C. 子女赡养 D. 家里的储蓄 E. 出租收入 F. 政府救济 G. 社保 H. 其他	A. 新农合医保 B. 商业医疗保险 C. 社保 D. 镇保 E. 其他_____
A. 没有 B. 1 人 C. ≥ 2 人	A. 有 B. 没有	A. 有 B. 没有		

1.11 您家是否以农业为经营主业 _____？

A. 是　　　　　　B. 不是

1.12 为了解不同收入受访者对公共文化服务的看法，我们希望了解一下您的个人月均收入：

1 000 元及以下	01	8 001—9 000 元	09
1 001—2 000 元	02	9 001—10 000 元	10
2 001—3 000 元	03	1 0001—11 000 元	11
3 001—4 000 元	04	11 001—12 000 元	12
4 001—5 000 元	05	12 000 元以上	13
5 001—6 000 元	06	无固定收入	14
6 001—7 000 元	07		98
7 001—8 000 元	08	说不清	99

1.13 再了解一下您的家庭月均收入 _____ 相当于以下哪一档次？

1 000 元及以下 ……………………	01	8 001—9 000 元……………………	09
1 001—2 000 元………………………	02	9 001—10 000 元…………………	10
2 001—3 000 元………………………	03	10 001—11 000 元…………………	11
3 001—4 000 元………………………	04	11 001—12 000 元…………………	12
4 001—5 000 元………………………	05	12 000 元以上 ……………………	13
5 001—6 000 元………………………	06	无固定收入 ………………………	14
6 001—7 000 元………………………	07		98
7 001—8 000 元………………………	08	说不清 ……………………………	99

1.14 您家庭每月用于文化消费（书籍、网络、旅游等）是多少 _____？

A. 没有　　　　　　B. 200 元以下　　　　　　C. 201—300 元

D. 301 元以上

第二部分：农村公共文化服务供需与政策

2.1 您了解国家对农村公共文化服务的相关政策吗？ _____

A. 非常清楚　　　　　　B. 知道，但并不了解

C. 知道一点　　　　　　D. 不知道

2.2 目前，您村里已有的农村公共文化服务设施有：_____（可多选）

（村民因不了解情况，导致选的结果可能不一样，受访者答完后，请访问小组和村委会确认，确保同一村落受访者的选项一致）

A. 农家书屋　　　　B. 文化广场　　　　C. 乒乓球室

D. 体育健身设施　　E. 阅报栏　　　　　F. 文化礼堂

G. 村委活动室　　　H. 村综合文化活动室

I. 农村舞台　　　　J. 其他（请说明）_____

2.3 您认为本村文化基础设施是否得到了充分利用？ _____

A. 被充分利用　　　　　B. 很少被人利用

C. 基本处于闲置状态

2.4 您最想增添的农村公共文化服务项目为 ＿＿＿＿（多选，选择 3—5 项）

A. 村综合文化活动室　　B. 送戏下乡　　　　C. 送电影下乡

D. 农家书屋　　　　　　E. 文化广场和健身器材

F. 影剧院　　　　　　　G. 博物馆　　　　　H. 乡村文化人才

I. 农民技能培训学校　　J. 村广播室　　　　K. 文物展览

L. 乡村歌舞演出　　　　M. 公园绿地

N. 民俗文化活动（剪纸、庙会等）

O. 公共讲座（教育、医疗、养生、法律、亲子）

P. 其他（请注明）＿＿＿＿

2.5 您已参加的文化团队有：＿＿＿＿（可多选）

A. 锣鼓队　　　　　　　B. 合唱队　　　　　C. 舞蹈队、秧歌队

D. 书画社　　　　　　　E. 烹饪队　　　　　F. 志愿者团队

G. 无　　　　　　　　　H. 其他 ＿＿＿＿

2.6 您参加村里文化娱乐活动的频率是：＿＿＿＿

A. 从不参加　　　　　　B. 偶尔参加　　　　C. 每月 1—2 次

D. 每周 1—2 次　　　　E. 每周 3 次以上

2.7 您的文化娱乐生活形式主要有：＿＿＿＿（可多选）

A. 看电视、看电影　　　B. 听广播或收音机

C. 看戏或文艺演出　　　D. 唱卡拉 OK（歌舞厅）

E. 文体比赛和广场舞　　F. 念经做佛事（教会）

G. 打牌、打麻将　　　　H. 读书看报、下棋

I. 上网　　　　　　　　J. 旅游、钓鱼等户外活动

K. 参加亲朋好友的聚会、聊天、逛庙会、公园

L. 其他（请注明）＿＿＿＿

2.8 您使用互联网（电脑）或微信、微博吗？＿＿＿＿（有一项使用即可选择使用）

A. 使用　　　　　　　　B. 不使用

2.9 您村里实施农村公共文化服务项目时，会广泛征集村民的意见吗？_____

A. 会　　　　　　　　　B. 不会

2.10 您一般是通过什么渠道获知村里的活动信息？_____（可多选）

A. 村委会通知　　　　　B. 听邻居或其他居民说的

C. 看到贴出来的通知　　D. 手机短信或微信群里接收的

E. 收到活动的宣传页　　F. 其他，请注明_____

2.11 您不参加村里文化活动的原因是_____（多选，选 3—5 项）

A. 活动不丰富，吸引力低

B. 对文化活动不感兴趣

C. 没有时间

D. 设施开放时间不合理

E. 影响工作、学习及日常生活

F. 无专人指导教学

G. 村民参与渠道少

H. 活动组织性差、走形式

I. 没有村干部组织领导

J. 宣传通知不到位（时间、地点）

K. 身体状况不允许

L. 没有文化活动可参与

M. 其他_____

2.12 您认为现阶段有必要加强农村文化建设吗？_____

A. 有必要，能丰富文化生活，提高文化水平

B. 没必要，经济发展优先

C. 无所谓，顺其自然，慢慢发展

2.13 您希望村里开展什么样的文化娱乐活动？ _____（多选，选3—5项）

A. 农民自编自演的文艺晚会

B. 亲身参与的文体活动

C. 村委组织的集体旅游

D. 政府组织的送电影下乡和送戏下乡

E. 各地组织的文艺汇演

F. 政府组织的送图书科普知识下乡

G. 政府组织的民俗趣味活动（如书画比赛、棋类比赛、写春联、包粽子、猜灯谜等）

H. 文化指导员下乡服务活动（如指导村民唱戏、书画、跳舞、合唱等艺术形式）

I. 公共讲座（教育、医疗、养生、法律、亲子）

J. 其他（请注明）_____

2.14 您认为文化生活与幸福感有关吗？ _____

A. 很有关系　　　　B. 有点关系　　　　C. 没有关系

2.15 您觉得哪些单位组织的文化活动更加适合您？ _____

A. 当地乡镇政府　　B. 村民委员会　　　C. 村民自发组织

D. 企业　　　　　　E. 文艺团体、协会

2.16 您认为村里开展文化活动最重要的条件是什么？ _____（多选，选3项）

A. 资金保障　　　　B. 村民参与　　　　C. 领导重视

D. 文化人才　　　　E. 文化设施　　　　F. 其他

2.17 您认为国家、政府在农村文化建设中应该加大对哪方面的建设？ _____（多选，选3—5项）

A. 加大对农村文化设施的投入与建设力度

B. 指导开展各类文体活动

C. 加强文化骨干队伍的建设

D. 建设和发展农村特色文化

E. 增加政府的经费投入

F. 加强宣传力度，鼓励农民积极参加

G. 其他（请注明）_____

2.18 您愿意参与村里的文化活动吗？_____

A. 非常愿意　　　　　B. 愿意　　　　　C. 无所谓

D. 不愿意　　　　　E. 非常不愿意

2.19 本村实施公共文化服务项目时，您有什么建议？_____（多选，选 3 项）

A. 多听取群众意见

B. 多组织引导村民使用和参与

C. 加强农村文化骨干的培养

D. 对村民自发文化活动加大力度支持

E. 鼓励有关社会组织为村民提供更多的文化服务

F. 农村文化活动应更贴近村民

G. 其他_____

2.20 农村公共文化服务政策与项目的满意度？（1分—5分）【请提示受访者不要遗漏题目】

个人的真实观点 （在数字格中选一个打"○"）	非常 不满意	不满意	一般	满意	非常 满意
当前政府对待农村公共文化服务的重视程度，您是否满意？	1	2	3	4	5
政府对农村公共文化服务实施的政策，您是否满意？	1	2	3	4	5
农村公共文化服务政策或项目，是否给您带来实质性帮助？	1	2	3	4	5
农村公共文化服务政策或项目，是否考虑农户的实际需要？	1	2	3	4	5
本村公共文化服务的文化设施，是否满足您的文化需求？	1	2	3	4	5

（续表）

个人的真实观点 （在数字格中选一个打"○"）	非常 不满意	不满意	一般	满意	非常 满意
农村公共文化服务的政策宣传力度，您是 否满意？	1	2	3	4	5
本村现已实施的公共文化服务财政支出， 您是否满意？	1	2	3	4	5

2.21 您的文化生活满意度？（1分—5分）【请提示受访者不要遗漏题目】

个人的真实观点 （在数字格中选一个打"○"）	非常 不满意	不满意	一般	满意	非常 满意
您对村里文化体育设施的满意度	1	2	3	4	5
您对村里文化活动的满意度	1	2	3	4	5
您对县（区）、镇（乡）等文化部门的文化 下乡项目的满意度	1	2	3	4	5

第三部分：农村公共文化服务供需匹配

3.1 您是否听说过公益电影、戏曲歌舞、图书报刊、文化指导员等农村公共文化服务配送？

A. 是　　　　　　　　B. 否

3.2 以下农村公共文化配送，您最喜欢 _____（可多选）

A. 公益电影配送　　　B. 戏曲歌舞　　　　C. 图书报刊

D. 文化指导员下乡指导

3.3 您不选择（公益电影、戏曲歌舞、图书报刊或文化指导员）的原因是什么？（可多选；请访问员根据受访者 3.2 题的答案，让受访者选择以下题目答题）

不选择公益电影，原因是 _____

不选择戏曲歌舞，原因是 _____

不选择图书报刊，原因是 _____

不选择文化指导员，原因是 _____

A. 不喜欢、不感兴趣   B. 没有需求

C. 没有时间   D. 电视节目更吸引人

E. 不了解   F. 内容不新颖、太老套

G. 互联网手机更好玩   H. 次数太少或者根本就没有配送过

I. 其他【请注明】_____

3.4 以下哪种类型的电影，您最感兴趣 _____（可多选，不超过 3 项；如果受访者在"3.2 题"中没有选"公益电影"，请跳过此题）

A. 家庭伦理片   B. 爱情片   C. 战争历史片

D. 科幻片   E. 恐怖片   F. 动画片

G. 其他【请注明】_____

3.5 以下哪种演出形式，您最感兴趣 _____（可多选，不超过 3 项；如果受访者在"3.2 题"中没有选"戏曲歌舞"，请跳过此题）

A. 音乐剧   B. 话剧   C. 越剧

D. 京剧   E. 歌舞剧   F. 黄梅戏

G. 沪剧   H. 评弹   I. 交响乐

J. 其他【请注明】_____

3.6 以下哪种类型的图书 / 报纸杂志，您最感兴趣 _____（可多选，不超过 3 项；如果受访者在"3.2 题"中没有选"图书报刊"，请跳过此题）

A. 古典名著   B. 健康保健   C. 历史传记

D. 美食烹饪   E. 儿童教育   F. 新闻时事

G. 养殖种植   H. 旅游 / 人文

I. 其他【请注明】_____

3.7 以下哪种艺术形式，您希望得到指导员的指导 _____（可多选，不超过 3 项；如果受访者在"3.2 题"中没有选"文化指导员"，请跳过此题）

A. 戏剧指导   B. 书画指导

C. 舞蹈指导   D. 时装表演指导

E. 合唱指导   F. 非遗指导（如剪纸、刺绣等）

G. 朗诵指导   H. 其他【请注明】_____

3.8 政府对农村实施的公共文化配送，您有什么需求或者建议吗？

_____

_____

_____

第四部分：村文化活动室与农家书屋运行情况

4.1 您村里是否有村文化活动室？（请访问小组咨询村委会，按照上海的标配，每个村落应该都有文化活动室，只是大小不同而已）

A. 是   B. 否

4.2 您是否了解自己所在村的文化活动室的具体位置？

A. 是   B. 否

4.3 您平均多长时间去一次村文化活动室？您的情况最接近下面哪种说法？

A. 一周一次或以上 B. 两周一次

C. 一个月一次   D. 两三个月一次

E. 半年一次   F. 一年一次

G. 几乎不去   H. 其他【请注明】_____

4.4 请您对村文化活动室的"设施水平"进行评价。（1分—5分）

具体内容	非常不满意	不满意	一般	满意	非常满意
位置规划合理，交通方便	1	2	3	4	5
环境干净整洁	1	2	3	4	5

（续表）

具体内容	非常 不满意	不满意	一般	满意	非常 满意
内部基本功能、设施齐全	1	2	3	4	5
内有基本的便民设施 （如饮水机、雨伞、老花镜等）	1	2	3	4	5
内配备无障碍设施	1	2	3	4	5
内指示标识清晰，方便寻找	1	2	3	4	5
内部设施、资源使用方便	1	2	3	4	5
内部设施、资源维护更新及时	1	2	3	4	5
对该村文化活动室设施水平的总体评价	1	2	3	4	5

4.5 您对村文化活动室硬件设施打分不高，请问具体有什么问题或者实例？有什么改进建议？

_____

_____

4.6 从您家里到村文化活动室大概需要多少分钟呢？不管是步行、骑自行车或坐公交车等都行。_____分钟

4.7 请您对村文化活动室的"机构供给"进行评价。（1分—5分）

具体内容	非常 不满意	不满意	一般	满意	非常 满意
开放时间合理，能满足日常需求	1	2	3	4	5
免费开放，保证公益性	1	2	3	4	5
涉及收费的项目，收费合理	1	2	3	4	5
场馆管理运作有序	1	2	3	4	5
服务内容多样，能满足各类文化需求	1	2	3	4	5
对村文化活动室机构供给的总体评价	1	2	3	4	5

4.8 在过去一年，您是否遇到过村文化活动室晚开放或提前闭馆的情况？

A. 遇到过　　　　　B. 从未遇到过　　　　　C. 说不清

4.9 请您对村文化活动室的"服务供给"进行评价。(1分—5分)

具体内容	非常不满意	不满意	一般	满意	非常满意
馆内覆盖免费Wi-Fi,上网便捷	1	2	3	4	5
工作人员服务态度热情礼貌	1	2	3	4	5
工作人员业务熟练,专业性强	1	2	3	4	5
有公开公示服务、咨询和受理电话	1	2	3	4	5
及时处理公众的建议、咨询和投诉	1	2	3	4	5
与社会组织合作推出专业、多样化的服务内容	1	2	3	4	5

4.10 您对村文化活动室服务供给打分不高,请问具体有什么问题或者什么实例? 有什么改进建议?

_____

_____

4.11 请您对村文化活动室的活动开展情况进行评价。(1分—5分)

具体内容	非常不满意	不满意	一般	满意	非常满意
活动信息公布及时	1	2	3	4	5
活动信息宣传渠道多样	1	2	3	4	5
活动开展频率适中	1	2	3	4	5
活动类型丰富多样,能满足不同年龄层群体需求	1	2	3	4	5
特色文化活动效果好,有影响力	1	2	3	4	5
对村文化活动室(老年活动室)活动开展的总体评价	1	2	3	4	5

4.12 您对村文化活动室活动开展打分不高,请问具体有什么问题或者什么实例? 有什么改进建议?

_____

_____

4.13 最近一年内，您所在村的文化活动室有没有组织过针对少年儿童、青年学生、老年人、残疾人、农民工等特殊群体的文体活动？

| 少年儿童 | A. 有 | B. 没有 | C. 不了解 |

| 青年学生 | A. 有 | B. 没有 | C. 不了解 |

| 老年人 | A. 有 | B. 没有 | C. 不了解 |

| 残疾人 | A. 有 | B. 没有 | C. 不了解 |

| 农民工 | A. 有 | B. 没有 | C. 不了解 |

4.14 综合硬件设施、服务供给、机构供给、活动开展情况，总体看来，您觉得村文化活动室的服务如何？（1分—5分）

非常不满意	不满意	一般	满意	非常满意
1	2	3	4	5

4.15 请问您觉得该村文化活动室还存在哪些不足？或者哪些方面需要改进和完善？_____（可多选，不超过3项）

A. 周边交通不方便 　　　B. 设施条件简陋

C. 服务收费价格较高 　　　D. 活动开展比较少

E. 活动信息宣传不到位 　　F. 活动没有吸引力，不好玩

G. 活动形式老套，没有创意 　H. 其他【请注明】_____

4.16 您认为村综合文化活动室所提供的公共文化服务能否满足您的文化需求？（1分—5分）

具体内容	完全不满足	不太满足	一般	比较能满足	完全能满足
影视放映	1	2	3	4	5
书刊阅读	1	2	3	4	5
展示展览	1	2	3	4	5
文艺演出	1	2	3	4	5
广场跳舞	1	2	3	4	5
体育健身	1	2	3	4	5

（续表）

具体内容	完全不满足	不太满足	一般	比较能满足	完全能满足
讲座培训	1	2	3	4	5
娱乐休闲活动	1	2	3	4	5
科普宣传活动	1	2	3	4	5
教育	1	2	3	4	5
其他【请注明】	1	2	3	4	5

4.17 您去农家书屋看书读报的频率是？_____

A. 一周一次或以上　　　B. 两周一次　　　　　C. 一个月一次

D. 两三个月一次　　　　E. 半年一次　　　　　F. 一年一次

G. 几乎不去　　　　　　H. 其他【请注明】_____

4.18 您很少去农家书屋的原因是？_____（可多选）

A. 没有喜欢的图书／报刊　　B. 设施、场地开放时间不合理

C. 不喜欢阅读　　　　　　　D. 在家里阅读更方便

E. 没有时间　　　　　　　　F. 设施条件简陋

G. 场馆几乎不开放　　　　　H. 没有阅读需求

I. 其他【请说明】_____

4.19 您对农家书屋的运行有什么建议？您村里是否有类似的书屋更受村民欢迎？为什么？

_____

_____

再次感谢您对本次调查的支持！

后 记

在《上海农村公共文化服务研究》这部作品即将付梓之际，我怀着无比感慨的心情写下这篇后记。这部作品是上海哲学社会科学项目(《乡村振兴战略下上海农村公共文化服务供需匹配及政策优化研究》，项目编号：2019BGL005）的最终研究成果，它的完成不仅标志着一段学术旅程的结束，更是我们团队在疫情三年中不懈努力的见证。

首先，感谢我国乡村振兴战略的提出，为本研究提供了广阔的背景和深厚的理论基础。乡村振兴战略是新时代我国农村发展的重大战略部署，为农村公共文化服务体系建设提供了前所未有的机遇。正是在这样的背景下，我们得以对上海农村公共文化服务供需匹配及政策优化进行深入研究。

其次，感谢上海市各级政府部门、文化单位及农村基层干部、群众的大力支持。在调研过程中，他们为我们提供了丰富的第一手资料，使本研究能够立足于实际，为政策优化提供有益参考。同时，他们的积极参与和无私奉献，也让我们感受到了乡村振兴战略在基层的生动实践。

最后，感谢同行们的悉心指导。在课题研究过程中，他们严谨的治学态度、丰富的学术经验和无私的帮助，使我们在研究方法和理论框架上受益匪浅。正是他们的关爱和支持，让我们在学术道路上不断前行。

回顾这三年的调研历程，我们带着学生团队奔赴上海30多个村落，足迹遍布郊区的大小角落。疫情之下，我们的调研工作面临着前所未有的挑战。但我们始终坚信，乡村振兴战略下的农村公共文化服务研究具有重要的现实意义和学术价值，这激励着我们克服重重困难，坚持到底。

在这期间，我们见证了农村公共文化服务的变迁，感受到了乡村振兴带来的新气象。同时，我们也深切体会到了农村公共文化服务供需匹配的复杂性。在调研过程中，我们与村民同吃同住，深入了解他们的文化需求，倾听他们的心声，这些都为我们研究提供了宝贵的素材。

本书是我们团队集体智慧的结晶。在疫情最严重的时候，我们通过线上会议、云端协作，保证了研究工作的持续推进。每一位团队成员都付出了极大的努力，克服了种种困难，展现了科研工作者的责任与担当。

在此，我们要特别感谢参与调研的学生团队。你们不畏艰辛，深入基层，用实际行动诠释了学术研究的真谛。这段经历将成为你们人生中宝贵的财富，希望你们在未来的学术道路上继续前行，为我国乡村振兴和文化事业贡献自己的力量。

我们也要感谢上海视觉艺术学院对本书的资助出版和悉心指导，以及项目评审专家的宝贵意见，你们的建议使我们的研究更加严谨、完善。此外，感谢出版社的编辑和工作人员，是你们的辛勤付出，使得这部作品得以顺利出版。

尽管本书尽可能地反映了我们在调研过程中的所见所思，但仍难免存在不足之处。我们诚挚地希望广大读者和专家批评指正，共同推动农村公共文化服务供需匹配及政策优化研究的发展，在本书撰写过程中，我们深刻体会到以下几点：

一是农村公共文化服务体系建设的重要性。农村公共文化服务是乡村振兴战略的重要组成部分，对于提升农民素质、丰富农民精神文化生活、促进农村社会和谐稳定具有重要意义。

二是农村公共文化服务需求与供给的矛盾。随着经济社会的发展，农民对公共文化服务的需求日益多样化、个性化。然而，当前农村公共文化服务供给尚存在不足，需要我们不断创新服务模式，提高服务效能。

三是农村公共文化服务发展的不平衡性。在上海农村，公共文化服务水平存在区域差异，部分地区设施建设滞后，服务能力不足。因此，我们要加大投入，补齐短板，推动农村公共文化服务均衡发展。

四是农村公共文化服务创新的关键在于人才。培养一支懂农业、爱农村、爱农民的文化人才队伍，是农村公共文化服务持续发展的根本保障。

五是农村公共文化服务体系建设需要全社会共同参与。政府、企业、社会组织和农民个体都要发挥各自优势，形成共建、共治、共享的良好格局。

最后，衷心祝愿我国乡村振兴战略顺利实施，农村公共文化服务体系日益完善，为广大农民群众提供更加丰富、优质的文化服务，助力乡村全面振兴。在此，再次感谢所有关心、支持本研究的朋友们，让我们携手共进，为我国农村文化事业的发展贡献力量！我们衷心希望这部作品能为我国乡村振兴战略下的农村公共文化服务体系建设提供有益的参考，为政策制定者、实践者和研究者提供启示。在新时代的征程中，让我们携手共进，为农村公共文化服务的美好明天而努力！

谨以此篇后记，纪念这段难忘的调研历程，并向所有支持我们的团队和个人表示最诚挚的感谢！

文　君

2024 年 8 月 8 日

图书在版编目（CIP）数据

上海农村公共文化服务研究／文君著. -- 桂林：广西师范大学出版社，2024.9. -- ISBN 978-7-5598-7363-7

Ⅰ.G127.51

中国国家版本馆 CIP 数据核字第 20242C8Y55 号

上海农村公共文化服务研究

SHANGHAI NONGCUN GONGGONG WENHUA FUWU YANJIU

出 品 人：刘广汉
责任编辑：尹晓冬
装帧设计：李婷婷
营销编辑：康天娥　金梦茜

广西师范大学出版社出版发行

（广西桂林市五里店路 9 号　　　邮政编码：541004）
（网址：http://www.bbtpress.com）

出版人：黄轩庄

全国新华书店经销

销售热线：021 - 65200318　021 - 31260822 - 898

山东韵杰文化科技有限公司印刷

（山东省淄博市桓台县桓台大道西首　邮政编码：256401）

开本：690 mm×960 mm　　1/16

印张：19.25　　　　　　字数：248 千

2024 年 9 月第 1 版　　2024 年 9 月第 1 次印刷

定价：56.00 元